Rudolf Rohr
Tatsachen und Meinungen zur Bodenfrage

Rudolf Rohr

Tatsachen und Meinungen zur Bodenfrage

Herausgegeben von der Aktion Freiheitliche Bodenordnung und
vom Redressement National, Zürich 1988
Verlag Sauerländer Aarau · Frankfurt am Main · Salzburg

Rudolf Rohr
Tatsachen und Meinungen zur Bodenfrage
Herausgegeben von der Aktion Freiheitliche Bodenordnung und vom Redressement National,
Vereinigung für Freiheit, Föderalismus und Recht, Zürich

ISBN 3-7941-3120-7
Bestellnummer 08 03120

CIP-Titelaufnahme der Deutschen Bibliothek

Rohr, Rudolf:
Tatsachen und Meinungen zur Bodenfrage/Rudolf Rohr, Hrsg. von der Aktion Freiheitliche
Bodenordnung, Zürich. – Aarau; Frankfurt; Salzburg: Sauerländer, 1988
ISBN 3-7941-3120-7

Inhaltsverzeichnis

1. TEIL FAKTEN ZUR BODENFRAGE

Vorwort

Die «Bodenfrage» nimmt in der politischen Auseinandersetzung einen höchst eigenartigen Stellenwert ein. Die Bodenrechtsdiskussion ist gekennzeichnet durch einen ausgesprochen emotionalen Charakter, weit ausgeprägter als die immerhin verwandte Auseinandersetzung über Wirtschafts- und Gesellschaftssysteme. Sie rührt vielfach an vorrationale Einstellungen und nimmt zuweilen Züge eines Glaubenskampfes an, indem sie den «Boden» ungeachtet dessen Heterogenität und dessen häufiger Verknüpfung mit von Menschenhand geschaffenen Bauwerken als besonders geartetes Gut abstrahiert.

Die vorliegende Publikation möchte einerseits durch einschlägige Fakten zur Versachlichung der Bodenrechtsdiskussion beitragen, anderseits aber gleichzeitig einen bestimmten politischen Standpunkt zum Ausdruck bringen und begründen.

Diese doppelte Zielsetzung ist auch dem Träger dieser Publikation eigen: der am 2. Mai 1974 konstituierten «Aktion Freiheitliche Bodenordnung», die sich am 22. Oktober 1974 der Öffentlichkeit mit der Präsentation der Ergebnisse einer Erhebung über die Verteilung des Grundeigentums vorgestellt hat. Sie ist in der Folge mit der zwölf Exposés umfassenden Reihe «Dokumente zur Bodenfrage» sowie mit verschiedenen Stellungnahmen zu bodenpolitischen Vorstössen in Erscheinung getreten. Mit der vorliegenden Grundlagenstudie soll ein weiterer Beitrag zur Erhaltung einer freiheitlichen Bodenordnung geleistet werden.

Die Studie fusst auf amtlichem Quellenmaterial, auf zusätzlichen privaten Erhebungen und auf ausgedehnten Debatten in Expertengruppen. Zahlreiche Organisationen und Firmen sowie Einzelpersonen, die sich als Bearbeiter zur Verfügung stellten, haben es ermöglicht, dass eine Dokumentation zusammengestellt werden konnte, die wohl erstmals eine solche Breite erreicht. Ihnen möchten wir an dieser Stelle unseren besten Dank aussprechen.

Als Herausgeber zeichnet neben der Aktion Freiheitliche Bodenordnung auch das Redressement National (Vereinigung für Freiheit, Föderalismus und Recht), das insbesondere für die Schlussredaktion und die Drucklegung der Publikation besorgt war.

Der Präsident:

Karl Schweizer

Der Geschäftsführer:

Dr. Rudolf Rohr

Hauptergebnisse

Fakten zur Bodenfrage

1. Der Boden als besonderes, aber nicht homogenes Gut

«Der Boden» ist in der Tat ein besonderes Gut, weil er die Grundlage für die Befriedigung zentraler Bedürfnisse des Menschen bildet: für Nahrung und Behausung ebenso wie für Arbeit und Erholung. Er ist aber kein homogenes Gut; das gleiche Quantum kann von sehr unterschiedlichem Wert sein. Ausserdem ergibt sich im Falle einer Überbauung eine rechtliche und wirtschaftliche Einheit von Boden und Bauwerk, womit «der Boden» als selbständiges Gut untergeht.

2. Breite Streuung

Der «Schweizerboden» ist (glücklicherweise) recht breit gestreut. Unmittelbare Teilhaber sind zwei von fünf Haushaltungen (mit schweizerischem Haushaltvorstand). Via institutionelle Anleger (vor allem Pensionskassen, Versicherungsgesellschaften und Anlagefonds) sind weitere Bevölkerungskreise wenigstens indirekt am Boden beteiligt. Neun Zehntel des landwirtschaftlich genutzten Bodens waren 1985 im Eigentum von natürlichen Personen. Überdurchschnittlich stark am Wohneigentum sind die Familienhaushalte (Haushalte mit Kindern) beteiligt: 1980 lebten 44 Prozent der Familien schweizerischer Nationalität in der eigenen Wohnung. Von einer Monopolstellung einzelner weniger privater Grossgrundbesitzer kann keine Rede sein.

3. Überschätzter Anteil der juristischen Personen

Der Anteil der juristischen Personen am Grundeigentum wird in der Regel überschätzt. Vom Wohnungsbestand (einschliesslich Zweit- und Leerwohnungen) entfiel 1980 ein Drittel auf juristische Personen, und zwar 22,1 Prozent auf kommerzielle Gesellschaften einschliesslich Pensionskassen und 10,1 Prozent auf Genossenschaften, Vereine, Stiftungen und öffentliche Hand. Am gesamten Stadtboden partizipieren die kommerziellen Gesellschaften in ähnlichen Proportionen: mit 10,9 Prozent in Basel (Stand 1972), mit 10,4 Prozent in St.Gallen (1976), mit 9,7 Prozent in Zürich (1986) und mit 7,8 Prozent in Luzern (1986).

4. Keine Dominanz der institutionellen Anleger

Die institutionellen Anleger verfügen über Liegenschaften im Werte von etwa 51 bis 52 Milliarden Franken (1986); darunter befinden sich ungefähr 300 000 Wohnungen, was einem Anteil am Gesamtwohnungsbestand von rund 10 Prozent entspricht. Vom gesamten Anlagekapital dieser Gesellschaften ist etwa ein

Fünftel in Liegenschaften angelegt. Die Relationen erscheinen vernünftig; eine einseitige Dominanz auf dem Grundstückmarkt ist nicht gegeben.

5. Die öffentliche Hand als grösster Grundbesitzer

Der grösste Grundbesitzer ist die öffentliche Hand, selbst unter Abrechnung von Seen, Wäldern, Weiden und Strassen. In den Städten übersteigt der Anteil der öffentlichen Hand (inklusiv Strassen und Gewässer) denjenigen der kommerziellen juristischen Personen stets massiv: 59,6 Prozent waren es 1986 in der Stadt Zürich, 63 Prozent 1985 in der Stadt Basel. In der Stadt Luzern besass die öffentliche Hand 1986 auch ohne Einbezug des Grossteils der Gewässer 25,7 Prozent der Fläche, zusammen mit dem Sozialbereich (einschliesslich Pensionskassen und Genossenschaften) 53,7 Prozent.

Aber auch im ländlichen Raum steht die öffentliche Hand weit potenter da als die kommerziellen juristischen Personen: Im Kanton Luzern insgesamt verfügt sie mit 9,1 Prozent (ohne Grossteil der Gewässer) über mehr als dreieinhalbmal soviel wie die juristischen Personen (2,4 Prozent). Die eidgenössische Betriebszählung 1955 hatte seinerzeit für das Landwirtschaftsland ein noch grösseres Übergewicht ergeben (öffentliche Hand 9,1 Prozent, kommerzielle, nichtlandwirtschaftliche juristische Personen 1,4 Prozent). Auch die neuesten landwirtschaftlichen Betriebszählungen zeigen ein Übergewicht des Bodenbesitzes der öffentlichen Hand: 1985 verfügten Bund, Kanton und Gemeinden über 7,3 Prozent, sämtliche kommerziellen und nichtkommerziellen juristischen Personen über 2,7 Prozent des landwirtschaftlichen Bodens. Eine Untersuchung im Kanton Zürich für die Periode 1973 bis 1980 zeigt, dass von den 25,8 Quadratkilometern, um die sich der Grundbesitz natürlicher Personen in diesen acht Jahren verringerte, nur 2,4 Quadratkilometer an juristische Personen, volle 23,4 Quadratkilometer dagegen an die öffentliche Hand gingen.

6. Trendumkehr zugunsten einer breiteren Eigentumsstreuung

Nicht weniger bedeutsam als die Erfassung eines aktuellen Zustandes ist häufig die Herausarbeitung der Entwicklungstendenzen. Die Bodenrechtsdiskussion ist geprägt durch den Rückgang der Eigentümerquote bei den Erstwohnungen (von 37 Prozent im Jahre 1950 auf 28,1 Prozent im Jahre 1970), durch den Anstieg des Grundeigentums in den Händen juristischer Personen und durch die Erhöhung des Pachtlandanteils beim landwirtschaftlichen Boden. Die neuesten Zahlen zeigen eine Abschwächung dieses Trends; so erhöhte sich der Anteil des Pachtlandes zwischen 1975 und 1985 nur noch von 37,0 auf 37,5 Prozent, nachdem er in der vorangehenden Zehnjahresperiode um nicht weniger als 5 Prozentpunkte nach oben gestiegen war. Die Eigentümerquote bei den Erstwohnungen stieg zwischen 1970 und 1980 leicht an, von 28,1 auf 29,9 Prozent; es darf davon ausgegangen werden, dass sie sich seit 1980 weiter erhöht hat.

7. Knappheit signalisierende Bodenpreissteigerung

Bodenpreise sind Marktpreise und widerspiegeln damit das von mancherlei Faktoren beeinflusste Verhältnis von Angebot und Nachfrage. Eine gesamtschweizerische Bodenpreisstatistik fehlt. Aus den vorhandenen Teilstatistiken ergibt sich, dass die Bodenpreise in der Regel stärker ansteigen als die Konsumgüterpreise. Im Kanton Zürich haben sich die Quadratmeterpreise unbebauter Grundstücke zwischen 1960 und 1980 vervierfacht (während sich der Index der Konsumentenpreise in der gleichen Zeitspanne etwas mehr als verdoppelt hat). Aufschlussreich ist indessen die Feststellung, dass der grösste Teil der Preissteigerung auf die 60er Jahre entfällt. In den 70er Jahren war die Bodenpreissteigerung im Kanton Zürich mit 45 Prozent deutlich schwächer als die Steigerung der Konsumentenpreise (61 Prozent). Auch in der ersten Hälfte der 80er Jahre kann im Hinblick auf die unter anderem wohlstandsbedingte Zunahme der Bodennachfrage nicht von einer aussergewöhnlichen oder gar abnormen Preisentwicklung gesprochen werden. Demgegenüber zeichnet sich für die allerjüngste Vergangenheit eine massive Bodenpreissteigerung ab, die nicht zuletzt als natürlicher Ausfluss der rigorosen planungsrechtlichen Beschränkung des Baulandangebotes gedeutet werden kann.

8. Überschätzter Siedlungsflächenbedarf

Die Arealstatistik von 1972 zeigt, dass als Siedlungsfläche nur ein kleiner Bruchteil (weniger als ein Zwanzigstel) des schweizerischen Territoriums beansprucht wird. Auch ausserhalb des Berggebietes macht allein die landwirtschaftliche Nutzfläche (ohne Wald) ein Mehrfaches der Siedlungsfläche aus. In den bereits ausgeschiedenen Baugebieten liesse sich eine fast doppelt so grosse Bevölkerungszahl unterbringen. Die unter dem Schlagwort der «Verbetonierung» der Landschaft geweckten Ängste stehen daher im Widerspruch zu den statistischen Gegebenheiten (was das Gebot eines sparsamen Umgangs mit dem Boden keineswegs als überflüssig erscheinen lässt). Nicht belegt sind die gängigen Behauptungen, dass jedes Jahr 3000 Hektaren Kulturland überbaut würden. Nach Massgabe der landwirtschaftlichen Betriebszählungen haben die Landwirte zwischen 1955 und 1985 pro Jahr durchschnittlich 1641 Hektaren verloren. Nach anderen Quellen wird die Zunahme der Siedlungsfläche für die 50er Jahre auf 1460 Hektaren, für die 60er Jahre auf 2210 Hektaren und für die 70er Jahre auf 2050 Hektaren, durchschnittlich also auf 1907 Hektaren pro Jahr beziffert. Für die Zukunft ist von der Bevölkerungsentwicklung her gesehen mit einer Abflachung der Bedarfszunahme zu rechnen, auch wenn man den im Zeichen des Wohlstandes noch weiter wachsenden Wohn- und Siedlungsflächenbedarf pro Einwohner mitberücksichtigt.

9. Vielfältige Eigentumsbeschränkungen im geltenden Bodenrecht

Das geltende Bodenrecht ist charakterisiert durch zwei Grundpfeiler: einerseits durch das sowohl im öffentlichen wie im Zivilrecht verankerte Grundrecht des privaten Eigentums, anderseits durch eine Vielzahl klassischer und moderner Eigentumsbeschränkungen. Freiheit und Bindung des Grundeigentums sind 1969 in den sogenannten Bodenrechtsartikeln 22ter und 22quater der Bundesverfassung in ausgewogener Weise fixiert worden. Der Eigentumsgarantie — unter Einschluss der den Gesetzgeber bindenden Institutsgarantie und des Anspruchs auf volle Entschädigung bei Enteignung — stehen mannigfache Begrenzungen nachbarrechtlicher, planungsrechtlicher, agrarrechtlicher und sozialpolitischer Natur gegenüber. Von zunehmender Bedeutung sind umweltpolitisch begründete Beschränkungen der Grundeigentümerrechte. Die Besonderheit der schweizerischen Bodenrechtsordnung besteht darin, dass die Beschränkungen der Grundeigentumsrechte — abgesehen von den traditionellen Schranken des Zivil- und Baupolizeirechts — einer speziellen Verfassungsgrundlage bedürfen und mithin die öffentliche Hand nicht aufgrund einer generellen Sozialbindungsklausel zu beliebigen Eingriffen ermächtigt ist.

10. Unterschätzte Fiskalbelastung

Das Grundeigentum ist einem Komplex von allgemeinen und speziellen Steuern unterworfen, der zu einer innerstaatlich und im Vergleich zum Ausland überdurchschnittlich hohen fiskalischen Belastung führt. Neben der Einkommens- und Vermögenssteuer werden von allen Kantonen Grundstückgewinnsteuern sowie in der Hälfte der Kantone spezielle Liegenschaftssteuern und in fast allen Kantonen Handänderungssteuern erhoben. In der Praxis ergibt sich eine gewisse Milderung durch zurückhaltend vorgenommene Steuerwertschatzungen (bei der Vermögenssteuer). Die steuerliche Begünstigung des selbstbewohnten Grundeigentums ist im Vergleich zum Ausland ausgesprochen bescheiden.

Meinungen zur Bodenfrage

1. Rechtfertigung des Privateigentums an Grund und Boden

Anthropologische, gesellschaftspolitische und ökonomische Gesichtspunkte sprechen für eine Bodenrechtsordnung, welche das private Grundeigentum gewährleistet. Im Aufbruch zur liberalen Revolution galt es als Selbstverständlichkeit, dass die Überwindung des feudalistischen Bodenregimes einem Beitrag zur Befreiung des Menschen gleichkam. An der Bedeutung des privaten Grundeigentums für die Befriedigung elementarster Bedürfnisse nach Schutz und Sicherheit, nach frei verfügbarem und gestaltbarem Raum, nach einem Zuhause, aus dem man nicht vertrieben werden kann, haben auch die Verhältnisse des 20. Jahrhunderts nichts geändert. Gesellschaftspolitisch stellt privates Grundeigentum eine wirksame Gegenkraft zu einer sonst unvermeidlichen Machtballung beim Staat dar. Privates Grundeigentum ist denn auch unabdingbares Element einer freiheitlichen Wirtschafts- und Gesellschaftsordnung. Schliesslich ist privates Grundeigentum auch in volkswirtschaftlicher Sicht einem System staatlicher Bodenbewirtschaftung weit überlegen, da es per Saldo eine bessere Nutzung des knappen Guts Boden mit sich bringt. Wie in anderen Sektoren führt auch hier der Markt zu einer flexibleren, rationelleren und sorgfältigeren Verwendung, als es ein bürokratischer Verteilungsapparat zu bewirken vermöchte.

2. Inhalt des Eigentums

Der Inhalt des Eigentums wird in klassischer Weise in Art. 641 Zivilgesetzbuch umschrieben: «Wer Eigentümer einer Sache ist, kann in den Schranken der Rechtsordnung über sie nach seinem Belieben verfügen.» Zu dieser Verfügungsgewalt gehört die Nutzung, im Falle des Grundeigentums auch die bauliche Nutzung, aber auch das Recht, das Eigentum einem frei ausgewählten Vertragspartner zu übertragen. Wesentlicher Bestandteil dieser Eigentumsordnung ist sodann das Recht des Nichteigentümers, Eigentum erwerben zu können. Die Gewährleistung aller dieser Rechte gehört unteilbar zu einer freiheitlichen Gesellschaftsordnung; sie dürfen in ihrer Substanz nicht aufgehoben werden, auch nicht durch die Beschränkungen, die insbesondere hinsichtlich der Nutzung als notwendig und unumgänglich erscheinen.

Im folgenden werden vier abwegige Entwicklungen der Bodenrechtsdiskussion aufgezeigt; ihnen werden vier Massnahmenpakete gegenübergestellt, von denen positive Veränderungen erwartet werden dürfen.

3. Gefährdung durch Theorien

Die umfassende Gewährleistung des Grundeigentums wird heute zunehmend in Frage gestellt durch gedankliche Konstruktionen, welche von der traditionellen

Eigentumslehre abweichen. Dazu gehören die Versuche zur Aufspaltung des Eigentumsbegriffs, so etwa zur Trennung in ein Ober- und ein Untereigentum, in ein Verfügungs- und ein Nutzungseigentum, in ein Patrimonium und ein Dominium, in ein grösseres und kleineres Eigentum, in ein Eigentum an beweglichen Sachen und ein Eigentum an Produktionsmitteln. Dazu gehören zweitens modernistische Grundrechtsverständnisse, die auf die Aufhebung des traditionellen Gegensatzes «Freiheit oder Sozialbindung» abzielen und auf eine Glorifizierung herkömmlicher und neuartiger Eigentumsbeschränkungen hinauslaufen, indem sie diesen eine grundrechtserfüllende Funktion zumessen. Dazu gehören drittens Relativierungen des Eigentumsbegriffs wie etwa die Negierung der Baufreiheit als Bestandteil des Eigentums, die Reduktion des Eigentums auf eine bloss funktionelle Kategorie, die Verengung der Eigentumsgarantie auf den blossen Kerngehalt oder die These einer immanenten Sozialpflichtigkeit des Eigentums. Alle diese Theorien bergen die Gefahr einer Aushöhlung des Eigentums in sich, weil sie die Resistenz gegen Eigentumsbeschränkungen schwächen.

4. Systemwidrige Eingriffe

Zahlreiche Vorschläge zur Reform des Bodenrechts kranken daran, dass sie das nicht homogene Gut Boden in ein Korsett systemwidriger, das heisst marktfeindlicher Vorschriften zwängen wollen. Sie erweisen sich bei näherer Betrachtung als ungeeignet, den differenzierten Bedürfnissen einer modernen Gesellschaft gerecht zu werden. Dazu gehört namentlich die Vorstellung, es sei über staatliche Organe die Nachfrage nach Boden auf ihre Berechtigung zu prüfen und der Boden auf die Gesuchsteller nach staatlichen Bedarfskriterien und nach staatlichen Preisvorschriften zu verteilen. Den negativen Erfahrungen mit solchen Bewilligungs- und Kontingentierungssystemen in Bereichen der Wirtschaft zum Trotz wird auf dem Gebiete des Bodenrechts immer wieder die Illusion genährt, hier könne ungestraft, das heisst ohne Verlust an Freiheit und Wohlstand, der Markt als Regulator durch den Staat ersetzt werden.

Systemwidrig erscheint nicht nur die Einführung einer generellen Bewilligungspflicht für den Erwerb von Grundeigentum, sondern auch die Diskriminierung beziehungsweise Privilegierung einzelner Kategorien von Bodeninteressenten, wie sie etwa in den verschiedenen Bodenrechtsinitiativen der jüngsten Vergangenheit gefordert worden ist und wird. Als systemwidrige Instrumente qualifizieren sich insbesondere auch die Preiskontrolle und das gesetzliche Vorkaufsrecht (soweit dieses über eng begrenzte Tatbestände hinausgeht).

5. Prohibitive Steuern

Eine Aushöhlung des Grundeigentums kann auch über eine entsprechende Ausgestaltung steuerlicher Instrumente bewirkt werden. Eine Grundstückgewinnsteuer oder eine Mehrwertabgabe, die einen Grossteil des erzielten nominellen

Gewinnes beziehungsweise Wertzuwachses abschöpft, entkleidet das Grundeigentum des Sachwertcharakters. Eine Abschöpfung von noch nicht realisiertem Wertzuwachs kann einen Veräusserungsdruck auslösen, der einer Enteignung gleichkommt. Ähnliches ist zu sagen von speziellen Baulandsteuern oder vom Vorschlag, den gemäss Nutzungsplanung theoretisch möglichen Ertrag als Einkommen zu versteuern. Eine gleiche Wirkung kann der Eigenmietwertbesteuerung zukommen, wenn diese rein schematisch nach dem Prinzip der Marktmiete erhoben würde. Für schwächere Eigentümer können schliesslich allzu hohe Handänderungssteuern und die Verweigerung der Ersatzbeschaffung bei der Grundstückgewinnsteuer eine empfindliche Barriere zur Aufrechterhaltung des Eigentums darstellen. Die Aufzählung zeigt, dass das im allgemeinen systemneutrale Instrument der Steuer auch zu eigentumsfeindlichen Lenkungsmassnahmen missbraucht werden kann.

6. Restriktive Planungen

Eine schwerwiegende Beeinträchtigung des Grundeigentums und damit aber auch der wirtschaftlichen und gesellschaftlichen Entwicklung kann auf dem Wege allzu restriktiver Planungen erfolgen. Dies gilt nicht nur für das Problem der Ausscheidung von Baugebiet und Nichtbaugebiet, sondern in noch bedeutenderem Masse für die Ausgestaltung der Bauzonen. Zusammen mit übersteigerten Erschliessungsvoraussetzungen und komplizierten Baubewilligungsverfahren können restriktive Planungen bestehende Siedlungsstrukturen in unverantwortlicher Weise erstarren lassen und nötige Entwicklungen hemmen oder gar verhindern.

7. Funktionsfähiger Bodenmarkt

Der Bodenmarkt ist mit systemkonformen Massnahmen funktionsfähig zu erhalten, so durch eine Beschleunigung der Planungs-, Erschliessungs- und Baubewilligungsverfahren, durch den gezielten Einsatz öffentlicher Landreserven anstelle einer einseitigen staatlichen Landaufkaufpolitik und durch zweckmässige Ausgestaltung der Grundstückgewinnsteuer als Beitrag zur Verminderung des Hortungsanreizes. Im Rahmen der Einzonungs- und Erschliessungspolitik stehen der öffentlichen Hand nicht zu unterschätzende zusätzliche Einwirkungsmöglichkeiten zu Gebote, sofern der vorhandene Ermessensspielraum zielstrebig ausgeschöpft wird.

8. Erhaltung erwünschter Nutzungen in städtischen Gebieten

Die Problematik der Verdrängung städteplanerisch erwünschter, aber renditeschwächerer Nutzungen ist mit sachgerechten Instrumenten anzugehen. Dazu können verfeinerte Nutzungsbestimmungen (ausgewogene Wohnanteilpläne) gehören, vor allem aber konstruktive Massnahmen zur Öffnung geeigneter Ventile im Citybildungsprozess (Einsatz der Industrielandreserven für Wohn- und Geschäftsbauten, gezielte Verdichtung der Überbauung, Ausnützungsbonus für Erhaltung erwünschter Kleingewerbe- und Wohnnutzung, Erleichterung von Quartiererneuerungen). Nicht geeignet und langfristig kontraproduktiv sind sterile Zweckentfremdungs- und Abbruchverbote.

9. Erhaltung erwünschter Nutzungen in ländlichen Gebieten

Die Konkurrenzierung der einheimischen Nachfrager durch marktstärkere auswärtige Interessenten in Erholungsgebieten ist durch möglichst systemkonforme Massnahmen zu mildern, unter Vermeidung genereller Diskriminierungs- beziehungsweise Privilegierungsvorkehren. Dies gilt sowohl in bezug auf die Landwirtschafts- wie die Wohnnutzung. Ein generelles Vorkaufsrecht des Selbstbewirtschafters beziehungsweise des einheimischen Bewerbers ist nicht akzeptabel. Nötig sind auch hier konstruktive Massnahmen, die den verschiedensten Nachfragebedürfnissen Rechnung tragen. So wäre der Nachfragedruck nach landwirtschaftlichen Heimwesen abzubauen durch die Ermöglichung des Kaufes oder der Miete von Stöckli beziehungsweise Bauernhäusern. Allenfalls wäre es denkbar, bei der Grundstückgewinnsteuer die Verkäufe an Selbstbewirtschafter zu begünstigen. Im Falle störend massiver nichtlandwirtschaftlicher Nachfrage wäre als Notmassnahme eine Erwerbsbeschränkung analog jener für Ausländer vorstellbar. In bezug auf die Sicherstellung der Eigenheimbedürfnisse der einheimischen Bevölkerung steht zunächst wiederum der Einsatz der öffentlichen Landreserven im Vordergrund. Nötigenfalls könnten verfeinerte Nutzungsbestimmungen mit einer Differenzierung zwischen Erst- und Zweitwohnungen den Nachfragern von Erstwohnungen ein Marktsegment mit günstigeren Preisbedingungen sichern. Im Hinblick auf die verfassungsmässig gewährleistete Niederlassungsfreiheit kann demgegenüber eine Wohnsitznahme (und damit ein Grundeigentumserwerb) von auswärts stammenden Personen nicht eingeschränkt werden.

10. Stärkere Verbreitung des Eigenheims

Die Hauptstossrichtung einer liberalen Bodenpolitik besteht in der Förderung einer stärkeren Verbreitung des Eigenheims in allen seinen Erscheinungsformen (freistehendes Einfamilienhaus, Reihenhaus, Terrassensiedlung, Stockwerkeigentum). Die der öffentlichen Hand hier zu Gebote stehenden Möglichkeiten sind im Bericht der Expertenkommission Wohneigentumsförderung ausführlich aufgezeigt worden. Es gehören hieher die Massnahmen im Planungs- und Baurecht, so insbesondere auch gezielte Vorkehren im Rahmen der Erschliessungs- und Landabgabepolitik, ferner steuerliche Massnahmen verschiedenster Art (niedrige Vermögenssteuerwerte, massvolle Eigenmietwerte, Freistellung von der Grundstückgewinnsteuer bei der Ersatzbeschaffung, Milderung hoher Handänderungssteuern, Gewährung von Abzügen für Wohnsparen) und schliesslich der Einsatz der im Rahmen der beruflichen Altersvorsorge angesparten Mittel.

1. Teil   Fakten zur Bodenfrage

I. Eigentumsverhältnisse

A. Arten und Umfang des Grundeigentums

«Der Boden» ist ein abstrakter Begriff. Die Wirklichkeit ist wesentlich vielfältiger. In unserer Rechtsordnung ist denn auch nicht vom Boden, sondern von Grundstücken die Rede. Und diese umfassen unter anderem auch die Gebäude.

In der Diskussion um die Bodenfrage wird naheliegenderweise das Gut «Boden» zu abstrahieren und als isolierter Wertfaktor zu erfassen versucht. Die Realität ist wesentlich komplexer. Zum einen ist der Boden keineswegs ein homogenes Gut; das gleiche Quantum Boden kann im Wert je nach Lage um das Hunderttausendfache differieren. Zum anderen und vor allem ergibt sich im Falle einer Überbauung eine rechtliche und wirtschaftliche Einheit von voden und Bauwerk, womit «der Boden» als selbständiges Gut untergeht. Unter Grundeigentum wird denn auch nicht nur das Eigentum an Boden (als einem Stück Erdoberfläche) verstanden; Gegenstand des Grundeigentums sind vielmehr «Grundstücke» beziehungsweise «Liegenschaften» (Art. 655 ZGB), wobei diese «in ihrem gesamten Bestande, mit allen ihren Bestandteilen wie Bauten, Pflanzen, Quellen und Grundwasser»[1], erfasst sind.

Gegenstand der Grundeigentumsdiskussion kann deshalb nicht einfach das abstrakte Gut «Boden» sein; man hat sich im Gegenteil stets zu vergegenwärtigen, dass es hier um sehr Verschiedenes geht: um überbaute Grundstücke, um für die Überbauung vorgesehene Grundstücke, um für die Überbauung geeignete, aber dafür nicht vorgesehene Grundstücke oder um für die Überbauung weder geeignete noch vorgesehene Grundstücke. Aber selbst diese Auffächerung aus dem Blickwinkel der Überbauung widerspiegelt nur einen Teil der viel komplexeren Wirklichkeit. Neben der Überbauung sind ja auch andere Sondernutzungen denkbar, angefangen von der Kiesausbeutung über den Gartenbau bis zur Erholungsfunktion von Sportanlagen und Campingplätzen. Und selbst innerhalb der rein land- und forstwirtschaftlichen Grundstücke sind mancherlei Wertabstufungen gegeben.

Die Unterschiedlichkeit der Erscheinungsform «Grundeigentum» kommt auch zum Ausdruck beim Versuch, den frankenmässigen Wert des Grundeigentums zu beziffern. Es fehlen bezeichnenderweise repräsentative Statistiken über den Gesamtwert der schweizerischen Liegenschaften, so dass wir auf Schätzungen angewiesen sind.

[1] Arthur Meier-Hayoz, Berner Kommentar, N 12 zu Art. 655 ZGB

Ausgangspunkt für die meisten Schätzungen ist der Gebäudeversicherungswert, der in 19 Kantonen von einer öffentlich-rechtlichen, in den übrigen von einer privat-rechtlichen Feuerversicherung erhoben wird und in der Regel dem Verkehrs- oder Neuwert der Gebäude entspricht. Eine Schätzung der Bundesverwaltung für 1960[2] ergab bei einem bekannten Brandversicherungswert von 100 Milliarden Franken und einer Bodenwertschätzung von zirka einem Viertel des Gebäudewertes, also 25 Milliarden Franken, und zirka 11 Milliarden Franken Wert des Kulturlandes ein Total von gegen 140 Milliarden Franken. Unter Verwendung neuerer Assekuranzwerte hat die Schweizerische Gesellschaft für ein neues Bodenrecht (SGNB) in einer ersten Schätzung für 1975[3] bei einem Gebäudeversicherungswert von 440 Milliarden Franken ein Total von 600 Milliarden Franken errechnet, indem sie ebenfalls den Verkehrswert des Bodens mit einem Viertel in Relation zum Gebäudewert setzte und weitere 50 Milliarden Franken für Reserveland und Landwirtschaftsgebiete addierte. Eine ähnliche Summe, nämlich 555 Milliarden Franken, ergibt die Extrapolation der «Steuerlichen Verkehrswertschätzung» von Professor Hugo Sieber.[4] Im Gegensatz zu den drei erwähnten Modellen stützt sich die SGNB in einer zweiten Schätzung auf die durchschnittlichen Grundstückpreise von unbebautem Land. Die SGNB beziffert in ihrer «Bauzonenschätzung»[5] bei einem gesamtschweizerischen Durchschnittspreis von 55 Franken pro Quadratmeter (errechnet aufgrund der statistisch erfassten Grundstückverkäufe an Ausländer) den Gesamtwert des überbauten Bodens und der Baulandreserven auf 120 Milliarden Franken. Mit den 12 Milliarden Franken, die dem Wert des Landwirtschaftsgebietes entsprechen sollen,[6] wird der Verkehrswert des Bodens somit auf zirka 130 Milliarden Franken geschätzt.

Für das Jahr 1986 ergibt eine Aufgliederung, wie sie bei den bisherigen Modellen vorgenommen wurde, unter Verwendung der gleichen Boden / Gebäude-Relation (1:4) und unter Berücksichtigung des unüberbauten Bodens folgende Grössenordnungen:

[2] BBl 1962 I, S. 1068ff.
[3] Modellvorstellungen zur Bodenrechtsform, hrsg. von der SGNB, Bern 1978, S. 13
[4] Hugo Sieber, Bodenpolitik und Bodenrecht, Bern 1970
[5] Modellvorstellungen zur Bodenrechtsreform, Bern 1978, S. 14
[6] Diese Summe ist insofern fragwürdig, als bewusst vom Ertragswert ausgegangen wird; der Verkehrswert ist auf das Drei- bis Fünffache zu schätzen.

Gebäudeversicherungswert 1986		1 026 Mia. Fr.[7]
Verkehrswert des überbauten Bodens (ca. 1300 km^2)	ca. 250 Mia. Fr.	
Verkehrswert der Baulandreserven (ca. 1000 km^2)	ca. 100 Mia. Fr.	
Verkehrswert des landwirtschaftlichen Bodens (ca. 11000 km^2)	ca. 50 Mia. Fr.	
Verkehrswert des Bodens		ca. 400 Mia. Fr.
Gesamter Grundstückwert		ca. 1 400 Mia. Fr.

Fazit: Der gesamte Bodenwert liegt deutlich unter dem Gesamtwert der Gebäude. Ein Bodenreformkonzept, das primär auf das Gut Boden und nicht auf die Gesamtheit des Grundeigentums ausgerichtet ist, kann nicht als sachgerecht bezeichnet werden.

[7] öffentlich-rechtliche Brandversicherer: 857 Milliarden Franken
privatrechtliche Brandversicherer: 169 Milliarden Franken

B. Streuung des Wohneigentums

Im internationalen Vergleich und auch im Zeitablauf erscheint die heutige schweizerische Wohneigentümerquote ausgesprochen niedrig. Bei genauerem Hinsehen ergibt sich ein differenzierteres Bild. Manche Befürchtungen erweisen sich als übertrieben. Jüngste Entwicklungen geben zu Hoffnungen Anlass.

Über die Verteilung des Grundeigentums bestehen vielfach irrige Vorstellungen. Im Zusammenhang mit bodenreformerischen Bestrebungen werden die Verhältnisse zuweilen auch bewusst verzerrt dargestellt. So führte 1972 der heutige Direktor des Bundesamtes für Wohnungswesen in einem Exposé aus, dass die Bodenrenten absolute Monopolrenten darstellten, «da sie nur den wenigen zugute kommen, die Boden zum Eigentum haben».[1] Und Hans Tschäni spricht von «zwanzig Prozent, die die Schweiz ‹besitzen›».[2] Wie noch zu zeigen sein wird, verfügen immerhin rund zwei Fünftel aller schweizerischen Haushalte über Grundeigentum. Was für das Grundeigentum im allgemeinen gilt, trifft im besonderen auch für das Wohneigentum zu.

In ähnlicher Weise werden die Entwicklungstendenzen dramatisiert. Zwar hat beispielsweise der prozentuale Anteil der sogenannten Eigentümerwohnungen zwischen 1950 und 1980 deutlich abgenommen, aber in absoluten Zahlen haben die Eigentümerwohnungen in der gleichen Periode von 477 700 auf 722 247 oder um 51 Prozent zugenommen. Der Zugang übertraf bei weitem das Wachstum der Gesamtbevölkerung (+ 35 Prozent) und (auch nach Abzug der Eigentümerwohnungen von Ausländern) noch stärker dasjenige der Einwohner schweizerischer Nationalität (+ 22 Prozent). Auch die «Anonymisierung» des Wohnungseigentums wird überschätzt. Gewiss ist der prozentuale Anteil der im Eigentum einer oder mehrerer Privatpersonen befindlichen besetzten Wohnungen zwischen 1950 und 1980 von 79 auf 66 Prozent gefallen. Mit einem Zuwachs von etwa 1 016 000 auf 1 581 780 Wohnungen oder um 56 Prozent wird aber auch hier das Wachstum der Gesamtbevölkerung weit übertroffen. Fragen wir uns zunächst, wer **Eigentümer** des in der Schweiz vorhandenen **Wohnraumes** ist. Zu mehr als zwei Dritteln sind es Privatpersonen. Der Rest gehört juristischen Personen — unter Einschluss von Genossenschaften und der öffentlichen Hand. Bei den Zweitwohnungen ist der Anteil der Privatpersonen noch deutlich höher: Er machte 1980 über 88 Prozent aus. Auch bei den Leerwohnungen ist der Anteil der Privatpersonen mit 74 Prozent überdurchschnittlich. Bei der Hauptkategorie, den besetzten Wohnungen, entfallen auf die Privatper-

---

[1] Antrag der Sozialdemokratischen Partei des Kantons Bern an die SPS auf Lancierung einer neuen Bodenrechtsinitiative, Bern 1972, S. 4
[2] Hans Tschäni, Wem gehört die Schweiz?, Zürich 1986, S. 170

sonen dagegen nur knapp zwei Drittel, wie aus der folgenden Zusammenstellung hervorgeht:

Wohnungsbestand 1980 nach Eigentümern

Eigentümer	Besetzte Wohnungen		Zweit- wohnungen		Leerwohnungen		Wohnungen total	
	abs.	in %	abs.	in %	abs.	in %	abs.	in %
Privatpersonen	1 581 780	65,5	211 570	88,4	51 832	74,2	1 845 182	67,8
Bau- und Immobilien- genossenschaften	124 888	5,2	1 231	0,5	606	0,9	126 725	4,6
Bau- und Immobilien- gesellschaften	229 776	9,5	11 475	4,8	5 941	8,5	247 192	9,1
Andere Personen oder Kapital- gesellschaften	203 155	8,4	6 902	2,9	5 763	8,3	215 820	7,9
Personalvorsorge- stiftungen Pensionskassen	134 208	5,6	2 178	0,9	1 675	2,4	138 061	5,1
Andere Stiftungen und Vereine	59 920	2,5	2 770	1,2	1 306	1,9	63 996	2,4
Gemeinden	59 439	2,4	2 332	1,0	1 849	2,6	63 620	2,3
Kantone	11 725	0,5	510	0,2	550	0,8	12 785	0,4
Bund	7 038	0,3	347	0,1	252	0,4	7 682	0,3
Ausländische Staaten	1 211	0,1	131	–	27	–	1 369	0,1
Total	2 413 185	100,0	239 446	100,0	69 801	100,0	2 722 432	100,0

Quelle: Statistische Quellenwerke der Schweiz, Heft 713, Tab. 6.09

24

Für die Hauptkategorie der besetzten Wohnungen lässt sich die Entwicklung über drei Jahrzehnte hinweg aufzeigen:

Besetzte Wohnungen 1950–1980 nach Eigentümern

Eigentümer	1950 abs.	in %	1960 abs.	in %	1970 abs.	in %	1980 abs.	in %
Privatpersonen	·	79	1 160 305	73,4	1 392 385	67,9	1 581 780	65,5
Bau- und Immobilien- genossenschaften	·	4	73 539	4,7	108 303	5,3	124 888	5,2
Bau- und Immobilien- gesellschaften	·	6	149 304	9,4	165 330	8,1	229 776	9,5
Andere Genossen- und Gesellschaften	·	5	98 796	6,3	234 134	11,4	203 155	8,4
Vereine/Stiftungen	·	2	40 200	2,5	73 699	3,6	194 128	8,1
Gemeinde, Kanton, Bund	·	4	55 314	3,5	73 890	3,6	78 247	3,2
Ausländische Staaten, internationale Organisationen	·	0	2 932	0,2	2 742	0,1	1 211	0,1
Total	1 275 688	100,0	1 580 390	100,0	2 050 483	100,0	2 413 185	100,0

Quelle: Statistische Quellenwerke der Schweiz, Hefte 277 (1950), 379 (1960), 537 (1970) und 713 (1980)

Die Gründe für die Zunahme des Anteils der juristischen Personen auf fast das Doppelte in drei Jahrzehnten sind mannigfaltig und hängen zum Teil mit dem infolge der ungestümen Wohnungsnachfrage stark forcierten Bau von Gross-siedlungen, aber auch mit dem Ausbau der beruflichen Vorsorge zusammen.

Im Eigentum der in der politischen Diskussion am stärksten anvisierten kom-merziellen Gesellschaften (einschliesslich Genossenschaften des Detailhandels und Pensionskassen) standen 1980 etwa 567 000 Wohnungen oder 23,5 Pro-zent der besetzten Wohnungen. Im Eigentum anderer privater juristischer Perso-nen und der öffentlichen Hand standen weitere 11 Prozent aller besetzten Woh-nungen.

Im Vordergrund des politischen Interesses steht die Frage nach der **Wohneigen-tümerquote**, das heisst nach dem Anteil jener, die in den eigenen vier Wänden wohnen. Hier zeigt sich für die letzten drei Jahrzehnte folgendes Bild:

Eigentümerquote 1950—1980

Besetzte Wohnungen		Eigentümerwohnungen abs.	in %
1950	1 292 910	477 700	37
1960	1 580 390	531 981	33,7
1970	2 050 483	575 373	28,1
1980	2 413 185	722 247	29,9

Quelle: Statistische Quellenwerke der Schweiz, Hefte 277 (1950), 537 (1960 und 1970), 707 (1980)

Die Zahl der Eigentümerwohnungen ist gesamtschweizerisch von 1950 bis 1980 von 477 700 auf 722 247, das heisst um nahezu 250 000 Wohnungen oder um 51,2 Prozent gestiegen. Da aber die Zahl aller (besetzten) Wohnungen in der gleichen Periode sehr viel stärker, nämlich um 86,6 Prozent angewachsen ist, musste zwangsläufig der Anteil der Eigentümerwohnungen abnehmen. Diese Entwicklung hat bereits in den 50er Jahren eingesetzt; der stärkste Rückgang ist in den 60er Jahren eingetreten, während in der Mitte der 70er Jahre der Umschwung zu einer wieder etwas breiteren Streuung erfolgte.

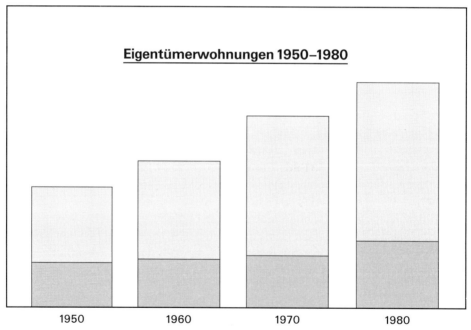

Eigentümerwohnungen 1950–1980

Trotz per Saldo rückläufigem Wohneigentümeranteil ist die Zahl der Eigentümerwohnungen deutlich gestiegen.

Die Eigentümerwohnungen lassen sich nach drei Eigentümerkategorien aufteilen: Wohnungen, in denen der Hauseigentümer wohnt, Wohnungen, in denen ein Miteigentümer des Hauses wohnt, und Wohnungen, in denen der Stockwerkeigentümer wohnt. Bei diesen drei Eigentümerkategorien hat sich hinsichtlich der besetzten Wohnungen (also ohne Zweitwohnungen!) in den 70er Jahren folgende Entwicklung ergeben:

Eigentümerwohnungen 1970 und 1980

	Zuwachsraten 1970	1980	Zuwachs absolut	in %
Hauseigentümer	515 133	580 461	65 328	12,7
Miteigentümer des Hauses	47 870	83 224	35 354	73,9
Stockwerkeigentümer	12 370	58 562	46 192	273,4
Eigentümerwohnungen total	575 373	722 247	146 874	25,5
(Besetzte Wohnungen total	2 050 483	2 413 185	362 702	17,7)

Quelle: Statistische Quellwerke der Schweiz, Heft 713, Tab. 6.104

Die **Nichteigentümerwohnungen** wurden in der politischen Diskussion häufig mit Mietwohnungen gleichgesetzt. Das ist unpräzis. Die Statistik weist auch Pächterwohnungen und Genossenschaftswohnungen sowie Dienst- und Freiwohnungen aus. Nach den letzten drei Wohnungszählungen ergibt sich diesbezüglich folgendes Bild:

Besetzte Wohnungen nach Besitzverhältnis 1960—1980

	absolut 1960	1970	1980	Anteil in % 1960	1970	1980
Eigentümer-wohnungen	531 981	575 373	722 247	33,7	28,1	29,9
Pächterwohnungen	29 105	17 088	12 476	1,8	0,8	0,5
Mietwohnungen	900 063	1 315 260	1 524 698	56,9	64,1	63,2
Genossenschafts-wohnungen	59 522	77 859	93 980	3,8	3,8	3,9
Dienst- und Freiwohnungen	59 719	64 903	59 784	3,8	3,2	2,5
Besetzte Wohnungen total	1 580 390	2 050 483	2 413 185	100,0	100,0	100,0

Quelle: Statistische Quellenwerke der Schweiz, Heft 537, Tab. 3.63, Heft 713, Tab. 6.104

Zum Bild der Grundeigentumsverteilung gehört auch folgende Feststellung: In den 987 744 bewohnten Gebäuden gab es 1980 580 461 Eigentümerwohnungen sowie 141 786 Miteigentümer- und Stockwerkeigentümerwohnungen. Auch wenn sich ein kleinerer Teil der Miteigentümerwohnungen und ein grösserer Teil der Stockwerkeigentümerwohnungen auf die gleichen Gebäude verteilt, so bleibt die Grössenordnung klar: In zwei von drei Gebäuden lebt der Eigentümer selbst.

Die Wohneigentümerquote ist markant unterschiedlich je nach Bauperiode der Wohnungen, nach Nationalität der Bewohner, nach Kanton, nach Gemeindegrössenklasse sowie nach Alter und Zivilstand der Bewohner. Es gilt, diese Differenzierungen zu beachten.

Die Entwicklung des Anteils der Eigentümerwohnungen zeigt sich besonders ausgeprägt bei der **Aufgliederung nach Bauperioden**. Bei den Altwohnungen (vor 1947 erbaut) beläuft sich der Eigentümeranteil nach wie vor in den 1950 ermittelten Grössenordnungen. Der tiefste Anteil an Eigentümerwohnungen ist bei den Wohnungen aus den 60er Jahren zu registrieren. Zwischen 1976 und 1980 ist demgegenüber ein ungewöhnlich grosser Anteil an Eigentümerwohnungen zu verzeichnen, wie aus nachstehender Zusammenstellung hervorgeht:

Eigentümerwohnungen 1980 nach Bauperiode

Bauperiode	absolut	in % aller besetzten Wohnungen
Vor 1947 erbaute Wohnungen	354 017	36,7
1947—1960 erbaute Wohnungen	104 736	23,9
1961—1970 erbaute Wohnungen	108 932	20,0
1971—1975 erbaute Wohnungen	84 411	27,3
nach 1975 erbaute Wohnungen	70 151	44,7

Quelle: Statistische Quellenwerke der Schweiz, Heft 713, Tab. 6.23

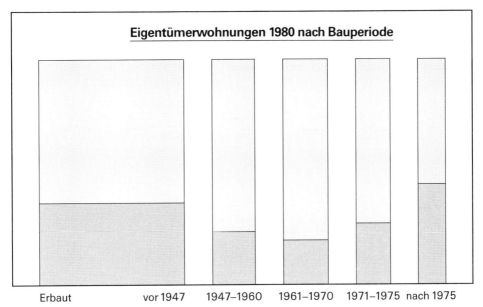

Eigentümerwohnungen 1980 nach Bauperiode

| Erbaut | vor 1947 | 1947–1960 | 1961–1970 | 1971–1975 | nach 1975 |

Die nach 1975 erstellten Wohnungen weisen einen ungewöhnlich hohen Eigentümeranteil auf.

Sehr unterschiedlich ist die Wohneigentümerquote **nach Nationalität** der Bewohner. So ist die Wohneigentümerquote bei den Ausländern markant tiefer als
bei den Schweizern. Für die letzten beiden Wohnungszählungen ergab sich
diesbezüglich folgende Situation:

Wohneigentümerquote 1970 und 1980 nach Nationalität

		1970	1980
Ganze Bevölkerung:	Besetzte Wohnungen	2 050 483	2 413 185
	davon		
	Eigentümerwohnungen	575 373	722 247
		= 28,1 %	= 29,9 %
Haushaltungen mit ausländischem Haushaltvorstand:	Besetzte Wohnungen	336 905	363 265
	davon		
	Eigentümerwohnungen	15 618	33 425
		= 4,6 %	= 9,2 %
Haushaltungen mit schweizerischem Haushaltvorstand:	Besetzte Wohnungen	1 713 578	2 049 920
	davon		
	Eigentümerwohnungen	559 755	688 822
		= 32,7 %	= 33,6 %

Quelle: Bundesamt für Statistik, eidgenössische Wohnungszählungen 1970 und 1980; nur teilweise publizierte Zahlen

29

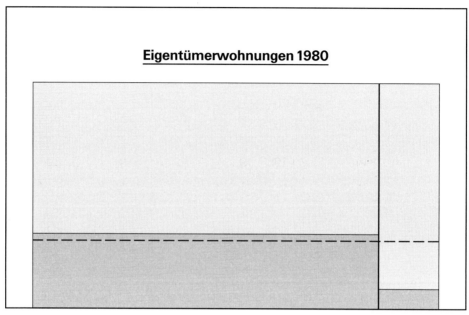

Eigentümerwohnungen 1980

Schweiz.   Ausl.

Haushaltvorstand

Die Wohneigentümerquote ist bei den Schweizern fast viermal so hoch wie bei den Ausländern.

Aus der nachfolgenden Übersicht für das Jahr 1980 gehen die grossen **regionalen Unterschiede** in der Wohneigentümerquote hervor:

Eigentümerwohnungen 1980 nach Kantonen und Nationalität

Kanton	Besetzte Wohnungen	Eigentümerwohnungen		Eigentümerwohnungen mit ausländischem Haushaltvorstand		Eigentümerwohnungen mit schweizerischem Haushaltvorstand	
		absolut	in %	absolut	in %[1]	absolut	in %[2]
ZH	457 844	90 108	19,7	4 214	5,9	85 894	22,2
BE	344 522	112 418	32,6	1 997	7,5	110 421	34,7
LU	98 970	27 236	27,5	692	7,3	26 544	29,7
UR	10 431	4 731	45,3	77	11,3	4 654	47,7
SZ	30 588	12 551	41,0	363	11,7	12 188	44,3
OW	7 979	3 891	48,8	91	14,8	3 800	51,6
NW	9 212	3 357	36,4	66	10,4	3 291	38,4
GL	13 207	6 442	48,8	211	10,2	6 231	55,9
ZG	25 232	7 003	27,8	431	12,1	6 572	30,3
FR	61 034	23 703	38,8	572	11,1	23 131	41,4
SO	79 359	32 650	41,1	939	9,8	31 711	45,4
BS	96 063	11 030	11,5	469	3,1	10 561	13,0
BL	81 483	29 774	36,5	1 333	11,5	28 441	40,7
SH	26 864	8 807	32,8	373	8,9	8 434	37,1
AR	17 320	7 678	44,3	217	10,9	7 461	48,7
AI	3 991	2 354	59,0	14	4,6	2 340	63,5
SG	137 889	48 175	34,9	1 975	10,4	46 200	38,8
GR	54 955	24 487	44,6	1 132	19,7	23 355	47,4
AG	160 084	69 301	43,3	2 767	11,8	66 534	48,7
TG	65 306	25 612	39,2	1 036	10,3	24 576	44,5
TI	100 236	34 212	34,1	3 555	13,6	30 657	41,3
VD	217 699	52 806	24,3	4 770	11,1	48 036	27,5
VS	71 657	42 653	59,5	1 516	20,8	41 137	63,9
NE	65 190	13 225	20,3	793	7,1	12 432	23,0
GE	153 737	17 148	11,2	3 434	7,1	13 714	13,0
JU	22 333	10 895	48,8	388	16,3	10 507	52,6
CH	2 413 185	722 247	29,9	33 425	9,2	688 822	33,6

[1] in % aller Wohnungen mit ausländischem Wohnungsinhaber (363265)
[2] in % aller Wohnungen mit schweizerischem Wohnungsinhaber (2049920)

Quelle: Bundesamt für Statistik, eidgenössische Wohnungszählung 1980; nur teilweise publizierte Zahlen

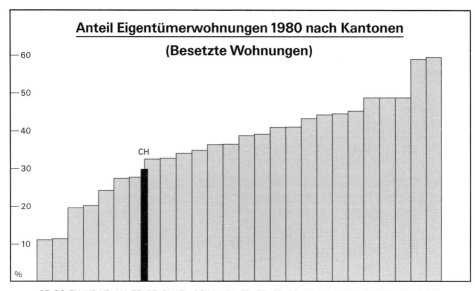

Anteil Eigentümerwohnungen 1980 nach Kantonen (Besetzte Wohnungen)

GE BS ZH NE VD LU ZG BE SH TI SG NW BL FR TG SZ SO AG AR GR UR OW GL JU AI VS

Wallis und Appenzell-Innerrhoden weisen den höchsten, Genf und Basel-Stadt den tiefsten Eigentümeranteil aus.

Die Eigentümerquote ist auch ausserordentlich stark abhängig von der **Gemeindegrösse**. Je grösser die Gemeinde, desto niedriger ist der Anteil der Eigentümerwohnungen. Für 1980 präsentiert sich die Situation wie folgt:

Eigentümerwohnungen 1980 nach Gemeindegrössenklassen

Gemeinden mit … Einwohnern		Besetzte Wohnungen	davon Eigentümerwohnungen absolut	in %
über 100 000		473 453	32 243	6,8
50 000–99 000		118 308	15 505	13,1
20 000–49 999		219 174	37 134	16,9
10 000–19 999		369 002	79 643	21,6
5 000– 9 999	städtische Gemeinden	194 760	53 315	27,4
2 000– 4 999		155 172	57 470	37,0
1 000– 1 999		44 465	22 150	49,8
unter 1000		26 246	14 571	55,5
5 000– 9 999	ländliche Gemeinden	147 015	51 999	35,4
2 000– 4 999		283 192	130 993	46,3
1 000– 1 999		170 150	91 793	53,9
unter 1000		212 248	135 431	63,8
Total		2 413 185	722 247	29,9

Quelle: Statistische Quellenwerke der Schweiz, Heft 713, Tab. 6.27/L

32

In ähnlicher Weise wie nach Gemeindegrössenklasse schwankt die Eigentümerquote auch nach **Altersstufen**.

Mit zunehmendem Alter steigt die Eigentümerquote; im Pensionierungsalter sinkt sie allerdings wieder, wie aus den Ergebnissen der Wohnungszählung 1980 hervorgeht:

Eigentümerwohnungen 1980 nach Altersstufen des Inhabers

Alter des Wohnungsinhabers	Besetzte Wohnungen	davon Eigentümerwohnungen absolut	in %
−19 Jahre	12 605	235	1,9
20–24 Jahre	126 310	3 202	2,5
25–29 Jahre	209 626	16 164	7,7
30–34 Jahre	257 431	46 270	18,0
35–39 Jahre	256 688	69 103	26,9
40–44 Jahre	219 268	69 406	31,7
45–49 Jahre	211 452	75 649	35,8
50–54 Jahre	200 805	78 952	39,3
55–59 Jahre	196 536	81 052	41,2
60–64 Jahre	169 089	72 011	42,6
65–69 Jahre	172 650	72 942	42,2
70–74 Jahre	160 845	61 632	38,3
75–79 Jahre	121 491	42 902	35,3
80+ Jahre	98 389	32 727	33,3

Quelle: Statistische Quellenwerke, Heft 713, Tab. 6.27

Die verhältnismässig niedrige Wohneigentümerquote steht in ursächlichem Zusammenhang mit der Entwicklung der Haushaltstruktur. Die Einpersonenhaushalte haben in ungewöhnlichem Masse zugenommen; da bei dieser Kategorie die Eigentümerquote besonders niedrig ist, ergibt sich allein schon daraus eine Tendenz zur Senkung der Eigentümerquote.

Bemisst man die Wohneigentümerquote nicht nach der Zahl der Haushaltungen, sondern **nach der Zahl der Bewohner**, so ergibt sich ein wesentlich anderes Bild. In einer Eigentümerwohnung wohnen durchschnittlich 3,0 Personen, während eine Mieterwohnung im Schnitt lediglich mit 2,6 Personen belegt ist (1980). Das führt dazu, dass nicht 29,9 Prozent, sondern 34,6 Prozent der Bevölkerung in Eigentümerwohnungen leben. Klammert man die Ausländer aus, sind es sogar 39,0 Prozent, nämlich 2 115 086 von 5 420 986 Schweizerinnen und Schweizern. In Mietwohnungen leben demgegenüber 58,3 Prozent der Schweizerinnen und Schweizer (also nicht drei Viertel, wie oberflächliche Beobachter behaupten).

Wie eine vom Bundesamt für Statistik für den Schweizerischen Hauseigentümerverband vorgenommene Auswertung der Wohnungszählung 1980 ergab,
macht der Anteil der in den eigenen vier Wänden lebenden Wohnbevölkerung
schweizerischer Nationalität nachstehende Werte aus:

Eigentümerquote 1980

Alter	Schweizerische Wohnbevölkerung	Davon in Eigentümerwohnungen lebend	
		absolut	in %
5	59 310	22 870	38,6
10	74 869	34 014	45,4
15	88 279	42 539	48,2
20	83 104	31 240	37,6
25	78 924	16 628	21,6
30	79 479	19 636	24,7
35	81 889	27 573	33,7
40	63 415	26 054	41,1
45	63 957	28 304	44,3
50	64 589	30 050	46,5
55	63 018	29 540	46,9
60	61 636	28 550	46,3
65	50 382	23 436	46,5
70	51 261	21 896	42,7
75	40 611	15 687	38,6
80	26 420	9 266	35,1
Total	5 420 986	2 115 086	39,0

Der Eigentümeranteil — bezogen auf die Wohnbevölkerung und nicht auf die
Haushalte — entspricht dem natürlichen Lebenszyklus, wie das auch in der nachstehenden Graphik zum Ausdruck kommt. Es verdient immerhin festgehalten zu
werden, dass im Alter von 15 Jahren der Eigentümeranteil fast 50 Prozent erreicht. Nahezu die Hälfte der Jugendlichen dieses Alters wächst also in den eigenen vier Wänden auf. Am niedrigsten ist die Eigentümerquote bei den 25- bis
28jährigen, während hernach der Anteil kontinuierlich ansteigt bis zum Alter 56,
wo erneut eine erfreulich hohe Quote (47,2 Prozent) zu registrieren ist.

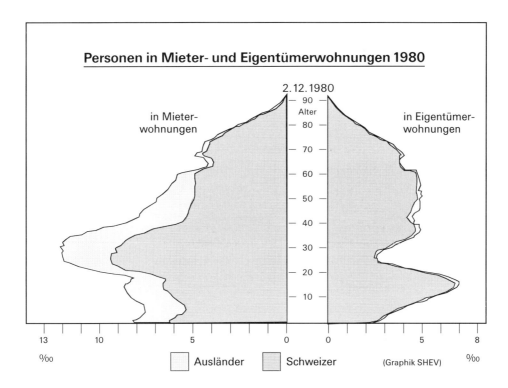

Personen in Mieter- und Eigentümerwohnungen 1980

2.12.1980

in Mieter-
wohnungen

in Eigentümer-
wohnungen

Ausländer Schweizer (Graphik SHEV)

Das Wohnen im Eigenheim ist auch eine Frage des Alters. Von den 15jährigen Schweizerinnen und Schweizern lebten 1980 fast gleich viele in Eigentümerwohnungen wie in Mietwohnungen. Bei den 27jährigen überwogen demgegenüber die Mieter im Verhältnis fast 4:1.

Betrachtet man nur die **Familienhaushalte** (das heisst die Haushalte mit Kindern), so ist der Eigentümeranteil überdurchschnittlich. Von den rund 846 000 schweizerischen Familienhaushaltungen mit Kindern wohnten 1980 53 Prozent (449 000) in Miete oder in Genossenschaftswohnungen, 44 Prozent (368 000) waren Eigentümer ihrer Wohnung. Die übrigen 3 Prozent lebten in Pächter-, Dienst- oder Freiwohnungen.[1]

[1] «Wohnen in der Schweiz», Auswertung der Eidgenössischen Wohnungszählung 1980, Bern 1985, S. 76.

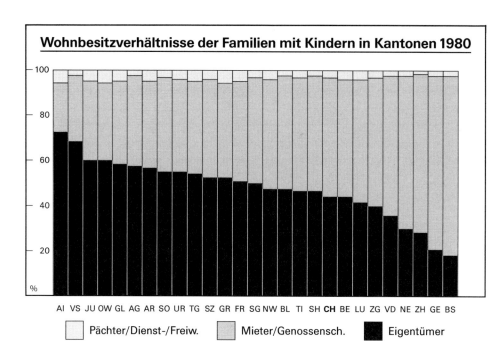

Wohnbesitzverhältnisse der Familien mit Kindern in Kantonen 1980

AI VS JU OW GL AG AR SO UR TG SZ GR FR SG NW BL TI SH **CH** BE LU ZG VD NE ZH GE BS

☐ Pächter/Dienst-/Freiw.   ▨ Mieter/Genossensch.   ■ Eigentümer

In der Hälfte der Kantone wohnen mehr als die Hälfte der Familien in den eigenen vier Wänden.

Eine **internationale Übersicht** für das Jahr 1970 zeigt die Schweiz bezüglich Eigentümerquote auf dem wenig schmeichelhaften letzten Platz:

**Aufteilung des Wohnungsbestandes in Westeuropa
nach Besitzesverhältnissen 1970**

Vom Besitzer bewohnt		Gemietete Wohnungen		Andere*	
Land	Prozent	Land	Prozent	Land	Prozent
Irland	70,8	Schweiz	68,8	Schweden	13,2
Spanien	64,0	Niederlande	64,6	Frankreich	12,2
Finnland	60,4	Bundesrepublik		Österreich	12,0
Belgien	54,8	Deutschland	64,1	Spanien	8,5
Norwegen	52,6	Schweden	51,6	Italien	5,0
Italien	50,8	Ver.Königreich	50,5	Norwegen	5,0
Ver.Königreich	49,2	Österreich	47,0	Dänemark	4,6
Dänemark	48,6	Dänemark	46,8	Schweiz	3,1
Frankreich	44,7	Italien	44,2	Belgien	2,9
Österreich	41,0	Frankreich	43,1	Irland	2,4
Bundesrepublik		Norwegen	42,4		
Deutschland	35,9	Belgien	42,3		
Niederlande	35,4	Finnland	38,5		
Schweden	35,2	Spanien	27,5		
Schweiz	28,1	Irland	26,8		

* z. B. Pacht- und Dienstwohnungen

Quelle: Economic Commission for Europe (ECE), A Statistical Survey of the Housing Situation in the ECE Countries Around 1970, New York 1978, S. 80—90, S. 270f.

36

Den letzten Platz bezüglich Wohneigentümeranteil nimmt die Schweiz auch nach einer neueren Zusammenstellung des Bundesamtes für Wohnungswesen ein:

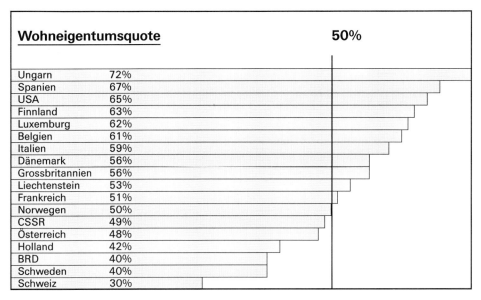

Wohneigentumsquote		50%
Ungarn	72%	
Spanien	67%	
USA	65%	
Finnland	63%	
Luxemburg	62%	
Belgien	61%	
Italien	59%	
Dänemark	56%	
Grossbritannien	56%	
Liechtenstein	53%	
Frankreich	51%	
Norwegen	50%	
CSSR	49%	
Österreich	48%	
Holland	42%	
BRD	40%	
Schweden	40%	
Schweiz	30%	

Die Wohneigentümerquote in der Schweiz ist im internationalen Vergleich ungewöhnlich tief.
Quelle: Bundesamt für Wohnungswesen, 1986

Die vorstehend skizzierten Besonderheiten sind bei zwischenstaatlichen Vergleichen im Auge zu behalten. Trotzdem ist unverkennbar die Wohneigentümerquote in der Schweiz tiefer als im Ausland. Auffallend ist insbesondere die unterschiedliche Entwicklung. Während die Eigentümerquote in der Schweiz zwischen 1950 und 1970 deutlich abnahm, ist sie in zahlreichen anderen Staaten markant gestiegen, so in den USA, in Belgien, Dänemark, Grossbritannien und Frankreich; in der Bundesrepublik Deutschland ist seit 1960 ebenfalls eine Aufwärtsbewegung zu verzeichnen.[2]

Zu fragen ist schliesslich nach der **Entwicklung der Eigentümerquote seit 1980**. Als Anhaltspunkt steht einzig der Anteil der Einfamilienhäuser an der Zahl der neuerstellten Wohnungen zur Verfügung. Der Anteil der Einfamilienhäuser ist aber in verschiedener Hinsicht nicht kongruent mit dem Anteil der Eigentümerwohnungen. Hinzuzuzählen wären die Stockwerkeigentümerwohnungen und die vom Eigentümer bewohnten Wohnungen in Zwei- und Mehrfamilienhäusern, abzuzählen die Ferienhäuser; alle diese Grössen werden von der Wohnbaustatistik nicht ausgewiesen. Nicht erfasst sind sodann die Veränderun-

[2] Alfred Roelli, Bestimmungsfaktoren der schweizerischen Wohneigentumsquote, Heft 21 der Schriftenreihe Wohnungswesen, Bern 1981, S. 2

gen im Altbestand. Trotzdem ist der Anteil der Einfamilienhäuser an der jährlichen Wohnungsproduktion ein recht aussagekräftiges Indiz. Diesbezüglich ist für die letzten drei Jahrfünfte folgendes festzustellen:

Neuerstellte Wohnungen und Eigentümeranteil

Periode	Neuerstellte Wohnungen	davon Einfamilienhäuser		Besetzte Wohnungen 1980	davon Eigentümerwohnungen	
		absolut	in %		absolut	in %
1971–1975	349 585	56 677	16,2	309 131	84 411	27,3
1976–1980	179 608	63 340	35,3	156 847	70 151	44,7
1981–1985	217 895	66 133	30,4	.	.	.

Quelle: Volkswirtschaft, Wohnbaustatistik; Statistische Quellenwerke der Schweiz, Heft 713, Tab. 6.23

Aus der Gegenüberstellung des Eigentümeranteils und des Einfamilienhausanteils ergibt sich, dass in den 70er Jahren ein deutlich höherer Eigentümeranteil resultierte, was zu erklären ist mit dem Einfluss der Stockwerkeigentumswohnungen und der Zweifamilienhäuser, in bescheidenerem Umfange auch mit dem geringeren Leerwohnungsbestand bei Einfamilienhäusern.

Da 1981 bis 1985 allein schon der Anteil der Einfamilienhäuser über der bisherigen Eigentümerquote lag, darf mit einiger Sicherheit darauf geschlossen werden, dass sich seit 1980 die Eigentümerquote weiter erhöht hat. Unter der Annahme, dass 40 Prozent der 1981 bis 1985 erstellten Wohnungen Eigentümerwohnungen sind und sich die Zahl der besetzten Wohnungen in dieser Zeit um 190 000 erhöht hat, ist die Wohneigentümerquote von der Wohnungszählung 1980 bis Ende 1985 von 29,9 auf 30,7 Prozent gestiegen.

Fazit: Die Streuung des Wohneigentums in der Schweiz ist zwar — nach internationalen Massstäben — recht niedrig, nicht zuletzt wegen des hohen Ausländeranteils und wegen der grossen Zahl von Einpersonenhaushalten. Die Eigentümerquote hat jedoch ihren Tiefpunkt überschritten. Bezogen auf die Bevölkerung schweizerischer Nationalität ergibt sich für 1980 eine Wohneigentumsquote von 39 Prozent. Vom gesamten Wohnungsbestand der Schweiz lagen 1980 noch etwas über zwei Drittel im Eigentum natürlicher Personen. In zwei von drei Wohngebäuden lebte der Eigentümer selbst.

C. Streuung des landwirtschaftlichen Bodens

Beim landwirtschaftlichen Boden steht nach wie vor der Eigentümerbetrieb im Vordergrund – trotz einer deutlichen Zunahme des Pachtlandanteils in den 60er Jahren. Entgegen landläufigen Vorstellungen ist der Anteil der privatrechtlichen juristischen Personen am bäuerlichen Grundbesitz verschwindend gering.

An detaillierten Angaben über die Eigentumsverhältnisse an landwirtschaftlichem Boden standen gesamtschweizerisch lange Zeit nur die Ergebnisse der Betriebszählung 1955 zur Verfügung. Neuerdings werden nun aber doch auch für die seitherigen Betriebszählungen Übersichten über die Eigentumsverteilung publiziert. Da diese aber nicht mehr den gleichen Detaillierungsgrad aufweisen, rechtfertigt es sich doch, die Daten von 1955 speziell in Erinnerung zu rufen. Sie zeigten zunächst auf, welcher Anteil des Bodens Eigentümern gehörte, die beruflich oder verwandtschaftlich der Landwirtschaft zuzurechnen waren; sie zeigten aber auch auf, was für juristische Personen im einzelnen über Landwirtschaftsboden verfügten. Mit einem Anteil von 79 Prozent waren 1955 die der Landwirtschaft zuzurechnenden Eigentümer dominant; auch heute dürfte dieser Anteil 70 Prozent deutlich übersteigen, machte doch allein schon der Anteil des dem Bewirtschafter oder dessen Verwandten gehörenden Bodens im Jahre 1985 68 Prozent aus, nicht eingerechnet der von Landwirten verpachtete Boden – der vor 30 Jahren 7 Prozent ausmachte und heute kaum weniger ins Gewicht fällt. Bedeutsam – und wohl auch heute nicht entscheidend anders – ist der Sachverhalt, dass 1955 die öffentliche Hand mit 115 885 Hektaren fast neunmal mehr Landwirtschaftsboden besass als die Industrie- und Handelsgesellschaften mit 13 288 Hektaren.

Landwirtschaftlicher Boden 1955 nach Eigentümerkategorien

	in ha	in %
Landwirte (Eigennutzung)	892 233	70,1
Landwirte (Nutzung abgetreten)	92 334	7,2
Angehörige und Verwandte des Bewirtschafters mit nichtlandwirtschaftlichem Hauptberuf	21 331	1,7
Beruflich oder verwandtschaftlich der Landwirtschaft zuzurechnende Eigentümer	1 005 898	79,0
Bund	2 880	0,2
Kantone	10 932	0,9
Einwohnergemeinden	44 000	3,5
Bürgergemeinden	55 000	4,3
Kirchgemeinden	3 073	0,2
Öffentliche Hand	115 885	9,1
Religionsgemeinschaften	7 471	0,6
Stiftungen	2 500	0,2
Landwirtschaftliche Genossenschaften	4 200	0,3
Nichtkommerzielle und landwirtschaftliche Vereinigungen (ohne Vereine und Immobiliengenossenschaften)	14 171	1,1
Immobiliengenossenschaften und -gesellschaften	1 015	0,1
Industrie- und Handelsgesellschaften	13 288	1,1
Vereine und andere juristische Personen	2 963	0,2
Kommerzielle, nichtlandwirtschaftliche jur. Personen	17 266	1,4
Natürliche Personen	97 415	7,6
Nicht ermittelte Eigentümer	22 370	1,8
	1 273 005	100,0

Quelle: Statistische Quellenwerke der Schweiz, Heft 319

Ein Vergleich der **Eigentümerstruktur** im Zeitablauf krankt am Umstand, dass die statistischen Daten unterschiedlich detailliert erhoben worden sind. Die nachfolgende Zusammenstellung kann daher auf wichtige Fragen — so zum Beispiel auf die Frage nach dem aktuellen Umfang des Landwirtschaftsbodens im Eigentum von institutionellen Anlegern oder von nichtlandwirtschaftlichen Unternehmungen — keine Antwort geben. Immerhin wird ersichtlich, dass zumindest in den letzten zehn Jahren keine gravierenden Verlagerungen mehr stattgefunden haben.

Landwirtschaftlicher Boden nach Eigentümerkategorien 1955–1985

	Betriebsfläche in ha				Betriebsfläche in %			
	1955	1965	1975	1985	1955	1965	1975	1985
Bewirtschafter	892 233	831 416	745 802	749 303	70,0	67,5	62,3	61,2
Bund	2 880	3 172	5 269	5 806	0,2	0,3	0,4	0,5
Kantone	10 932	5 227	8 180	8 340	0,9	0,4	0,7	0,7
Gemeinden	44 000	47 202	67 746	75 244	3,5	3,8	5,7	6,1
Andere jur. Personen	89 510	20 336	30 030	32 569	7,0	1,6	2,5	2,7
Eltern d. Bewirtschafter	68 193 ⎤		54 778	47 331	5,4 ⎤		4,6	3,9
Andere Verwandte des Bewirtschafters	24 982 ⎬	187 294	29 908	31 723	2,0 ⎬	15,2	2,5	2,6
Andere nat. Personen	117 905 ⎦		250 740	273 446	9,2 ⎦		21,0	22,3
Eigentümer unbekannt	22 370	136 858	4 023	—	1,8	11,2	0,3	—
Total	1 273 005	1 231 505	1 196 476	1 223 762	100,0	100,0	100,0	100,0

Quelle: Statistische Erhebungen und Schätzungen über Landwirtschaft und Ernährung 1986, Schweiz. Bauernsekretariat
Statistische Quellenwerke der Schweiz, Heft 319

Die Zusammenstellung zeigt, dass auch 1985 nur gerade zehn Prozent des Bauernbodens im Eigentum von juristischen Personen lagen und davon wiederum drei Viertel in jenem der öffentlichen Hand. Nicht bekannt ist, wie sich das Eigentum der privaten juristischen Personen aufgliedert. Jedenfalls aber dürfte allerhöchstens ein Vierzigstel des landwirtschaftlichen Bodens kommerziellen Gesellschaften und Pensionskassen gehören.

Bemerkenswert ist der verhältnismässig umfangreiche Grundbesitz von natürlichen Personen, die weder selber den Boden bewirtschaften noch mit dem Bewirtschafter verwandt sind. Wie sich dieser Anteil von 22,3 Prozent auf ehemalige bäuerliche Familien und auf Eigentümer aus nichtlandwirtschaftlichen Kreisen aufteilt, ist nicht bekannt.

Eine zweite und eine dritte Zahlenreihe ergeben sich aus der Statistik der Bewirtschaftungsverhältnisse, und zwar einerseits nach der Betriebsfläche und anderseits nach Betrieben. Daraus geht hervor, dass der Eigentümerbetrieb noch immer dominiert. Dem massiven Rückgang der Landwirtschaftsbetriebe mit Kulturland von 202 039 (1955) auf 116 033 (1985) steht flächenmässig eine wesentlich bescheidenere Einbusse an selbstbewirtschaftetem Land gegenüber. Zwischen 1955 und 1985 hat sich die Eigentumsstruktur hinsichtlich der Betriebsfläche (einschliesslich Wald, aber ohne Sömmerungsweiden im Alp- und Juragebiet) wie folgt entwickelt:

Betriebsfläche nach Bewirtschaftern 1955–1985

Besitzesform	in km²					in %				
	1955	1965	1975	1980	1985	1955	1965	1975	1980	1985
Eigenes Land des Bewirtschafters (inkl. Verwalterbetriebe)	9 295	8 314	7 458	7 673	7 493	73,0	67,5	62,3	62,6	61,2
Pachtland	3 373	3 943	4 424	4 450	4 593	26,5	32,0	37,0	36,3	37,5
Nutzniessungsland	62	58	83	132	152	0,5	0,5	0,7	1,1	1,3
Total	12 730	12 315	11 965	12 255	12 238	100,0	100,0	100,0	100,0	100,0

Quellen: Erhebungen und Schätzungen über Landwirtschaft und Ernährung 1986, Schweiz. Bauernsekretariat
Statistische Quellenwerke der Schweiz, Heft 319
Statistisches Jahrbuch der Schweiz 1987/88

Der Rückgang des Anteils des selbstbewirtschafteten Landes hat sich im letzten Jahrzehnt deutlich verflacht. In absoluten Zahlen wird 1985 sogar eine grössere selbstbewirtschaftete Fläche ausgewiesen als zehn Jahre zuvor.

Betriebsfläche nach Bewirtschaftern 1955, 1975 und 1985

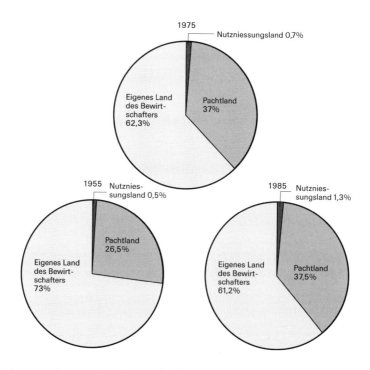

Die Zunahme des Pachtlandanteils hat sich in den letzten zehn Jahren verflacht.

Der Anteil der Betriebe mit überwiegend eigenem Land machte auch 1985 noch 70% aus, wie die nachfolgende Zusammenstellung zeigt:

Anzahl Betriebe nach Bewirtschaftern 1955–1985

Besitzform	Betriebe				Anteil in %			
	1955	1965	1975	1985	1955	1965	1975	1985
Ausschliesslich eigenes Land	92 982	66 677	65 606	40 982	45,8	41,8	50,5	35,3
Über 80% eigenes Land	28 724	20 892		16 756	14,1	13,1		14,4
50–80% eigenes Land	26 675	22 949	23 070	23 136	13,1	14,4	17,7	20,0
Miteigentümer-betriebe[1]	10 720	9 843	5 561	·	5,3	6,2	4,3	·
Total «Eigentümer-betriebe»	159 101	120 361	94 237	80 874	78,3	75,5	72,5	69,7
Ausschliesslich Pachtland	24 277	20 117	20 843	12 469	12,0	12,6	16,0	10,7
Über 80% Pachtland	4 658	4 741		5 873	2,3	3,0		5,1
50–80% Pachtland	11 177	10 462	11 247	13 090	5,5	6,5	8,7	11,3
Total «Pachtbetriebe»	40 112	35 320	32 090	31 432	19,8	22,1	24,7	27,1
Nutzniesserbetriebe	1 056	932	1 509	1 441	0,5	0,6	1,2	1,2
Verwalterbetriebe	·	1 900	1 048	·	1,4	1,2	0,8	·
Übrige Betriebe	2 770	973	1 054	2 286	·	0,6	0,8	·
Total «Übrige Betriebe»	3 826	3 805	3 611	3 727	1,9	2,4	2,8	3,2
Total «Betriebe mit Kulturland»	203 039	159 486	129 938	116 033	100,0	100,0	100,0	100,0

[1] 1975 «Gemeinschaftsbetriebe», 1985 nicht erhoben

Quellen: Statistische Erhebungen und Schätzungen über Landwirtschaft und Ernährung 1986, Schweiz. Bauernsekretariat
Statistische Quellenwerke der Schweiz, Heft 319

Anzahl Betriebe nach Bewirtschaftern 1985 (in Prozent)

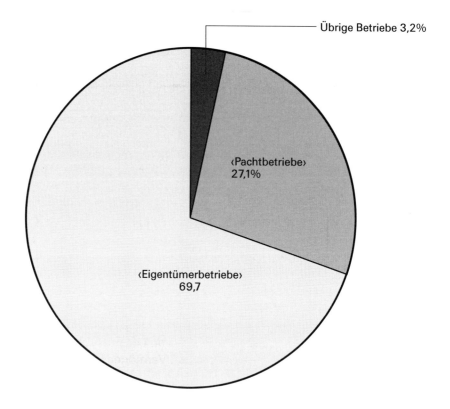

Übrige Betriebe 3,2%

‹Pachtbetriebe›
27,1%

‹Eigentümerbetriebe›
69,7

7 von 10 Landwirten bauern auf mehrheitlich eigenem Land.

Fazit: Die Streuung des landwirtschaftlichen Bodens ist recht breit; sie hat sich insbesondere zwischen 1975 und 1985 kaum abgeschwächt. 1985 bewirtschafteten 70 Prozent der Betriebsinhaber mindestens zur Hälfte eigenes Land. 61 Prozent der Betriebsfläche wurden vom Eigentümer selbst bewirtschaftet. Neun Zehntel des landwirtschaftlichen Bodens waren im Eigentum von natürlichen Personen. Vom Rest entfielen drei Viertel auf öffentliche Gemeinwesen.

D. Streuung des Immobilienvermögens

Wieviele Schweizerinnen und Schweizer direkt oder indirekt über Grundeigentum verfügen, ist nicht bekannt. Auch wenn man den indirekten Besitz via Pensionskassen ausklammert, dürften die Grundeigentümer wenigstens bei den Verheirateten doch in der Überzahl sein. Entsprechende Anhaltspunkte vermitteln die Steuerveranlagungen.

Während es über die Streuung des Grundeigentums in Form von Erstwohnungen detaillierte statistische Angaben gibt, fehlen solche in bezug auf das Grundeigentum insgesamt. Immerhin liegen vier repräsentative Stichprobenerhebungen aus den 70er und 80er Jahren vor. Die erste und vierte, durchgeführt von Willy Schweizer als Nationalfondsprojekte, bezogen sich auf das Einkommen und Vermögen allgemein und erbrachten Daten über das Immobilienvermögen Ende 1976 und Ende 1982.[1] Die zweite, in zwei Etappen im September 1974 und im Januar 1975 im Auftrag der Aktion Freiheitliche Bodenordnung von der Schweizerischen Gesellschaft für praktische Sozialforschung durchgeführt, fragte nach dem Immobilienbesitz von Haushalten mit schweizerischem Haushaltvorstand. Die dritte, im Jahre 1983 im Auftrag des Bundesamtes für Konjunkturfragen vorgelegte Studie von Urs Ernst über «Stand und Entwicklung der personellen Einkommens- und Vermögensverteilung»[2] basiert auf ausgewählten Steuererklärungen 1979/80; die Angaben über die Verteilung des Immobilienvermögens kranken hier daran, dass nur die Nettowerte nach Schuldenabzug präsentiert werden.

Die Erhebungen von Willy Schweizer beruhen auf den Steuererklärungen von repräsentativ ausgewählten 5777 beziehungsweise 4242 Personen schweizerischer Nationalität. Erfasst ist mithin nur Direkteigentum an Immobilien; nicht berücksichtigt sind indirekte Beteiligungen über juristische Personen.
Nach dem Umfang des Immobilienbesitzes (Bruttowerte gemäss Steuerschätzung, ohne Abzug von Schulden) ergibt sich gesamtschweizerisch für Ende 1982 folgende Aufteilung des Immobilienvermögens:

[1] Willy Schweizer, Die wirtschaftliche Lage der Rentner in der Schweiz, NFP 3, Bern 1980
Willy Schweizer, Auswirkungen der AHV/IV-Gesetzgebung auf die wirtschaftliche Lage der Rentenempfänger, NFP 9, nicht publiziert
[2] Urs Ernst, Stand und Entwicklung der personellen Einkommens- und Vermögensverteilung in der Schweiz, hrsg. vom Bundesamt für Konjunkturfragen, Studie Nr. 8, Bern 1983

Streuung des Immobilienvermögens 1982

Immobilienvermögen	Anteil Grundeigentümer in %
Kein Immobilienvermögen	66,2
weniger als 20 000 Franken	2,3
20 001– 50 000 Franken	2,6
50 001–100 000 Franken	4,9
100 001–200 000 Franken	9,9
200 001–500 000 Franken	10,2
500 001–999 999 Franken	2,4
1 Mio. Franken und mehr	1,4
	100,0

Quelle: Willy Schweizer, NFP 9 (1987)

Danach verfügt jeder dritte Schweizer über Grundeigentum; innerhalb dieses Drittels erscheint das Grundeigentum breit gestreut: Jeder fünfte Schweizer besitzt Grundeigentum im (Steuer-)Werte von 100 000 bis 500 000 Franken. Kleinsteigentum im Werte von weniger als 20 000 Franken ist verhältnismässig selten, ebenso grössere Besitzungen im Werte von mehr als einer halben Million Franken.

Es ist deutlich zu unterstreichen, dass diese Statistik auf den Steuerwerten aufbaut; da die Immobilien von Kanton zu Kanton steuerlich sehr unterschiedlich eingeschätzt werden, sind die kantonalen Steuerwerte gemäss der jeweils von der Eidgenössischen Steuerverwaltung aufgestellten Bewertungstabelle auf einheitliche Werte umgerechnet worden. Auch so dürften die ermittelten Steuerwerte aber wesentlich unter dem Verkehrswert liegen; selbst bei einem Immobilienbesitz von wenigen zehntausend Franken kann es sich deshalb um durchaus normale Wohnliegenschaften handeln.

Nach der ersten Erhebung von Willy Schweizer hat der Anteil der Eigentümer per Ende 1976 32,5 Prozent ausgemacht, obwohl auch der Besitz von Zweit- und Mietwohnungen erfasst wurde. Demgegenüber wies die Erhebung der Aktion Freiheitliche Bodenordnung einen Grundeigentümeranteil von 40 Prozent aus. Diese Differenz beruht auf der unterschiedlichen Bezugsgrösse. Die Erhebung der Aktion Freiheitliche Bodenordnung bezieht sich auf die Haushalte, die Erhebung von Willy Schweizer jedoch auf die Steuerpflichtigen. Die Zahl der Steuerpflichtigen ist wesentlich grösser als die Zahl der Haushalte, weil im Haushalt lebende Kinder über 19 Jahre oder Verwandte selbständig steuerpflichtig sind und weil auch andere Personen (Untermieter, Insassen von Anstalten und Heimen usw.) wohl steuerpflichtig sind, aber keinen eigenen Haushalt führen. Anhand der aus einzelnen Kantonen vorliegenden Daten lässt sich feststellen, dass die Zahl der Steuerpflichtigen 26 Prozent (Zürich) bis 88 Prozent (Appenzell Innerrhoden) über der Zahl der Haushalte liegt.

Wie die Erhebungen von Willy Schweizer beruht auch die Erhebung von Urs Ernst auf Steuerdaten. Eine für die Bodenrechtsproblematik bedeutsame Schwächung der Aussagekraft ergibt sich indessen daraus, dass nur das Netto-immobilienvermögen nach Schuldenabzug ausgewiesen wird. In zahlreichen Kantonen kann indessen der Steuerwert von selbstbewohnten Liegenschaften deutlich unter der Grundpfandverschuldung liegen, so dass negative Immobilienvermögen entstehen. Daher kommt der Verfasser zum Schluss, dass Wertschriften und Guthaben etwas gleichmässiger verteilt seien als das Immobilienvermögen[3] und dass drei Viertel aller Steuerpflichtigen kein oder ein negatives Nettoimmobilienvermögen besitzen.[4] Und so ist denn auch die Aussage, dass 97,2 Prozent des Immobilienvermögens in den Händen von 20 Prozent der Steuerpflichtigen sei, von sehr beschränkter Tragweite. Es kann kein Zweifel darüber bestehen, dass die Zugrundelegung des Immobilienbruttovermögens ein ganz anderes Verteilungsbild ergäbe. Interessant ist immerhin die Feststellung, dass das Liegenschaftsvermögen mit einem Anteil von 55,3 Prozent die wichtigste Komponente des gesamten Bruttovermögens ausmache.[5]

Damit ist gleichzeitig eine zweite Schwäche dieser Erhebung angedeutet: Sie erfasst nur den Direktbesitz von Liegenschaften. Eine Beteiligung am Immobilienvermögen kann sich aber auch via Miteigentum an Unternehmungen bewerkstelligen lassen. Der Besitz von Zertifikaten von Immobilieninvestmentfonds beispielsweise kann sogar eine sehr gezielte Form der Beteiligung an der Sachwertsteigerung von Liegenschaften darstellen.

Ähnlich wie bei den Erstwohnungen ergibt sich auch aufgrund der Steuerdaten eine starke Staffelung des Immobilienvermögens nach Alter, wie aus der nachfolgenden Zusammenstellung hervorgeht:

Grundeigentümeranteil nach Altersstufen 1982

Altersstufen	Anteil Grundeigentümer in %
20–29 Jahre	5,0
30–39 Jahre	32,1
40–49 Jahre	50,7
50–59 Jahre	51,1
60–69 Jahre	49,5
70–79 Jahre	39,0
80 Jahre und älter	36,4
Alle	33,8

Quelle: Willy Schweizer, NFP 9 (1987)

[3] Ernst, S. 53 [4] Ernst, S. 52 [5] Ernst, S. 52

Die Erhebung zeigt ein durchaus plausibles Bild: Die Grundeigentümerquote nimmt bis zum Pensionierungsalter stetig zu und bildet sich dann allmählich wieder zurück, weil offenbar das Grundeigentum schon zu Lebzeiten an die Erben abgegeben wird. Von der Generation der zwischen 1923 bis 1942 Geborenen hat es mehr als die Hälfte dazu gebracht, über Grundeigentum zu verfügen.

Starke Unterschiede ergeben sich auch nach Zivilstand. Bei den Verheirateten ist der Anteil der Grundeigentümer dreimal so hoch wie bei den Alleinstehenden (ledige, geschiedene und verwitwete Steuerpflichtige):

Grundeigentümeranteil nach Zivilstand 1982

Immobilienvermögen	Anteil Grundeigentümer in %	
	Verheiratete	Alleinstehende
Kein Immobilienvermögen	46,4	82,4
weniger als 20 000 Franken	2,6	2,1
20 000– 50 000 Franken	3,1	2,2
50 001–100 000 Franken	6,6	3,5
100 001–200 000 Franken	16,6	4,5
200 001–500 000 Franken	18,2	3,7
500 001–999 999 Franken	4,1	1,0
1 Mio. Franken und mehr	2,3	0,7
	100	100

Quelle: Willy Schweizer, NFP 9 (1987)

Die Mitte der 70er Jahre durchgeführten Erhebungen[6] der Aktion Freiheitliche Bodenordnung haben über die Verteilung des Grundeigentums nach Regionen und nach Berufen einige zusätzliche interessante Daten geliefert. Es liegt auf der Hand, dass der Anteil der Grundeigentümer bei den Selbständigerwerbenden — unter Einschluss der Landwirte und leitenden Angestellten — besonders hoch ist. Er betrug im Herbst 1974 im Kanton Aargau 82 Prozent, in den ostschweizerischen Kantonen 80 Prozent und in den innerschweizerischen Kantonen 79 Prozent. In ländlichen Regionen ist das Grundeigentum aber auch bei den übrigen Angestellten und Arbeitern verbreitet; das Unterwallis hielt hier mit 54 Prozent die Spitze.

Erstmalige Daten brachten die AFB-Erhebungen in bezug auf die verschiedenen Formen von Grundeigentum. Die verbreitetste Form des Grundeigentums ist das selbstbewohnte Einfamilienhaus. Mehr als 20 Prozent der Haushaltvorstände schweizerischer Nationalität (die Stichprobe ergab 20,2 Prozent) lebten im eigenen Einfamilienhaus beziehungsweise Bauernhaus. Mehr als 10 Prozent

---

[6] Dokumente zur Bodenfrage, Die Zahl der Grundeigentümer in der Schweiz Nr. 1 und 3, Dezember 1974 und Februar 1975

verfügten aber auch über ein Mehrfamilienhaus, wobei etwa fünf Sechstel davon in diesem Mehrfamilienhaus selber wohnten; bezogen auf die Gesamtheit der Haushaltungen mit schweizerischem Haushaltvorstand ergaben sich daraus etwas über 180 000 Mehrfamilienhausbesitzer. Ein Ferienhaus oder eine Ferienwohnung besassen im Zeitpunkt der Erhebung 3 Prozent der Haushaltvorstände; über Stockwerkeigentum verfügten 1,3 Prozent. Insbesondere in ländlichen Regionen ist der Besitz nichtüberbauter Grundstücke recht breit gestreut. Im Unterwallis verfügten beispielsweise 34 Prozent der Haushalte (mit schweizerischem Haushaltvorstand) über unüberbautes Land, in den vier urschweizerischen Kantonen 29 Prozent.

Die Stichprobenerhebung der Aktion Freiheitliche Bodenordnung ergab auch seriöse Anhaltspunkte über die Grundeigentümerquote insgesamt. Zusätzlich zu den in den eigenen vier Wänden lebenden Schweizern (33,6 Prozent der Haushaltungen) sind hiezu auch jene Grundeigentümer einzubeziehen, die zwar in einer Miet-, Genossenschafts- oder Dienstwohnung leben, aber trotzdem über Grundeigentum — in überbauter oder unüberbauter Form — verfügen. Diese Zusatzkategorie machte 1975 7,5 Prozent der Haushaltungen (mit Vorstand schweizerischer Nationalität) aus. Diese Grössenordnung wird durch eine allerneuste Erhebung in der Grössenordnung bestätigt.[7] Nach dieser im Auftrag der Forschungskommission Wohnungswesen durchgeführten Erhebung (Mikrozensus 1986) verfügten 6 Prozent der Mieterhaushalte beziehungsweise 4 Prozent aller Haushalte über anderweitiges Grundeigentum. Die Differenz zwischen 4 Prozent und 7,5 Prozent erklärt sich einerseits aus dem unterschiedlichen Bezugskreis (alle Haushaltvorstände und nicht nur diejenigen schweizerischer Nationalität) und anderseits vor allem daraus, dass der Mikrozensus nur nach zusätzlichem Eigentum an Wohnungen, nicht aber nach Grundeigentum überhaupt (also auch nach gewerblichen Liegenschaften und nach unüberbautem Land) fragte.

17,3 Prozent der befragten Haushaltvorstände erklärten, Aussicht zu haben, unüberbaute oder überbaute Grundstücke ganz oder anteilmässig zu erben; die Hälfte von ihnen war bereits selber Grundeigentümer, 9,5 Prozent der Befragten kamen mithin als indirekt am Boden Beteiligte zu den Direkteigentümern hinzu (wobei der Anteil vermutlich höher liegt, da in der Erhebung von mehr als 5 Prozent der Haushaltvorstände auf diese Frage keine Antworten erhältlich waren).

Aufgrund der Stichprobenerhebung der Aktion Freiheitliche Bodenordnung lässt sich für 1980 folgende Schätzung der Grundeigentumsverteilung anstellen:

[7] Frohmut Gerheuser und Elena Sartori, Neue Aspekte zum Wohnen in der Schweiz. Ergebnisse aus dem Mikrozensus 1986, in: Schriftenreihe Wohnungswesen Nr. 40, Bern 1988

Direkt und indirekt am Grundeigentum beteiligte schweizerische Haushaltungen 1980

	in %	in absoluten Zahlen
In der eigenen Wohnung lebend (1980)	33,6	688 822
Anderweitige Grundeigentümer	7–8	150 000
Grundeigentümer insgesamt	40	840 000
Erbanwartschaften	9–10	190 000
Direkt oder indirekt am Boden beteiligt	50	1 030 000

Fazit: Rund zwei Fünftel aller Schweizer Haushaltungen (ohne Haushaltungen mit ausländischem Vorstand) verfügen über Grundeigentum; bei den Verheirateten machen die Grundeigentümer mehr als die Hälfte aus. Nicht einbezogen in diese Anteile ist eine indirekte Beteiligung am Grundeigentum wie etwa über Erbanwartschaften, Pensionskassen oder Immobilienanlagefonds.

E. Grundeigentumsverteilung in Städten und Kantonen

Eine gesamtschweizerische Statistik über die Eigentümer des schweizerischen Territoriums fehlt. Demgegenüber liegen aber für einzelne Städte und Kantone Angaben über die Eigentumsverhältnisse vor. Sie lassen sich zwar wegen unterschiedlicher Abgrenzungen untereinander kaum vergleichen, vermitteln aber doch ein aufschlussreiches Bild über die Verteilung unseres Bodens.

Die folgenden statistischen Übersichten über die Grundeigentumsverteilung in einzelnen Städten und Kantonen zeigen primär die Aufteilung des Bodens auf die drei Eigentümerkategorien öffentliche Hand, andere juristische Personen und natürliche Personen. Auf den Grundbesitz der öffentlichen Hand wird nochmals im Kapitel G. eingegangen.

Stadt Basel

Für Basel liegt eine neuere Grundeigentümerstatistik aus dem Jahre 1985 vor. Sie bezieht sich allerdings nur auf das öffentliche Eigentum, dies im Gegensatz zu einer umfassenderen Erhebung aus dem Jahre 1972. Da die Grössenordnungen sich nicht entscheidend verändert haben dürften, ist im vorliegenden Zusammenhang auf die ältere Erhebung zurückzugreifen.

Grundeigentumsverteilung im Jahr 1972 in der Stadt Basel

Eigentümer	Fläche ha	%
Öffentliche Hand	**814**	**45**
Bund (inkl. SBB)	118	7
Kanton	50	3
Einwohnergemeinde	519	29
Bürgergemeinde	45	2
Bundesrepublik	82	4
Sozialbereich ohne Pensionskassen	**201**	**11**
Kirchen und religiöse Gemeinschaften	17	1
Private gemeinnützige Institutionen	119	7
Wohngenossenschaften	43	2
Übrige Genossenschaften	22	1
Pensionskassen	**33**	**2**
Übrige juristische Personen	**260**	**15**
Privatpersonen	**489**	**27**
Total (ohne Strassen, Gewässer)	1 797	100

Quelle: Wirtschaft und Verwaltung, herausgegeben vom Statistischen Amt des Kantons Basel-Stadt, Heft 2, 1972

Wie die vorstehende Zusammenstellung zeigt, dominiert das öffentliche Eigentum markant; rechnet man auch noch den Sozialbereich (ohne Pensionskassen) hinzu, so macht der Anteil mehr als die Hälfte aus, und zwar ohne Strassen und Gewässer.

Aufschlussreich sind auch die Veränderungen im Zeitablauf. Es zeigen sich auch in der Stadt Basel Verlagerungen, insbesondere von den natürlichen Personen zu der öffentlichen Hand einerseits und zu den privaten juristischen Personen andererseits. Diese Verlagerungen haben in den Jahren 1968 bis 1972 folgendes Ausmass angenommen:

Grundstückübertragungen 1968–1972 in der Stadt Basel

Eigentümer	in ha	in % der bisherigen Flächen
Öffentliche Hand inkl. Allmend	+ 11,9	+ 0,9
Sozialbereich ohne Pensionskassen	− 3,7	− 1,8
Pensionskassen	+ 3,8	+ 12,9
Übrige juristische Personen	+ 8,8	+ 3,5
Private	− 20,8	− 4,1

Quelle: Wirtschaft und Verwaltung, herausgegeben vom Statistischen Amt des Kantons Basel-Stadt, Heft 2, 1972

In absoluten Zahlen beanspruchte mithin die öffentliche Hand in der von der Erhebung erfassten Fünfjahresperiode am meisten zusätzliche Fläche.

Beim privaten Grundeigentum sind keine Monopolstellungen einzelner weniger privater Grossgrundbesitzer ersichtlich. Die Privatpersonen mit einem Grundbesitz von mehr als 1 ha verfügten zusammen nur über 1,4% des gesamten Bodens, wie aus der nachfolgenden Statistik hervorgeht:

Grundbesitzer mit mehr als 1 ha Grundeigentum in der Stadt Basel 1972

	Anzahl Eigentümer	in ha	in %[1]	in % der betr. Eigentümerkategorien
Öffentliche Hand	8	805	45	99
Sozialbereich ohne Pensionskassen	27	162	9	81
Pensionskassen	2	11	0,6	33
Juristische Personen	37	168	9	65
Privatpersonen	6	26	1,4	5
Total	80	1 172	65	·

[1] von der Gesamtfläche, ohne Allmend

Quelle: Wirtschaft und Verwaltung, herausgegeben vom Statistischen Amt des Kantons Basel-Stadt, Heft 2, 1972

Etwas ausgeprägter ist die Konzentration im Sozialbereich und bei den privaten juristischen Personen. Die drei grossen Chemiefirmen mit 91 Hektaren und die Merian'sche Stiftung mit 86 Hektaren beanspruchten zusammen nahezu 10 Prozent des Territoriums (ohne Allmend). Im übrigen aber existierten keine privaten Grundeigentümer mit mehr als 20 Hektaren.

Stadt und Kanton Luzern

Wie in der Stadt Basel haben in Stadt und Kanton Luzern die juristischen Personen einen geringeren Anteil an der Bodenfläche als die öffentliche Hand. Wertmässig verschieben sich allerdings die Relationen. So beträgt in der Stadt Luzern der Anteil der Aktiengesellschaften und Gesellschaften mit beschränkter Haftung an den gesamten Katasterwerten 26,2 Prozent, während er flächenmässig nur 7,8 Prozent ausmacht. Allerdings sind in diesen Katasterwerten die Werte der Gebäude inbegriffen, wobei es den Anschein macht, dass die öffentlichen Gebäude eher zurückhaltend bewertet sind (Tabelle siehe Seite 54).

Kanton Zürich

Für den ganzen Kanton Zürich fehlt eine Grundeigentümerstatistik. Dagegen liegt eine aufschlussreiche Statistik über den Grundeigentumswechsel im Kanton Zürich in den Jahren 1973 bis 1980 vor.

Danach ergaben sich in diesen acht Jahren folgende Verschiebungen in der Grundeigentumsverteilung:

	Erwerb ha	Veräusserung ha	Saldo ha
Natürliche Personen	37 860	40 445	− 2 585
Juristische Personen	3 815	3 574	+ 241
Öffentliche Hand	3 535	1 191	+ 2 344

Quelle: Statistische Mitteilungen des Kantons Zürich, Heft 107, Dezember 1982, Der Grundeigentumswechsel im Kanton Zürich 1973–1980

Eindeutiger Gewinner dieser Umschichtungen (die insgesamt 26 Prozent des kantonalen Territoriums entsprechen) ist die öffentliche Hand.

Grundeigentum im Kanton Luzern nach Gemeindekategorien 1986

Eigentümer	Kanton		Stadt		Agglomerations-gemeinden[1]		Nichtstädtische Industrie-gemeinden[2]		Landwirtsch. Gemeinden im Tal[3]		Landwirtsch. Gemeinden im Berggebiet[4]	
	Fläche ha	Wert Mio.Fr.	Fläche ha	Wert Mio.Fr.	Fläche ha	Wert Mio.Fr.	Fläche ha	Wert Mio.Fr.	Fläche ha	Wert Mio.Fr.	Fläche ha	Wert Mio.Fr.
Öffentliche Hand[5]	12 624 (9,1 %)	1 180 (9,0 %)	348 (25,7 %)	545 (11,4 %)	2 869 (22,7 %)	573 (8,8 %)	525 (8,0 %)	190 (9,6 %)	933 (4,4 %)	70 (6,2 %)	2 418 (10,8 %)	33 (8,7 %)
Sozialbereich[6]	14 827 (10,8 %)	2 741 (13,7 %)	381 (28,0 %)	824 (17,2 %)	1 820 (14,4 %)	996 (15,4 %)	781 (11,8 %)	285 (14,3 %)	1 585 (7,4 %)	100 (8,9 %)	2 601 (11,6 %)	42 (11,1 %)
Juristische Personen[7]	3 359 (2,4 %)	4 298 (21,5 %)	105 (7,8 %)	1 253 (26,2 %)	863 (6,8 %)	1 561 (24,1 %)	418 (6,3 %)	559 (28,2 %)	200 (0,9 %)	87 (7,7 %)	225 (1,0 %)	33 (8,7 %)
Privatpersonen[8]	107 475 (77,8 %)	11 169 (55,8 %)	522 (38,5 %)	2 167 (45,2 %)	7 077 (56,1 %)	3 355 (51,7 %)	4 877 (73,9 %)	950 (47,9 %)	18 744 (87,3 %)	869 (77,2 %)	17 140 (76,6 %)	270 (71,5 %)
Total	138 285 (100 %)	20 018 (100 %)	1 356 (100 %)	4 789 (100 %)	12 629 (100 %)	6 485 (100 %)	6 601 (100 %)	1 984 (100 %)	21 462 (100 %)	1 126 (100 %)	22 384 (100 %)	378 (100 %)

Gesamtfläche, inkl. Strassen und einen Teil der Gewässer (ohne Vierwaldstätter- und Sempachersee)

[1] Adligenswil, Emmen, Kriens, Littau, Ebikon, Horw, Rothenburg, Buchrain, Dierikon, Meggen
[2] Reiden, Nebikon, Wolhusen, Triengen, Sursee, Büron, Hochdorf, Root
[3] Schlierbach, Eich, Schongau, Rain, Udligenswil, Meierskappel, Knutwil, Hildisrieden, Grosswangen, Ruswil, Ufhusen, Roggliswil, Richenthal, Pfaffnau, Kottwil, Grossdietwil, Fischbach, Ebersecken, Altbüron, Alberswil
[4] Romoos, Marbach, Doppleschwand, Schwarzenberg, Menznau, Luthern, Hergiswil
[5] Eidgenossenschaft; Kanton; Einwohnergemeinde; Bürgergemeinde; andere kantonale und ausserkantonale Gemeinden
[6] Kirchgemeinden; Pensionskassen; Stiftungen; Vereine; Korporationen; Genossenschaften
[7] Aktiengesellschaften; Gesellschaften mit beschränkter Haftung
[8] Natürliche Personen; Einfache Gesellschaften; Kollektiv- und Kommanditgesellschaften

Quelle: Schatzungsamt des Kantons Luzern

Stadt Zürich

Für die Stadt Zürich lässt sich die Entwicklung der Grundeigentumsverteilung über ein halbes Jahrhundert nachzeichnen. Vor 50 Jahren war der Anteil des Grundbesitzes der öffentlichen Hand (inklusiv Strassen, Plätze und Gewässer) mit knapp 40 Prozent weitaus geringer als heute. Vor allem für die Zeit von 1936 bis 1976 zeigt die Statistik eine massive Vergrösserung des Flächenanteils des öffentlichen Grundeigentums, namentlich des städtischen Besitzes. Demgegenüber hat der Anteil der natürlichen Personen von 1936 bis 1976 stark, seit 1976 noch leicht abgenommen. Der Anteil der juristischen Personen hat sich in diesen 50 Jahren hingegen wenig verändert:

Bodenbesitz in der Stadt Zürich nach Eigentümerarten 1936 und 1986 (ohne Gewässer)

Grundbesitzer	Landfläche 1936 ha	%	Landfläche 1986 ha	%	Index 1986 (1936 = 100)
Gemeinwesen	3 436,8	39,8	4 992,6	57,7	145
– Bund	302,9	3,5	544,7	6,3	180
– Kanton	636,2	7,4	488,9	5,7	77
– Stadt	2 457,6	28,4	3 899,5	45,0	159
– Kirchgemeinden[1]	40,1	0,5	59,5	0,7	148
Natürliche Personen	3 874,6	44,8	2 033,1	23,5	52
Juristische Personen	1 333,7	15,4	1 624,4	18,8	122
– Gesellschaften	561,7	6,5	890,3	10,3	158
– Vereine	479,7	5,5	382,6	4,4	80
– Baugenossenschaften	292,3	3,4	351,5	4,1	120
Total	8 645,1	100,0	8 650,1	100,0	

[1] inkl. Grundbesitz (für 1986 13,83 ha) der nicht den Landeskirchen zugehörenden Religionsgemeinschaften

Quellen: – Janos Dobszay, Areal-, Gebäude- und Geschossflächen in der Stadt Zürich 1970 – Grundlage für die Stadtforschung, 2. Teil; in: Zürcher Statistische Nachrichten 1975, Heft 3
– Statistisches Jahrbuch der Stadt Zürich 1987

Der Vergleich über ein halbes Jahrhundert zeigt eine radikale Beschneidung des Bodenbesitzes der natürlichen Personen auf beinahe die Hälfte. Nutzniesser dieser Verlagerung ist zum grössten Teil die öffentliche Hand: Von den von den Privaten abgegebenen 1850 Hektaren sind 1560 Hektaren oder mehr als fünf Sechstel an die öffentliche Hand gegangen, während die Zunahme bei den privaten juristischen Personen weniger als 300 Hektaren ausmachte, wobei ein respektabler Teil dieser Zunahme erst noch auf Baugenossenschaften entfiel.

Hatte die öffentliche Hand sich 1936 noch mit weniger als zwei Fünfteln des Territoriums (ohne Gewässer) begnügt, so beansprucht sie ein halbes Jahrhundert später schon nahezu drei Fünftel.

Um ein aussagekräftiges Bild von der Dominanz des Gemeinwesens als Bodeneigentümer zu erhalten, ist es freilich richtig, neben den Gewässern auch Wald und Strassen auszuscheiden. Dies führt zu nachfolgender Übersicht:

Bodenbesitz in der Stadt Zürich nach Eigentümerarten im Jahr 1986 (ohne Gewässer, Wald, Strassen und Plätze)

	ha	%
Gemeinwesen	2 507,9	46,3
– Bund	341,7	6,3
– Kanton	202,5	3,7
– Stadt	1 905,3	35,2
– Kirchgemeinden[1]	58,4	1,1
Natürliche Personen	1 618,7	29,9
Juristische Personen	1 287,8	23,8
– Gesellschaften	733,1	13,5
– Vereine	212,7	3,9
– Baugenossenschaften	342,0	6,4
Total	5 414,4	100,0

[1] inkl. Grundbesitz (13,62 ha) der nicht den Landeskirchen zugehörenden Religionsgemeinschaften

Quelle: Janos Dobszay, Die Eigentumsverhältnisse in der Stadt Zürich 1986; in: Zürcher Statistische Nachrichten 1988, Heft 3

Vom intensiv nutzbaren Land verfügt mithin die öffentliche Hand über nahezu die Hälfte. Beim überbauten Areal (also nach Ausklammerung der Höfe, Gärten, öffentlichen Anlagen, Bahngebiet, Wiesen und Äcker) ist der Anteil allerdings geringer, aber noch immer fast ein Viertel (23,1 Prozent).

Stadt St. Gallen

In St. Gallen belief sich nach einer in der SBG-Schrift «Wem gehört der Boden?» dargestellten Erhebung im Jahr 1976 der Anteil der öffentlichen Eigentümer (die Kirchgemeinden eingeschlossen) auf 55 Prozent der gesamten Stadtfläche. Auf Privatpersonen entfielen demgegenüber 31 Prozent und auf juristische Personen 14 Prozent.

Grundeigentumsverteilung im Jahr 1976 in der Stadt St.Gallen

Grundbesitzer	Fläche m²	%
Gemeinwesen	21 526 230	54,7
– Bund	1 262 778	3,2
– Kanton St.Gallen	4 250 093	10,8
– Stadt St.Gallen	5 556 534	14,1
– Ortsbürgergemeinden	8 764 838	22,3
– Öffentliche Stiftungen	39 815	0,1
– Kirchgemeinden	1 513 015	3,8
– Andere öffentliche Eigentümer	139 157	0,4
Privatpersonen	12 248 259	31,1
– Natürliche Personen	11 953 906	30,4
– Kollektiv-/Kommanditgesellschaften	294 353	0,7
Juristische Personen	5 595 703	14,1
– Aktiengesellschaften	4 050 142	10,3
– GmbH	50 112	0,1
– Genossenschaften	761 652	1,9
– Vereine, Clubs	335 915	0,9
– Personalfürsorgeeinrichtungen	315 876	0,8
– Andere private Eigentümer	40 880	0,1
Nicht zuteilbar	41 126	0,1
Total	39 370 192	100,0

Quelle: Wem gehört der Boden? Eine Studie am Beispiel der Stadt St.Gallen, SBG-Schriften zu Wirtschafts-, Bank- und Währungsfragen, Nr. 60

Nach Ausklammerung von Wald und Gewässer besass die öffentliche Hand in St.Gallen im Jahre 1976 volle 46 Prozent, und fast ebensoviel machte ihr Anteil bei den Baulandreserven aus, wie die nachfolgende Tabelle zeigt:

Baureserven im Jahr 1976 in der Stadt St.Gallen

Eigentümer	Wohnzonen in m²	in %	Übrige Bauzonen in m²	in %	Total in m²	in %
Private Eigentümer	1 755 200	62	988 000	49	2 743 200	56
Öffentliche Eigentümer (inkl. Kirchgem.)	1 092 600	38	1 025 500	51	2 118 100	43
Total[1]	2 853 700	100	2 016 600	100	4 870 300	100

[1] Im Total sind auch keiner Eigentümerart zuteilbare Baureserven enthalten

Quelle: Wem gehört der Boden? SBG-Schriften zu Wirtschafts-, Bank- und Währungsfragen, Nr. 60

Mit einer Quote von 32 Prozent verfügten die natürlichen Personen über einen ebenso grossen Anteil an den Baulandreserven wie am Gesamtterritorium. Mit 24 Prozent hatten sich die juristischen Personen demgegenüber einen etwas überdurchschnittlichen Anteil gesichert.

Die vorstehend erläuterten Zahlen sind nachfolgend im Sinne einer Übersicht zusammengefasst — trotz begrenzter Vergleichbarkeit.

Ausgegangen wird von der Gesamtfläche, also vom Boden inklusiv Strassen und Gewässer; davon abweichend ist in den Daten für Stadt und Kanton Luzern der wesentliche Teil der Gewässer (vor allem Vierwaldstättersee und Sempachersee) nicht einbezogen. Es handelt sich bei Zürich und Luzern um Zahlen aus dem Jahr 1986, bei Basel (1972) und St.Gallen (1976) um solche aus früheren Jahren.

Grundeigentumsverteilung in den Städten Basel, St.Gallen, Zürich, Luzern und im Kanton Luzern

Eigentümer	Stadt Basel (1972) ha	in %	Stadt St.Gallen (1976) ha	in %	Stadt Zürich (1986) ha	in %	Stadt Luzern (1986) ha	in %	Kanton Luzern (1986) ha	in %
Öffentliche Hand[1]	1 403[5]	58,8	2 001	50,9	5 472	59,6	348	25,7	12 624	9,1
Sozialbereich[2]	234	9,8	293	7,5	793	8,6	381	28,0	14 827	10,8
Jur. Personen[3]	260	10,9	410	10,4	890	9,7	105	7,8	3 359	2,4
Natürl. Personen[4]	489	20,5	1 229	31,2	2 033	22,1	522	38,5	107 475	77,7
Total	2 386	100	3 933	100	9 188	100	1 356	100	138 285	100

[1] Eidgenossenschaft; Kanton; Einwohnergemeinde; Bürgergemeinde; andere kantonale und ausserkantonale Gemeinden
[2] Kirchgemeinden; Pensionskassen; Stiftungen; Vereine; Korporationen; Genossenschaften
[3] Aktiengesellschaften; Gesellschaften mit beschränkter Haftung
[4] Natürliche Personen; Einfache Gesellschaften; Kollektiv- und Kommanditgesellschaften
[5] Inklusiv Grundeigentum der Bundesrepublik Deutschland und einschliesslich 589 ha Allmend

Quellen: — Tobias Studer, Eine Basler Grundbesitzstudie nach wirtschaftlichen Gesichtspunkten; in: Wirtschaft und Verwaltung, herausgegeben vom Statistischen Amt des Kantons Basel-Stadt, Heft 2, Basel 19..
— Wem gehört der Boden?, SBG-Schriften zu Wirtschafts-, Bank- und Währungsfragen Nr. 60
— Statistisches Jahrbuch der Stadt Zürich 1987
— Schatzungsamt des Kantons Luzern

Fazit: Die Bodenstatistiken einzelner Kantone und Gemeinden zeigen übereinstimmend, dass der Bodenbesitz der öffentlichen Hand denjenigen privater juristischer Personen massiv übersteigt. Dies trifft auch unter Abrechnung von Strassen und Gewässern (sog. «Allmend») zu.

F. Grundeigentum der institutionellen Anleger

Besonderes öffentliches Interesse kommt dem Grundeigentum der institutionellen Anleger zu. Namentlich im Zusammenhang mit dem Bundesgesetz über die berufliche Vorsorge wird vielfach angenommen, die institutionellen Anleger hätten auf dem Immobilienmarkt ein Übergewicht erlangt. Soweit Zahlen vorhanden sind – ausgerechnet über die Pensionskassen fehlt seit 1985 jegliches Datenmaterial –, erscheint diese Annahme indessen nicht belegt.

Über die Kapitalanlagen der institutionellen Anleger, die von Dritten zur Verfügung gestellte Gelder in Vermögenswerte anlegen und bei denen die Versicherungsgesellschaften, Pensionskassen und Immobilienfonds im Vordergrund stehen, sind folgende Daten publiziert worden:

Anteil Liegenschaften an den gesamten Aktiven der institutionellen Anleger

	Gesamte Aktiven bzw. Kapitalanlagen in Mio. Fr.	davon Liegenschaften in Mio. Franken	in %
Schweiz. Versicherungsgesellschaften (1986)[1]	131 310	18 983	14,6
davon			
Lebensversicherer	79 254	13 375	16,9
Unfall- und Schadenversicherer	36 853	4 501	12,2
Rückversicherer	15 203	1 107	7,3
Pensionskassen (1984)[2]	120 182	22 460	18,7
davon			
private Vorsorgeeinrichtungen (1984)[2]	79 553	18 042	22,7
öffentliche Vorsorgeeinrichtungen (1984)[2]	40 629	4 418	10,9
Immobilienfonds (1986)[3]	6 707	6 538	37,5
Institutionelle Anleger 1984/1986	258 199	47 981	18,6

Quellen: [1] Die privaten Versicherungseinrichtungen in der Schweiz 1986, publiziert v. BPV 1987, Aktiven und Liegenschaftenvermögen inkl. Auslandanteil
[2] Bundesamt für Statistik, Volkswirtschaft, Mai 1986
[3] gemäss Auskunft Schweizerische Nationalbank

Bei der Extrapolation der nur bis 1984 nachgeführten Zahlen für die Pensionskassen ergibt sich für das Jahr 1986 bei einem Gesamtvermögen der Pensionskassen von 138 bis 139 Milliarden Franken ein Liegenschaftsvermögen von
rund 26 Milliarden Franken, wovon etwa 20,5 Milliarden Franken auf private
und rund 5,5 Milliarden Franken auf öffentlich-rechtliche Vorsorgeeinrichtungen
entfallen. Für das Jahr 1986 wären also als Aktiven aller institutionellen Anleger
277 Milliarden (statt 258 Milliarden) und für den Liegenschaftenbesitz 51 bis zu
52 Milliarden (statt 48 Milliarden) Franken einzusetzen.

Wie aus der vorstehenden Zusammenstellung hervorgeht, haben die Pensionskassen im Vergleich zu den Versicherungsgesellschaften einen grösseren
Anteil ihrer Anlagen im Immobiliensektor plaziert.

Grundeigentum der Versicherungsgesellschaften

Zusätzliche Anhaltspunkte über die effektive Bedeutung des Grundeigentums
der institutionellen Anleger liefern die früher periodisch von den Versicherungsgesellschaften veröffentlichten Zahlen über den Wohnungsbestand der Versicherungsgesellschaften. So wurden für 1950 7806, für 1960 22 981, für
1969 47 458 und für 1976 (gemäss interner Befragung des Schweizerischen
Versicherungsverbandes) 69 098 Wohnungen der privaten Versicherungsgesellschaften registriert. Von den für 1969 ausgewiesenen 47 458 Wohnungen
entfielen 36 812 Wohnungen auf Lebensversicherungsgesellschaften.

Für die seitherige Entwicklung stehen Zahlen nur für die Lebensversicherungsgesellschaften zur Verfügung. Sie zeigen, dass deren prozentualer Anteil
am schweizerischen Gesamtwohnungsbestand zwar deutlich zugenommen hat,
nämlich von 2,03 Prozent (Ende 1976) auf 2,59 Prozent (Ende 1986), aber nach
wie vor keinen dominanten Marktanteil ausmacht:

Entwicklung des Anteils der Schweiz. Lebensversicherungsgesellschaften am schweizerischen Gesamtwohnungsbestand

| Jahr | Gesamtwohnungsbestand | Anzahl Wohnungen der Schweiz. Lebensversiche-rungsgesellschaften[1] | |
		absolut	in %
1976	2 557 350	51 885	2,03
1977	2 589 672	53 433	2,06
1978	2 624 065	54 938	2,09
1979	2 660 997	57 448	2,16
1980	2 701 191	58 936	2,18
1981	2 744 423	61 054	2,23
1982	2 788 749	63 939	2,29
1983	2 832 980	66 855	2,36
1984	2 879 457	69 893	2,43

Jahr	Gesamtwohnungsbestand	Anzahl Wohnungen der Schweiz. Lebensversicherungsgesellschaften[1] absolut	in %
1985	2 925 164	72 891	2,49
1986	2 969 556	75 884	2,55
1987	3 011 525	77 574	2,58

[1] Stand jeweils per 31.12.

Quelle: Schweizerische Vereinigung privater Lebensversicherer

Der Bilanzwert des Liegenschaftsbesitzes der Lebensversicherungsgesellschaften verzeichnet für die achtziger Jahre im Vergleich zur Bilanzsumme des ganzen Schweizer Geschäftes rückläufige Zahlenwerte:

Entwicklung des Liegenschaftenbesitzes im Verhältnis zu den Bilanzsummen der Schweiz. Lebensversicherungsgesellschaften (per 31.12.)

Jahr	Bilanzwert Liegenschaften gesamthaft (inkl. Immobilienges.) in Mio. Franken	Bilanzsummen Schweizer Geschäft in Mio. Franken	Proz. Anteil an Bilanzsumme Schweizer Geschäft
1980	7 571	35 376	21,4
1981	8 326	38 608	21,57
1982	9 070	42 027	21,58
1983	9 821	46 319	21,20
1984	10 618	50 819	20,89
1985	11 317	55 754	20,30
1986	12 110	61 399	19,72

Quelle: Schweizerische Vereinigung privater Lebensversicherer

Bezüglich der Investitionen in Neubauten ist bei den Lebensversicherungsgesellschaften ein sinkender Trend festzustellen, wie sich aus nachstehender Graphik ergibt:

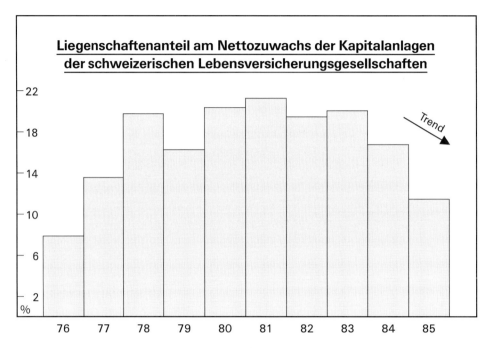

Liegenschaftenanteil am Nettozuwachs der Kapitalanlagen der schweizerischen Lebensversicherungsgesellschaften

Quelle: Schweizerische Lebensversicherungs- und Rentenanstalt.

Von einer grossen Lebensversicherungsgesellschaft ist bezüglich des Verhältnisses von Neuinvestitionen und Erneuerungen folgende Entwicklung bekannt:

	Neuinvestitionen 1980 = 100	Erneuerungen 1980 = 100
1981	145	118
1982	145	121
1983	146	140
1984	176	166
1985	171	206
1986	122	272
1987 (Budget)	124	243

Während bei den Neuinvestitionen 1986 und 1987 ein abrupter Rückgang erfolgte, weisen die Aufwendungen für Erneuerungen stark steigende Tendenz auf. Der Anteil der Erneuerungsinvestitionen ist damit auf beinahe das Doppelte gestiegen.

62

Grundeigentum der Immobilienfonds

Der Wohnungsbestand bei den Immobilienfonds dürfte sich Ende 1985 auf etwa 51 000 Wohnungen und damit auf rund 1,7 Prozent des schweizerischen Gesamtwohnungsbestandes beziffert haben, wobei der Anteil der 15 grössten Immobilienfonds allein 45 363 Wohnungen ausmachte.

Grundeigentum der 15 grössten Immobilienfonds

Name des Fonds	Stichtag	Fondsvermögen in Mio. Franken	Verkehrswert der Liegenschaften in Mio. Franken	Anzahl Wohnungen
SIMA	30. 9. 85	1 924	2 301	12 322
Swissimmobil N.S.	31. 12. 85	780	917	6 350
Interswiss	31. 12. 85	691	717	3 984
SIAT	30. 9. 85	317	408	3 185
La Foncière	30. 9. 85	173	302	3 328
Immofonds	30. 8. 85	157	251	2 885
JFCA	28. 2. 86	151	266	2 619
Swissimmobil 61	31. 12. 85	277	289	1 956
Aufos II	30. 9. 85	145	167	1 013
Foncipass anc.	31. 12. 85	140	212	1 812
Swissreal B	31. 12. 85	139	161	1 055
Aufos I	30. 9. 85	126	164	1 248
Swissimmobil S.	31. 12. 85	111	143	1 139
Foncipass II	31. 12. 85	100	127	1 293
SIAT 63	30. 9. 85	96	143	1 174

Quelle: Zusammenstellung INTRAG, 1986

Grundeigentum der Vorsorgeeinrichtungen

Die Darstellung der heutigen Situation krankt an einem entscheidenden Mangel, nämlich am Mangel an aktuellen statistischen Daten über den Liegenschaftenbesitz der Pensionskassen. Nach der Vollerhebung von 1978 wurde die Pensionskassenstatistik lediglich fortgeschrieben, und auch das nur bis 1984. Für die Jahre 1985 bis 1987, die für die Beurteilung der Wirkungen des Bundesgesetzes über die berufliche Vorsorge besonders wichtig wären, fehlen jegliche Angaben. Erst im Jahre 1988 wird wieder eine Erhebung durchgeführt.

Nach der Fortschreibungsstatistik ergibt sich folgende Entwicklung:

Der Anteil der Liegenschaften an den gesamten Aktiven der Vorsorgeeinrichtungen

Jahr	Anteil Liegenschaften (in %)		
	öffentlich-rechtliche Vorsorge-einrichtungen	privatrechtliche Vorsorge-einrichtungen	Alle Vorsorge-einrichtungen
1978	9,1	23,0	18,3
1979	9,6	22,7	18,3
1980	9,5	23,0	18,4
1981	9,7	22,8	18,4
1982	9,8	22,8	18,4
1983	10,2	22,6	18,4
1984	10,9	22,7	18,7

Nach dieser Zusammenstellung haben sich zwischen 1978 und 1984 keine radikalen Veränderungen ergeben. Die leichte Zunahme des Immobilienanteils insgesamt ist ausschliesslich auf den überdurchschnittlichen Zuwachs der Immobilienanlagen bei den Vorsorgeeinrichtungen der öffentlichen Hand zurückzuführen.

Eher bescheiden nimmt sich das Grundeigentum der **Vorsorgeeinrichtungen der öffentlichen Hand** aus. Dabei ist zu berücksichtigen, dass die Gelder der öffentlichen Pensionskassen gesamtschweizerisch zu mehr als der Hälfte, in mehreren Fällen sogar vollständig, den betreffenden Gemeinwesen zur Verfügung gestellt werden; beispielsweise haben die Eidgenössische Versicherungskasse und auch die Versicherungskasse des Kantons Bern keinerlei Liegenschaftenbesitz.

Das gesamte Grundeigentum der Vorsorgeeinrichtungen des öffentlichen Rechts betrug Ende 1984 4,4 Milliarden Franken.[1] Ist auch die Zahl der Wohnungen, die öffentlichen Pensionskassen gehören, nicht bekannt, so ergeben sich doch gewisse Anhaltspunkte aus den Unterlagen, die von den Kantonen Luzern, Aargau und Basel-Stadt zur Verfügung stehen. Die Beamtenpensionskasse des Kantons Luzern besass Ende 1984 bei einem Liegenschaftsbesitz von 145 Millionen Franken 753 Wohnungen, und die aargauische Beamtenpensionskasse verfügte bei einem Liegenschaftsbesitz von 90 Millionen Franken über 650 Wohnungen;[2] im Kanton Basel-Stadt gehörten der Beamtenpensionskasse Ende 1984 1322 Wohnungen. Für die jüngste Vergangenheit ist ein merklicher Anstieg des Grundeigentums der Vorsorgeeinrichtungen der öffentlichen Hand anzunehmen. So wuchs der Wohnungsbestand der Beamtenpensionskasse Basel-Stadt in den letzten drei Jahren von 1322 Wohnungen (Ende 1984) auf 2127 Wohnungen (Ende 1987) an.[3]

[1] vgl. Volkswirtschaft, Mai 1986
[2] inklusiv diverse Ladengeschäfte und Bürogebäude
[3] gemäss Auskunft der Zentralstelle für staatlichen Liegenschaftenverkehr in Basel

Deutlich grösser ist das Grundeigentum der **privatrechtlichen Vorsorgeein-**
richtungen: Mit 18 042 Millionen Franken machte es 1984 knapp einen Viertel
der Gesamtaktiven aus.[4]

Auch in diesem Bereich ist ein stetes Wachstum festzustellen. Sieben grössere, mit Banken zusammenarbeitende Anlagestiftungen, denen gesamthaft 8859
Vorsorgeeinrichtungen der Schweiz angehören und die über ein Gesamtvermögen von 9,3 Milliarden Franken verfügen, besassen Ende 1987 zusammen Immobilien in der Schweiz im Wert von 604 Millionen Franken. Dies bedeutete eine
Zunahme auf dem Immobiliensektor von 28,8 Prozent gegenüber 1986. Im
Vorjahr hatte die Zuwachsrate 12,6 Prozent betragen, war aber damit niedriger
als der Anstieg der Gesamtanlagen gewesen.
Der Grundbesitz der institutionellen Anleger ist für 1986 auf 51 bis 52 Milliarden Franken beziffert worden, eingeschlossen allerdings Grundeigentum im
Ausland im Umfange von 1 bis 2 Milliarden Franken. Der Wohnungsbesitz kann
auf etwa 300 000 Wohnungen geschätzt werden. Das sind rund 10 Prozent des
gesamten Wohnungsbestandes.

Ein solcher Anteil kann nicht als exorbitant bezeichnet werden. Wie steht es
nun aber mit der aktuellen Beeinflussung des Liegenschaftenmarktes? Der Zuwachs der Liegenschaftenbestände im Sicherungsfonds der Versicherer und bei
den Pensionskassen beziffert sich im Durchschnitt der Jahre 1978 bis 1984 auf
2,1 Milliarden Franken. Welcher Anteil auf Erwerb von Altbauten entfällt, ist
nicht bekannt. Selbst wenn der ganze Betrag in Neubauten investiert würde, so
erscheint er im Verhältnis zu den 15 Milliarden Franken Aufwendungen für den
privaten Wohnungsbau und den 8 Milliarden Franken Aufwendungen für ge-
werblich-industrielle Bauten als verhältnismässig begrenzt.

Ungefähr ein Drittel des Zuwachses entfällt auf die Lebensversicherungsgesellschaften. Deren Wohnungsbesitz hat in den Jahren 1980 bis 1987 um
durchschnittlich 2516 Wohnungen zugenommen. Im Vergleich zur Wohnbau-
produktion von 40 000 bis 45 000 Wohnungen nimmt sich dieser Anteil — auch
unter Hinzurechnung der von den Pensionskassen und den übrigen institutionellen Anlegern erworbenen Wohnungen — bescheidener aus, als gemeinhin
angenommen wird. Jedenfalls kann keine Rede davon sein, dass   heute (1987)
70 bis 80 Prozent der Neubauwohnungen durch Pensionskassen erstellt würden, wie das Michael Kaufmann unter Berufung auf das Bundesamt für Wohnungswesen behauptet.[5]

[4] vgl. Volkswirtschaft, Mai 1986
[5] Blätter für ein neues Bodenrecht, Heft 34, S. 21

Fazit: Der Grundbesitz der institutionellen Anleger und deren aktueller Einfluss auf den Liegenschaftenmarkt wird in der Regel überschätzt. Bei den Wohnungen macht der Marktanteil etwa einen Zehntel des Gesamtwohnungsbestandes aus. Bei den neuerstellten Wohnungen ist der Anteil gewichtiger, dürfte jedoch einen Fünftel nicht oder höchstens geringfügig überschreiten.

G. Grundeigentum der öffentlichen Hand

Die öffentliche Hand verfügt über einen erheblichen Teil des Bodens, so insbesondere zunächst bei den Gewässern, beim Wald, bei den Alpweiden und bei den Verkehrsanlagen. Sie verfügt aber auch beim Landwirtschaftsboden und im Siedlungsgebiet über gewichtige Anteile am Grundeigentum.

Öffentliches Eigentum an unüberbautem Land

Gemäss Arealstatistik 1972 entfallen 27 830 Quadratkilometer oder 67,4 Prozent des schweizerischen Territoriums auf Weiden und Wald, Gewässer und Felsen. Hier ist die öffentliche Hand der dominante Grundeigentümer. Das gilt zunächst naturgemäss für das sogenannte **Öd- und Unland** sowie die **Seen und Flüsse**, die sich zum allergrössten Teil im Besitz der öffentlichen Hand befinden.

Auch vom **Weidland**, das eine Fläche von 8150 Quadratkilometer (20,6 Prozent der Gesamtfläche) ausmacht, ist ein erheblicher Teil im Besitz der öffentlichen Hand. Von den 4280 Alpweiden, die 1955 Eigentum von Körperschaften waren und die Mehrheit aller Alpweiden ausmachten, befanden sich 68 im Eigentum von Bund und Kanton, 1237 in der Hand von politischen Gemeinden und 1729 in der Hand von Bürgergemeinden. 60 Alpweiden waren im Besitz von Kirchgemeinden und religiösen Stiftungen und 1186 Alpweiden im Eigentum von Genossenschaften und Korporationen.[1]

Gemäss Forststatistik 1986 besass die öffentliche Hand von den 11 869,7 Quadratkilometern **Wald**, die der Forstgesetzgebung unterstehen, 8734,6 Quadratkilometer oder 73,6 Prozent. Der Anteil der Privaten beziffert sich mithin auf 3135 Quadratkilometer oder 26,4 Prozent. Von den Waldflächen in öffentlichem Besitz entfallen 92,3 Prozent auf Gemeinden und Korporationen; den Kantonen gehören 6,5 Prozent und dem Bund 1,2 Prozent.[2]

Bezüglich des intensiv genutzten **landwirtschaftlichen Bodens** besitzen Bund, Kantone und Gemeinden gemäss Betriebszählung 1985 7,3 Prozent (ohne Sömmerungsweiden); zehn Jahre früher waren es 6,8 Prozent gewesen.[3]

Öffentliches Eigentum an überbautem Land

Das präziseste Zahlenmaterial liegt für den Teilbereich **Wohnungen** vor. Erst seit 1960 bestehen allerdings gesamtschweizerische Angaben; 1950 beschränkte sich die Wohnungszählung auf einen Teil der Gemeinden.

---

[1] Statistische Quellenwerke der Schweiz, Heft 319
[2] Volkswirtschaft, Oktober 1987
[3] Statistische Erhebungen und Schätzungen über Landwirtschaft und Ernährung 1987, Schweiz. Bauernsekretariat, S. 18

Zwischen 1950 und 1980 ergab sich folgende Entwicklung:

Wohnungen im Besitz von Bund, Kantonen und Gemeinden 1950–1980

	1950 absolut	in %	1960 absolut	in %	1970 absolut	in %	1980 absolut	in %
5 Grossstädte								
– Zürich	4 617	4,0	6 382	4,3	9 150	5,4	11 710	6,4
– Basel	1 690	2,8	2 600	3,5	2 988	3,4	3 689	4,0
– Genf	2 261	4,4	3 009	4,5	4 585	5,9	5 789	6,5
– Bern	2 313	5,2	3 409	6,3	3 877	6,1	4 028	5,7
– Lausanne	582	1,7	1 080	2,4	2 394	4,2	1 595	2,5
5 Mittelstädte								
– Winterthur	605	3,1	784	3,2	969	2,9	973	2,7
– St.Gallen	698	3,5	970	4,1	1 523	5,1	1 062	3,2
– Luzern	251	1,5	623	3,0	588	2,3	811	2,8
– Biel	355	2,4	462	2,4	539	2,2	480	1,9
– La Chaux-de-Fonds	838	7,2	1 016	7,1	1 132	6,5	1 084	6,0
Alle Gemeinden	·	·	55 314	3,5	73 890	3,6	84 087	3,1

Quelle: Statistische Quellenwerke der Schweiz, Hefte 277, 379, 518 und 706

Die öffentliche Hand besitzt mithin nur einen geringfügigen Teil der Wohnungen, hat aber jedenfalls in den 60er Jahren mit dem Wachstum des Wohnungsbestandes Schritt gehalten. Auf die verschiedenen Ebenen verteilt sich der Wohnungsbesitz wie folgt:

Wohnungen im Besitz von Bund, Kantonen und Gemeinden 1980

In Gemeinden mit Einwohnern	Bund absolut	in %	Kantone absolut	in %	Gemeinden absolut	in %	Total absolut	in %
100 000 und mehr	1 117	0,2	3 294	0,7	21 873	4,4	26 284	5,3
50 000–99 999	366	0,3	430	0,3	2 502	2,0	3 298	2,7
20 000–49 999	535	0,2	1 075	0,5	5 345	2,3	6 955	3,0
10 000–19 999	930	0,2	2 319	0,6	7 345	1,9	10 594	2,7
5 000– 9 999	682	0,3	361	0,5	3 197	1,5	4 840	2,3
2 000– 4 999	438	0,3	602	0,4	2 823	1,7	3 863	2,3
1 000– 1 999	175	0,3	283	0,6	1 045	2,1	1 509	3,0
– 999	88	0,3	87	0,3	563	1,7	738	2,3
5 000– 9 999	515	0,3	679	0,4	2 822	1,7	4 016	2,5
2 000– 4 999	1 997	0,3	1 113	0,2	5 784	1,6	7 894	2,2
1 000– 1 999	683	0,3	1 010	0,5	3 850	1,8	5 549	2,6
– 999	1 150	0,4	926	0,3	6 471	2,2	8 547	2,9
Alle Gemeinden	7 682	0,3	12 785	0,5	63 620	2,3	84 087	3,1

(städtische Gemeinden: Zeilen 5 000–9 999 bis – 999 der ersten Gruppe; ländliche Gemeinden: Zeilen 5 000–9 999 bis – 999 der zweiten Gruppe)

Quelle: Eidgenössische Volkszählung 1980, Tabelle 6.09

Grundbesitz der öffentlichen Hand
in einzelnen Städten und Kantonen

Während gesamtschweizerische Angaben über das Eigentum der öffentlichen Hand an Baulandreserven und überbauten Grundstücken fehlen, liegen für einzelne Städte und Kantone solche Daten vor. Aufschlussreich ist die Tatsache, dass die öffentliche Hand auch nach Abrechnung von Gewässern und Strassen der weitaus gewichtigste Grundeigentümer bleibt.

So verfügt beispielsweise im Kanton Basel-Stadt die öffentliche Hand selbst nach Ausklammerung von Gewässern und Strassen über mehr als die Hälfte des restlichen Territoriums, wie aus der Zusammenstellung auf Seite 70 hervorgeht:

Die Stadt Zürich als Grundeigentümerin

Wie bereits in Kapitel I.E. dargestellt, ist die Stadt Zürich als bedeutende Grundeigentümerin zu bezeichnen, die bis Mitte der 70er Jahre in erheblichem Umfang Boden zugekauft hat, und zwar innerhalb und ausserhalb der Stadtgrenzen.

Die Zahlen der städtischen Liegenschaftenverwaltung vermitteln für die letzten anderthalb Jahrzehnte folgendes Bild über Kauf und Verkauf:

Käufe und Verkäufe der städtischen Liegenschaftenverwaltung Zürich von 1971 bis 1987

	Käufe		Verkäufe	
	Fläche in a	Wert in Mio. Fr.	Fläche in a	Wert in Mio. Fr.
1971	6 143	46,7	1 060	11,5
1972	3 550	117,7	438	10,7
1973	2 454	43,7	1 188	31,1
1974	2 465	90,7	1 175	40,5
1975	4 534	85,4	2 961	16,4
1976	3 229	53,3	761	7,1
1977	2 968	62,3	2 402	16,8
1978	1 305	29,5	273	2,5
1979	1 878	29,3	1 504	12,2
1980	415	3,3	1 170	10,7
1981	238	6,3	883	17,0
1982	1 101	15,5	4 155	45,4
1983	272	2,2	1 828	28,2
1984	1 047	3,3	1 544	13,8
1985	278	6,1	791	9,8
1986	213	0,4	453	5,3
1987	79	0,9	443	2,9

Quelle: Städtische Liegenschaftenverwaltung Zürich

Öffentliches Grundeigentum im Kanton Basel-Stadt 1985

Eigentümer	Basel ha	in %	Riehen ha	in %	Bettingen ha	in %	Total Eigentümer ha	in %
BRD	102,4		7,5				**109,9**	
PTT	4,2		0,2		0,7		5,1	
SBB	111,3						111,3	
Zoll	1,3		1,2		0,2		2,7	
Total Bund							**119,1**	
Kanton BS	55,2		61,7		2,6		119,5	
Uni	5,9						5,9	
PK des Staatspersonals	3,0		0,4		0,1		3,5	
Einwohnergemeinde Basel	514,7		257,2		21,8		793,7	
Total Basel-Stadt							**922,6**	
Einwohnergemeinde Riehen	0,1		117,2				**117,3**	
Einwohnergemeinde Bettingen					4,8		**4,8**	
Bürgergemeinde Basel	0,5		18,3		3,6		22,4	
Bürgerspital	20,4				15,3		35,7	
Fürsorgeamt	0,2						0,2	
Waisenhaus	1,7						1,7	
Total Bürgergemeinde Basel							**60,0**	
Bürgergemeinde Riehen			78,6		1,9		80,5	
Landpfrundhaus			8,2				8,2	
Total Bürgergemeinde Riehen							**88,7**	
Bürgergemeinde Bettingen			0,2		46,6		**46,8**	
CMS	70,9						**70,9**	
Ev.-ref. Kirche	7,0		1,3				8,3	
Röm.-kath. Kirche	4,3		0,5				4,8	
Christkath. Kirche	0,2						0,2	
Israelische Gemeinde	2,6						2,6	
Total Kirchen							**15,9**	
BKB	0,7		0,1				**0,8**	
Öffentliches Grundeigentum	906,6	38	552,6	51	97,6	44	1556,8	42
Allmend, Gewässer ca.	598,0	25	105,7	10	7,3	3	711,0	19
Total der Flächen	**2385,2**	**100**	**1087,1**	**100**	**222,7**	**100**	**3695,0**	**100**

Quelle: Bodenbewertungsstelle Basel-Stadt, Juni 1986

Die Aufstellung zeigt, dass 1980 die Verkäufe erstmals die Käufe flächen- und wertmässig überstiegen. Dazu ist zunächst festzustellen, dass in den letzten Jahren die Verkäufe primär (zu rund 95 Prozent) Grundstücke ausserhalb der Stadtgrenze betrafen. Zudem ist in den meisten Fällen wiederum die öffentliche Hand Käufer dieses Bodens — die Stadt Zürich gewährt jeweils den Gemeinden ein «moralisches Vorkaufsrecht», das heisst, nur dann, wenn die Gemeinden das Land nicht kaufen wollen, können Private als Käufer in Funktion treten. Auf Stadtboden selber verkauft die Stadt Zürich heute nahezu kein Grundeigentum mehr. Soweit in der Statistik noch Verkäufe in Erscheinung treten, handelt es sich zumeist um sogenannte unechte Verkäufe (Tauschaktionen oder etwa Verkäufe an den Zoologischen Garten oder soziale, von der Stadt selber getragene Stiftungen).

Die Zahlen der städtischen Liegenschaftenverwaltung betreffen nur einen Teil der Grundstücktransaktionen der Stadt. Die Liegenschaftenverwaltung hat in der Regel lediglich die Geschäfte mit Grundstücken des Finanzvermögens, nicht aber mit solchen des Verwaltungsvermögens (Spitäler, Schulhäuser usw.) zu tätigen. Die Tabelle ergibt auch insofern ein falsches Bild, als dass die Liegenschaftenverwaltung im Zusammenhang mit Land für den Strassenverkehr (inklusive Boden für den Nationalstrassenbau) statistisch lediglich als Landlieferantin auftritt, während die Käufe in diesem Bereich vom Bauamt I registriert werden.

Aus all diesen Gründen ist deshalb aus dieser Tabelle nicht etwa ein Reprivatisierungsschub abzuleiten; ein solcher ist auch in den 80er Jahren nicht eingetreten, obwohl sachlich aller Anlass bestünde, die Zukaufspolitik früherer Jahre angemessen zu korrigieren und einen konstruktiven Beitrag zur breiteren Streuung des Grundeigentums auch in der Stadt selbst zu leisten.

Grundeigentum des Bundes

Genaue Angaben bestehen über das Grundeigentum des Bundes gesamthaft und in den einzelnen Kantonen:

Grundeigentum des Bundes 1987

Kanton	Fläche ha	a	m²	Wert[1] Franken
Zürich	1 352	21	96	242 833 700
Bern	3 661	66	01	328 545 000
Luzern	1 606	88	04	62 284 600
Uri	405	45	04	19 617 000
Schwyz	390	80	16	11 311 300
Obwalden	1 225	87	96	17 217 500
Nidwalden	93	80	52	25 863 700
Glarus	1 883	99	42	15 176 700
Zug	186	88	54	8 742 800
Fribourg	1 517	56	56	41 370 700
Solothurn	443	21	93	13 468 000
Basel-Stadt	2	92	07	1 132 300
Basel-Land	138	10	37	13 856 800
Schaffhausen	16	50	95	2 759 300
Appenzell Ausserrhoden	85	21	74	2 511 100
Appenzell Innerrhoden	3	35	58	3 127 900
St.Gallen	969	63	83	50 417 400
Graubünden	2 298	72	38	36 030 600
Aargau	487	51	58	44 814 600
Thurgau	777	71	22	23 021 100
Ticino	2 871	05	94	67 357 100
Vaud	5 354	58	40	183 873 800
Valais	712	41	59	85 006 800
Neuchâtel	306	96	32	17 272 600
Genève	119	32	79	67 487 800
Jura	1 128	64	01	76 451 300
Total	28 041	04	91	1 461 551 500

[1] Einstandswert der Grundstücke (ohne Gebäude)

Quelle: Eidgenössisches Kassen- und Rechnungswesen

Das Grundeigentum des Bundes gliederte sich Ende 1987 in folgende Objektarten auf:

	Fläche			Wert
	ha	a	m²	Franken
Zoll- und Grenzwachtgebäude	106	18	21	22 570 200
Verwaltungsgebäude	53	25	28	112 520 200
Lehr-, Versuchs- und übrige Anstalten (inkl. «ETH Lausanne»)	1 629	33	03	172 112 600
Anlagen für besondere Zwecke (inkl. «übrige Anlagen»)	338	01	31	125 516 000
Landreserven	16	48	88	5 159 100
Land für Wohnungsbau des Bundespersonals	154	21	28	172 108 200
Kasernen und militärische Übungsplätze	20 438	21	83	371 641 200
Militärische Werkstätten und Fabrikanlagen	243	94	43	33 689 600
Kriegsbauten	4 556	46	54	361 546 600
Zeughäuser, Magazine, Hallen usw.	504	88	45	84 686 400
Übrige militärische Anlagen		5	67	1 400
Total	28 041	04	91	1 461 551 500

Quelle: Eidgenössisches Kassen- und Rechnungswesen

Fazit: Die öffentliche Hand verfügt bereits heute in sehr erheblichem und auch in wachsendem Umfang über Grundeigentum. In Anbetracht der für zwingende Bedürfnisse ohnehin vorhandenen Enteignungsbefugnis ist deshalb nicht die Vermehrung dieses Grundbesitzes ein prioritäres Anliegen, sondern dessen sinnvoller Einsatz.

II. Bodenpreis

Nach wie vor ist es in der Schweiz um die Bodenpreisstatistik nicht gut bestellt. So lagen etwa jahrelang nur Zahlen aus den Grossstädten Basel, Bern und Zürich vor, wobei jedoch diese Angaben zu stark von der Art und Lage der jeweils umgesetzten Parzellen abhängig waren.
Heute stützt sich die Diskussion überwiegend auf Statistiken, welche sich auf Teilmärkte beziehen. In bezug auf die Durchschnittspreise für unüberbaute Grundstücke, für landwirtschaftliche Heimwesen und für Bauland, das von Personen mit Wohnsitz im Ausland erworben wurde, lassen sich immerhin recht deutliche Trends aufzeigen.

A. Durchschnittspreise für unbebaute Grundstücke im Kanton Zürich

Durchschnittspreise in Franken pro Quadratmeter (ohne Wald und Reben):

Jahr	Stadt Zürich	Winterthur	Landgemeinden	Kanton
1950[1]	33.18	8.06	4.97	10.19
1955[1]	49.24	16.67	8.07	11.43
1960	109.20	19.30	17.90	20.60
1961	155.90	24.10	21.10	23.80
1962	251.10	38.40	26.30	28.90
1963	165.80	52.50	33.60	37.60
1964	259.70	51.60	32.50	37.10
1965	377.30	53.80	35.80	45.50
1966	211.30	71.40	35.70	42.40
1967	206.00	71.30	40.00	47.00
1968	286.50	77.40	44.90	52.90
1969	418.00	74.00	55.70	66.80
1970	389.30	65.30	48.50	59.20
1971	384.90	71.10	55.00	66.50
1972	419.00	76.60	62.70	74.50
1973	575.57	71.15	65.90	73.40
1974	481.16	92.30	78.70	90.90
1975	155.60	104.00	49.70	58.50
1976	313.20	91.70	47.60	60.80
1977	513.00	100.50	58.60	77.10
1978	382.60	48.20	77.10	83.50
1979	667.45	181.00	70.70	87.60
1980	564.40	151.20	80.30	86.10
1981	567.80	164.70	76.80	84.80
1982	761.40	113.50	80.30	94.60
1983	423.30	153.50	101.60	108.70
1984	950.40	164.00	95.70	107.40
1985	630.40	200.00	91.80	100.80
1986	1 444.90	318.90	141.20	157.00
1987	.	.	.	143.00

[1] einschliesslich Wald und Rebland
Quelle: Statistische Berichte des Kantons Zürich, diverse Jahrgänge

Auffallend ist zunächst der grosse Unterschied zwischen der Stadt Zürich und den übrigen Gemeinden. Im weiteren gilt es zu beachten, dass — nach Aussagen des Statistischen Amtes des Kantons Zürich — für die Zeit bis 1960 kein gesichertes Zahlenmaterial vorhanden ist.

Der Preisanstieg erfolgte nahezu kontinuierlich bis zum Jahre 1974. Der im Jahre 1975 eintretende Preiseinbruch (unter das Niveau von 1970) war markant. Erst im Jahre 1982 wurden die früheren Rekordmarken wieder erreicht. Bis 1985 blieb der Preisanstieg in der Folge relativ bescheiden. Die seither erfolgte Preisexplosion schlug sich erstmals im Jahre 1986 statistisch nieder.

Die vorstehende Statistik umfasst auch rein landwirtschaftliche Grundstücke. Aussagekräftiger ist daher die Statistik der für Bauzonenland bezahlten Preise (siehe Tabelle auf Seiten 78 und 79).

Aus der Statistik geht hervor, dass im Jahre 1986 gegen 240 Hektaren Bauzonenland (bei einem Bestand von knapp 10 000 Hektaren unüberbautem Bauzonenland) freihändig veräussert wurden. Auffallend ist der Umstand, dass auch für unerschlossene Grundstücke ein Preis bezahlt wurde (durchschnittlich Fr. 193.60), der weit über dem Durchschnittspreis für unbebaute Grundstücke (Fr. 157.—) lag. Daraus erhellt die Bedeutung der Einzonung — und auch der Bestimmung der «Stadt-Land-Initiative gegen die Bodenspekulation», wonach solches unerschlossenes Bauzonenland nur noch zum zweifachen landwirtschaftlichen Ertragswert (im Talgebiet durchschnittlich 2 x 55 Rappen) veräussert werden darf.

Nach der provisorischen Statistik für 1987 fiel der Durchschnittspreis für unbebaute Grundstücke von 157 auf 143 Franken pro Quadratmeter. Betrachtet man dagegen nur die vollerschlossenen Baulandparzellen, so ergibt sich ein Anstieg von Fr. 362.90 auf Fr. 398.20 pro Quadratmeter, wobei vor allem das vollerschlossene Wohnbauland ausserhalb der Stadt Zürich einen überdurchschnittlich hohen Preisanstieg um 28% auf 407 Franken verzeichnete.[1]

Zwischen den verschiedenen Regionen besteht ein deutliches Preisgefälle. Für erschlossenes Land wird in der Region Pfannenstiel fast viermal soviel bezahlt wie im Weinland. In der zweitteuersten Region ohne Zürich (Limmattal) erreichte indessen das erschlossene Bauland nur gut den doppelten Preis der zweitbilligsten Region (Knonaueramt).

In der nachstehenden Statistik wird die Preisentwicklung je nach Bauzone ausgewiesen. Beim Wohnbauland haben sich die Preise zwischen 1974 (vor dem Preiseinbruch) und 1986 nicht ganz verdoppelt:

---

[1] Statistisches Amt des Kantons Zürich, Freihandverkäufe von Grundstücken und durchschnittlicher Quadratmeterpreis nach Zonen im Kanton Zürich 1987, Pressemitteilung Nr. 7 / 1988

Fläche, Wert und der durchschnittliche Quadratmeterpreis der verkauften Grundstücke von unbebautem Land[1] nach Bauzonen im Kanton Zürich (ohne Stadt Zürich)

Jahr	Fläche in Aren			Wert in 1000 Franken			Durchschnittlicher Quadratmeterpreis in Franken		
	Wohn-bauland	Gewerbe- u. Industrie-bauland	Bauland für Geschäfts- und Wohnzwecke	Wohn-bauland	Gewerbe- u. Industrie-bauland	Bauland für Geschäfts- und Wohnzwecke	Wohn-bauland	Gewerbe- u. Industrie-bauland	Bauland f. Geschäfts- und Wohnzwecke
1974	23 510	3 332	3 060	346 749	42 851	41 005	147.50	128.60	134.—
1975	14 191	2 145	1 526	189 193	23 292	15 807	133.30	108.60	103.60
1976	14 745	2 807	1 178	199 338	28 755	18 426	135.20	102.40	156.40
1977	19 043	2 497	2 303	264 246	31 871	25 319	136.80	127.80	109.90
1978	24 831	3 136	4 307	395 830	35 408	50 500	159.40	112.90	117.30
1979	27 515	4 202	3 360	422 809	67 870	42 825	153.70	161.50	127.50
1980	24 685	5 902	4 296	400 907	80 082	65 576	162.40	135.70	152.60
1981	20 271	5 565	4 241	342 356	85 437	67 087	168.90	153.50	158.20
1982	15 988	3 364	2 851	310 990	55 670	57 594	194.50	165.50	202.—
1983	16 377	4 613	3 254	344 053	72 552	61 818	210.10	157.30	190.—
1984	15 925	3 143	3 195	375 669	62 851	62 646	235.90	200.—	196.10
1985	13 730	4 762	2 277	366 955	98 621	45 790	267.30	207.10	201.—
1986	14 025	5 975	3 469	386 935	176 236	87 606	275.90	295.—	252.50

[1] inkl. Strassenanteile und Grundstückarrondierungen

Quellen: – Statistische Berichte des Kantons Zürich, 36. Jahrgang, Heft 2 Mai 1987, S. 152
– Statistische Berichte des Kantons Zürich, 37. Jahrgang, Heft 2 Mai 1988, Tabellen 4.7 und 4.8

Zahl, Fläche, Wert und durchschnittlicher Quadratmeterpreis der in den Bauzonen verkauften Grundstücke von unbebautem Land nach Erschliessungsgrad 1986 (Freihandverkäufe)

Gebiete	Zahl in Parzellen				Fläche in Quadratmetern			
	Erschlossen	Unerschlossen	Teilweise erschlossen	Total	Er- schlossen	Uner- schlossen	Teilweise erschl.	Total
Kanton Zürich								
mit Stadt Zürich	1 086	147	183	1 416	1 508 059	386 667	505 076	2 399 802
ohne Stadt Zürich	1 065	147	183	1 395	1 455 152	386 667	505 076	2 346 895
Regionen								
Zürich	21	–	–	21	52 907	–	–	52 907
Limmattal	62	8	11	81	71 621	7 326	28 826	107 773
Knonaueramt	33	11	23	67	61 042	34 850	130 521	226 413
Zimmerberg	125	6	1	132	131 010	9 523	3 137	143 670
Pfannenstiel	86	8	14	108	86 295	29 304	36 164	151 763
Glattal	142	21	25	188	276 624	95 711	66 174	438 509
Furttal	19	8	5	32	24 696	31 125	9 840	65 661
Oberland	233	45	40	318	338 302	110 265	108 009	556 576
Winterthur u. Umg.	210	10	14	234	264 917	17 094	27 138	309 149
Stadt Winterthur	2	–	–	2	1 496	–	–	1 496
Übrige Regionen	208	10	14	232	263 421	17 094	27 138	307 653
Weinland	57	9	8	74	60 862	15 303	6 196	82 361
Unterland	98	21	42	161	139 783	36 166	89 071	265 020

	Wert in Franken				Durchschnittlicher Quadratmeterpreis in Franken			
Kanton Zürich								
mit Stadt Zürich	547 271 496	74 839 638	115 821 994	737 933 128	362.90	193.60	229.30	307.50
ohne Stadt Zürich	460 115 496	74 839 638	115 821 994	650 777 128	305.10	193.60	229.30	271.20
Regionen								
Zürich	87 156 000	–	–	87 156 000	1 647.30	–	–	1 647.30
Limmattal	32 934 662	1 965 580	9 533 833	44 434 055	459.80	268.30	330.70	412.30
Knonaueramt	12 634 662	6 407 490	22 967 112	42 029 264	207.—	183.90	175.10	185.60
Zimmerberg	47 139 414	3 073 880	1 218 000	51 431 294	359.80	322.80	388.30	358.—
Pfannenstiel	52 280 108	7 310 035	10 500 793	70 090 936	605.80	249.50	290.40	461.80
Glattal	118 657 439	20 452 390	26 101 925	165 211 754	428.90	213.70	394.40	376.80
Furttal	7 933 041	6 952 890	2 442 100	17 328 031	321.20	223.40	248.20	263.90
Oberland	83 353 371	15 496 714	19 812 219	118 662 304	246.40	140.50	183.40	213.20
Winterthur u. Umg.	64 979 412	4 483 275	4 186 272	73 648 959	245.30	262.30	154.30	238.20
Stadt Winterthur	477 120	–	–	477 120	318.90	–	–	318.90
Übrige Region	64 502 292	4 483 275	4 186 272	73 171 839	244.90	262.30	154.30	237.80
Weinland	9 724 543	1 361 709	948 234	12 034 486	159.80	89.—	153.—	146.10
Unterland	30 478 844	7 335 695	18 091 506	55 906 045	218.—	202.80	203.10	211.—

Quelle: Statistische Berichte des Kantons Zürich, 37. Jahrgang, Heft 2, Mai 1988, Tabelle 4.9

B. Durchschnittspreise für unbebaute Grundstücke in den Städten Zürich, Bern und Basel

Durchschnittspreise pro Quadratmeter für unbebaute Grundstücke in der Stadt Zürich nach Bauzonen

		Wohnzonen						
Jahr	Kern-zone	A 5 Ge-schosse	B 4 Ge-schosse	C 3 Ge-schosse	D 2–3 Ge-schosse	E 2 Ge-schosse	Industrie- und Gewerbe-zone	Im ganzen (inkl. übri-ge Zonen-arten)
1972	5 867	845	1 507	404	264	324	907	400
1973	2 494	–	1 383	704	292	333	373	350
1974	2 587	–	864	471	454	284	1 557	342
1975	2 008	409	1 003	297	354	321	730	139
1976	2 447	483	608	398	343	255	735	276
1977	15 741	409	1 442	641	269	229	405	443
1978	3 998	405	1 171	469	755	120	75	314
1979	3 285	1 346	1 828	399	368	210	372	518
1980	3 110	1 412	763	585	351	366	128	513
1981	2 060	1 952	655	503	409	475	961	539
1982	2 571	2 172	1 172	3 625	472	567	851	530
1983	2 478	–	995	312	639	426	148	327
1984	5 867	831	2 089	755	796	388	1 037	834
1985	849	1 660	1 860	814	923	572	729	543
1986	2 011	–	–	–	1 205	480	2 645	1 032

Quelle: Statistisches Jahrbuch der Stadt Zürich 1973–1987

Durchschnittspreise pro Quadratmeter für unbebaute Grundstücke in der Stadt Bern (nach Stadtteilen)

Freihandkäufe nach Stadtteilen 1985

				Kaufpreis		
Stadtteile	Hand-ände-rungen	Fläche Aren	Amtl. Wert Mio. Fr.	Mio. Fr.	in % des amtlichen Wertes	durch-schnittlich pro m²/Fr.
Unbebaute Liegenschaften (Bauplätze):						
Innere Stadt	–	–	–	–	–	–
Länggasse-Felsenau	–	–	–	–	–	–
Mattenhof-Weissenbühl	–	–	–	–	–	–
Kirchenfeld-Schlosshalde	*¹	112	2,491	2,336	93,8	207.18
Breitenrain-Lorraine	*¹	51	0,810	1,250	154,2	246.79
Bümpliz-Oberbottigen	–	–	–	–	–	–
Zusammen 1985	5	163	3,301	3,586	108,6	219.46
Zusammen 1984	16	351	1,443	7,548	523,1	215.09

Freihandkäufe nach Stadtteilen 1986

Stadtteile	Hand- ände- rungen	Fläche Aren	Amtl. Wert Mio. Fr.	Kaufpreis Mio. Fr.	in % des amtlichen Wertes	durch- schnittlich pro m²/Fr.
Unbebaute Liegenschaften (Bauplätze):						
Innere Stadt	*[1]	1	0,009	0,050	543,5	431.03
Länggasse-Felsenau	–	–	–	–	–	–
Mattenhof-Weissenbühl	*[1]	13	0,256	1,072	418,4	849.18
Kirchenfeld-Schlosshalde	–	–	–	–	–	–
Breitenrain-Lorraine	*[1]	9	0,530	2,055	387,9	2 172.30
Bümpliz-Oberbottigen	*[1]	75	0,156	1,103	706,5	148.01
Zusammen 1986	8	98	0,951	4,280	449,9	437.77
Zusammen 1985	5	163	3,301	3,586	108,6	219.46

[1] Aus Datenschutzgründen nicht angegeben (zu wenig Fälle)

Quelle: Statistisches Jahrbuch der Stadt Bern, 1985 und 1986

Durchschnittspreise für erschlossenes, unbebautes Bauland respektive Abbruchland in der Stadt Basel

Jahr	ZONE 3 (für dreigeschossige Wohnbauten, 3 Voll- geschosse und ausge- bautes Dachgeschoss)	ZONE 5a (für fünfgeschossige Wohn- und Gewerbe- bauten, 5 Vollgeschosse und ausgebautes Dachgeschoss)	ZONE 7 (für Industriebauten)
1968	600.–	1000.– bis 1200.–	
1973	1000.–	1500.– bis 1700.–	500.– bis 600.–
1978	800.– bis 900.–	1300.– bis 1400.–	600.– bis 700.–
1983	900.– bis 1000.–	1400.–	700.– bis 800.–
1987	1000.– bis 1100.–	1500.–	800.–

Obige Richtwerte gelten für Parzellen mit einer Strassenfront ab zirka 8 bis 10 m und einer mitt- leren Parzellentiefe von zirka 25 bis 30 m

Quelle: Bodenbewertungsstelle Basel-Stadt

C. Durchschnittspreise für landwirtschaftliche Heimwesen in den Kantonen Zürich und Bern

Durchschnittspreise in Franken pro Hektare

Jahr	Zürich (ohne Stadt) Fr./ha	Bern Fr./ha	Jahr Jahr	Zürich (ohne Stadt) Fr./ha	Bern Fr./ha
1953	13 469	8 616	1970	154 635	13 936
1954	20 723	8 149	1971	102 517	23 617
1955	19 759	8 083	1972	129 110	18 791
1956	19 099	10 346	1973	126 748	45 859
1957	19 712	10 955	1974	127 240	20 813
1958	23 380	11 596	1975	98 301	24 222
1959	38 542	11 877	1976	164 456	15 980
1960	45 009	13 922	1977	111 584	34 218
1961	69 348	19 140	1978	92 322	22 381
1962	76 006	18 898	1979	80 490	17 875
1963	90 151	15 879	1980	194 861	32 217
1964	154 471[1]	19 098	1981	73 745	22 780
1965	71 623	23 697	1982	67 404	28 227
1966	103 770	17 204	1983	243 615	24 815
1967	103 808	15 868	1984	122 789	50 764
1968	100 951	18 251	1985	121 861	21 415
1969	132 110	15 805	1986	.	38 278

[1] Einfluss der Landverkäufe in Volketswil

Quelle: Statistische Erhebungen und Schätzungen über Landwirtschaft und Ernährung, Schweiz. Bauernsekretariat, diverse Jahrgänge

Auffallend ist die unterschiedliche Entwicklung in den beiden Kantonen. Im Kanton Zürich sind die Preise für landwirtschaftliche Heimwesen besonders stark in den späten 50er und frühen 60er Jahren angestiegen und hernach verhältnismässig stabil geblieben. Im Kanton Bern hat ein per saldo etwas geringerer und vor allem gleichmässigerer Anstieg stattgefunden.

Gerade die vorliegende Zusammenstellung zeigt aber, wie vorsichtig solche Statistiken zu beurteilen sind.

Der Quadratmeterpreis bei Freihandverkäufen von landwirtschaftlichen Heimwesen im Kanton Bern hat sich erstaunlicherweise nicht sonderlich verändert zwischen 1961 (Fr. 1.91) und 1985 (Fr. 2.14), wohl aber zwischen 1960 (Fr. 1.39) und 1984 (Fr. 5.08); es kommt sehr wohl darauf an, welche Periode beobachtet wird. Im Kanton Zürich sind von Jahr zu Jahr ähnliche Sprünge zu beobachten; vergleicht man 1961 (Fr. 6.93) mit 1984 (Fr. 12.28), so bleibt der Anstieg hinter demjenigen der Konsumentenpreise zurück; vergleicht man 1960 (Fr. 4.50) und 1983 (Fr. 24.36), so ist der Anstieg markanter.

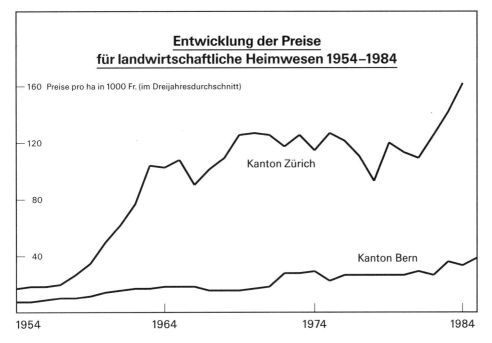

Beim Verkauf ganzer landwirtschaftlicher Heimwesen bewegen sich die Quadratmeterpreise in der ersten Hälfte der achtziger Jahre um 10–15 Franken im Kanton Zürich und um 3–4 Franken im Kanton Bern.

D. Von Personen mit Wohnsitz im Ausland bezahlte Durchschnittspreise für Bauland

Durchschnittspreise in Franken pro Quadratmeter

Kt.	1970	1971	1972	1973	1974	1975	1976	1977	1978	1979	1980	1981	1982	1983	1984	1985	1986
ZH	152.25	128.55	98.35	65.—	181.30	84.90	117.50	155.10	248.85	111.60	232.15	185.10	869.—	159.70	348.55	290.45	223.30
BE	62.70	50.25	50.65	63.80	41.25	85.75	87.85	130.90	82.85	132.70	338.75	108.25	155.60	109.85	97.45	76.65	99.80
LU	16.45	46.15	—	15.30	—	44.40	62.90	101.05	84.40	128.—	61.45	64.25	87.20	91.20	147.55	68.80	99.65
UR	—	—	—	—	7.90	—	—	—	85.55	61.95	244.05	46.90	—	96.90	—	—	—
SZ	—	—	—	—	—	—	105.15	—	148.25	126.40	91.15	68.55	173.45	213.60	166.45	270.—	—
OW	44.90	30.90	52.75	—	—	—	—	—	—	—	133.05	122.70	117.95	117.50	—	247.05	120.—
NW	20.30	74.85	88.35	—	—	—	—	—	125.70	141.25	186.15	—	166.25	—	—	224.65	—
GL	35.15	—	39.85	—	—	—	—	—	49.35	626.50	—	123.40	—	40.—	70.—	45.—	—
ZG	64.70	94.—	77.30	63.05	93.10	3102.65	136.10	106.55	126.20	115.80	116.50	156.90	78.30	125.65	165.10	221.80	225.65
FR	18.05	10.60	26.10	—	124.45	46.50	23.35	71.75	15.70	35.95	36.10	52.95	46.45	103.20	95.10	98.05	112.45
SO	14.15	44.50	—	—	144.55	—	134.95	—	77.85	54.60	42.85	48.35	81.60	97.85	78.60	123.80	84.45
BS	—	—	—	—	194.60	—	—	—	—	—	—	779.—	2698.—	90.55	—	—	—
BL	—	—	—	75.10	80.—	200.35	114.15	—	—	—	134.85	175.65	201.35	239.05	188.40	261.65	187.35
SH	139.70	—	13.95	—	8.55	50.10	147.95	—	—	91.30	20.25	44.95	—	—	41.50	123.85	106.55
AR	—	29.95	—	—	—	44.05	—	124.50	67.15	157.60	88.05	75.95	107.30	62.60	192.60	182.—	193.90
AI	—	—	59.70	—	—	78.85	80.90	79.95	60.55	60.55	—	—	—	—	100.—	—	304.—
SG	20.40	20.30	31.80	—	20.80	58.60	37.95	39.60	51.25	34.65	60.05	67.20	71.40	79.95	58.90	134.80	92.10
GR	65.85	61.60	55.40	48.10	54.60	43.05	49.10	115.15	68.65	75.05	—	105.20	101.95	105.55	101.80	143.20	121.45
AG	—	51.75	256.55	207.25	63.15	—	28.95	96.—	—	—	105.50	176.80	44.10	192.05	134.65	112.70	199.55
TG	39.60	19.40	45.20	—	—	—	—	—	—	—	46.—	40.60	82.90	71.85	54.90	106.90	50.35
TI	42.30	43.20	70.40	—	78.85	63.15	153.50	74.95	77.15	86.50	57.60	71.20	134.75	112.80	137.15	95.70	113.35
VD	44.65	30.75	42.90	16.30	17.05	49.95	55.10	19.50	59.10	79.30	44.25	103.75	96.20	189.15	159.—	123.20	114.30
VS	36.55	37.95	35.10	142.20	50.95	60.10	52.—	54.35	55.90	72.45	68.75	70.25	47.10	65.75	66.25	152.30	59.95
NE	20.15	30.95	10.25	5.30	26.55	—	—	—	64.10	50.75	31.75	16.25	38.—	30.40	11.30	15.—	174.85
GE	50.15	290.15	94.60	3.30	135.—	113.—	108.30	599.65	277.65	138.05	81.95	121.45	639.30	164.35	90.—	120.—	133.50
JU										—	23.90	48.—	—	15.05	9.90	13.—	37.10
CH	46.55	50.55	62.45	94.20	65.95	309.75	72.80	58.50	71.90	78.45	92.—	98.20	156.50	115.—	110.—	136.80	136.80

Quellen: – Volkswirtschaft 1971–1985 (gemäss Statistik der Bewilligungsentscheide)
– Bundesamt für Justiz (Tabellen für die Jahre 1985 und 1986, Bewilligungen nach Kantonen)

Der gesamtschweizerische Durchschnittspreis weist eine plausible Entwicklung auf; doch zeigen beispielsweise die Zahlen für 1973, dass besonders geartete Einzelfälle einen wesentlichen Einfluss ausüben können. So differiert der gewogene Durchschnittspreis um mehr als 100 %, je nachdem ob die damaligen aussergewöhnlich hohen Walliser Zahlen ausgeklammert werden oder nicht.

E. Grundstückgewinnsteuern in den Kantonen Zürich und Luzern

Grundstückgewinnsteuern in 1000 Franken

Jahr	Stadt Zürich	Stadt Winterthur	Übrige Gemeinden	Kanton Zürich	Kanton Luzern
1960	32 233	2 762	49 409	84 404	3 652
1961	36 530	3 936	77 554	118 020	·
1962	35 257	5 402	95 022	135 681	7 282
1963	39 828	5 440	86 290	131 558	·
1964	43 110	6 029	78 581	127 720	11 902
1965	32 525	2 922	66 172	101 619	·
1966	25 604	5 048	51 199	81 851	9 907
1967	44 238	6 414	54 035	104 687	·
1968	43 223	4 725	61 234	109 182	8 715
1969	36 493	4 813	79 105	120 411	·
1970	57 405	5 690	92 430	155 525	13 716
1971	84 334	10 788	111 281	206 403	·
1972	78 619	10 079	138 644	227 342	18 223
1973	68 543	11 769	134 774	215 086	·
1974	62 154	11 216	115 113	188 483	18 694
1975	54 734	9 214	86 575	150 523	·
1976	58 876	6 796	66 453	132 125	15 098
1977	40 972	6 534	73 242	120 748	·
1978	40 715	5 004	81 912	127 631	18 326
1979	45 229	6 329	83 070	134 628	16 964
1980	53 363	7 506	103 048	163 917	22 807
1981	51 209	7 432	106 267	164 908	23 013
1982	51 179	9 326	104 775	165 280	25 355
1983	57 169	9 690	109 918	176 777	28 218
1984	70 752	9 506	117 770	198 028	32 391
1985	74 966	12 129	125 272	212 367	33 372
1986	95 700	12 574	150 641	258 915	49 956

Quellen: – Zürcher Gemeindesteuerverhältnisse, Ausgabe 1987, Statistische Mitteilungen des Kantons Zürich, Heft 120
– Statistisches Amt des Kantons Zürich
– Staatsbuchhaltung des Kantons Luzern

Die verfügbaren Statistiken zeigen trotz ihrer begrenzten Aussagekraft, dass Bodenpreise und Grundstückgewinne erheblichen Schwankungen ausgesetzt sind; auffallend ist die deutliche Stabilisierung zwischen 1962 und 1968. Unverkennbar ist insbesondere die Parallele zwischen den Erträgen der kantonalzürcherischen Grundstückgewinnsteuer und dem Verlauf des Aktienindexes; das Rekordergebnis des Jahres 1962 ist erst 1970 wieder übertroffen worden. Und ebenso ist dieses Rekordergebnis erst im Jahre 1986 wieder erreicht worden.

Fazit: Auch der Liegenschaftenmarkt ist konjunkturellen Einflüssen ausgesetzt; wie die Entwicklung in der Rezession der 70er Jahre zeigt, beinhaltet auch er erhebliche Risiken. Es erhellt daraus, dass für das Gut Boden nicht wesentlich andere ökonomische Regeln gelten als für andere Güter.

Auch die sich für die allerjüngste Vergangenheit abzeichnende massive Bodenpreissteigerung scheint dies zu bestätigen. Sie kann jedenfalls als natürlicher Ausfluss der rigorosen planungsrechtlichen Beschränkung des Baulandangebotes gedeutet werden.

III. Bodennutzung

Über die Nutzung des schweizerischen Territoriums stehen heute gesamthaft keine aktuellen Daten zur Verfügung. Die letztverfügbare Arealstatistik der Schweiz datiert aus dem Jahre 1972.
Sie stützt sich auf Kartenblätter aus den 60er Jahren. Mangels aktueller Zahlen kursieren stark divergierende Aussagen über den Umfang des pro Jahr überbauten Kulturlandes.

A. Arealstatistik 1972

Die Arealstatistik 1972[1] basiert auf einem Hektarraster auf der Grundlage der Kartenblätter der Eidgenössischen Landestopographie (mittleres Erhebungsjahr 1965). Für 1356 Gemeinden wurden zusätzlich mit Stichtag 1. Januar 1970 die Nutzungen aufgrund der eidgenössisch anerkannten Grundbuchvermessungen angegeben.

Auf kantonaler Ebene stehen teilweise neuere Daten zur Verfügung, ebenso für einzelne Nutzungsarten wie für die Waldfläche und die landwirtschaftliche Nutzfläche. Im Gegensatz zu diesen jährlich nachgeführten forst- und agrarwirtschaftlichen Statistiken fehlt eine schweizerische Statistik über die effektiv überbaute Fläche. Es ist wichtig zu wissen, dass diese bodenpolitisch bedeutsame Nutzungskategorie nicht identisch ist mit der «Siedlungsfläche», wie sie aufgrund des Hektarrasters der landesplanerischen Datenbank ausgewiesen wird.

Aufgrund des Hektarrasters der landesplanerischen Datenbank ergibt sich folgende Aufteilung des schweizerischen Territoriums:

	in km²	in %
Überbautes Gebiet		
– hoher Dichte	7	0,02
– mittlerer Dichte	35	0,09
– niedriger Dichte	1 645	4,00
Industrieanlagen	57	0,14
Verkehrsanlagen	34	0,08
Siedlungsfläche insgesamt	**1 778**	**4,3**
Wies- und Ackerland, Obst- und Rebbau	11 685	28,3
Weiden	8 510	20,6
Wald	10 520	25,5
Öd- und Unland, Seen, Flüsse	8 800	21,3
– Öd- und Unland	7 273	17,6
– Seen	1 416	3,4
– Flüsse	111	0,3
Total	**41 293**	**100,0**

Quelle: Statistische Quellenwerke der Schweiz, Heft 488

[1] Statistische Quellenwerke der Schweiz, Heft 488

Hinsichtlich der Verteilung nach Kantonen ergibt sich folgendes Bild:

Nutzung des Schweizerbodens gemäss landesplanerischer Datenbank (in Hektaren)

Kanton	Gesamtfläche	Wies- und Ackerland Obst- und Rebbau	Weiden	Wald	Öd- und Unland	Seen	Flüsse	Überbautes Gebiet hohe Dichte	mittl. Dichte	niedere Dichte	Industrieanlagen	Verkehrsanlagen
Schweiz	4 129 315	1 168 511	851 019	1 051 991	727 313	141 558	11 128	652	3 536	164 477	5 731	3 399
ZH	172 863	86 924	412	50 443	2 603	7 381	844	127	814	21 791	737	787
BE	688 687	222 005	143 844	194 267	83 039	13 537	1 843	86	384	28 554	769	359
LU	149 215	79 281	11 732	39 207	3 577	5 543	222	18	87	8 320	171	57
UR	107 645	8 249	29 112	13 137	53 414	2 173	78	0	0	1 482	0	0
SZ	90 815	23 229	25 231	23 899	9 375	6 442	92	0	0	2 457	36	54
OW	49 069	7 907	16 956	15 936	5 610	1 291	3	0	0	1 357	0	9
NW	27 577	5 656	7 564	7 671	2 314	3 518	0	0	0	840	11	3
GL	68 463	7 731	26 900	14 433	16 864	961	90	0	0	1 433	41	10
ZG	23 855	11 406	223	5 983	978	3 136	89	0	18	1 899	107	16
FR	166 998	81 748	25 894	39 333	5 201	7 823	372	0	84	6 340	178	25
SO	79 061	34 672	4 787	31 405	325	27	559	0	58	6 848	250	130
BS	3 718	481	0	389	7	0	127	81	759	1 376	284	214
BL	42 813	20 952	1 354	15 563	79	2	84	0	88	4 316	272	103
SH	29 833	14 990	6	12 463	64	41	230	0	47	1 930	52	10
AR	24 913	13 034	1 969	7 480	248	1	0	0	8	1 571	8	0
AI	17 207	6 995	4 312	4 345	1 183	61	0	0	0	311	0	0
SG	201 426	80 517	38 320	51 557	13 136	6 469	886	24	96	9 855	352	214
GR	710 589	71 819	250 483	152 521	225 030	2 836	935	0	35	6 675	163	110
AG	140 456	72 299	0	48 586	810	1 133	1 863	0	48	15 056	516	145
TG	101 273	75 152	20	20 634	540	15 227	437	0	45	6 969	173	76
TI	281 077	36 070	70 939	92 293	64 395	8 176	489	0	96	8 157	248	214
VD	321 900	126 502	41 630	91 443	8 432	39 926	312	94	394	12 297	519	351
VS	522 576	55 681	136 469	89 888	288 933	3 017	951	0	37	7 169	368	63
NE	79 663	27 590	12 778	26 045	1 007	8 218	258	0	72	3 375	149	171
GE	28 217	15 621	84	3 070	149	3 619	364	222	365	4 117	327	278

Quelle: Arealstatistik 1972, Statistische Quellenwerke der Schweiz, Heft 488

B. Siedlungsfläche und effektiv überbaute Fläche

Die Siedlungsfläche gemäss Hektarraster der landesplanerischen Datenbank ist nicht identisch mit der effektiv überbauten Fläche. Einerseits enthält sie auch die landwirtschaftlich genutzten Flächen inmitten des Siedlungsgebietes; anderseits werden einzelne Häuser sowie Strassen und Wege ausserhalb des Siedlungsgebietes dem Landwirtschaftsgebiet zugerechnet.

In einer aufschlussreichen Studie der 70er Jahre[1] hat Beat Bürcher mit Hilfe einer Extrapolation der Grundbuchvermessungsdaten die effektiv überbaute Fläche errechnet. Er gelangte dabei auf 1560 Quadratkilometer (statt 1778 Quadratkilometer gemäss Hektarraster); davon entfällt übrigens mehr als ein Drittel auf Bahnen, Strassen und Wege; nur gut 60 Prozent davon werden durch Gebäude, Hofraum, Gärten und Anlagen beansprucht.

Die Siedlungsfläche pro Einwohner ist erwartungsgemäss in ländlichen Kantonen deutlich grösser als in Stadtkantonen. Nachstehende Tabelle zeigt, dass die Siedlungsfläche gemäss Hektarraster zwischen 116 Quadratmeter im Kanton Basel-Stadt und 557 Quadratmeter im Kanton Obwalden schwankte. Stellt man auf die Grundbuchvermessung ab, so ergeben sich wesentlich tiefere Zahlen. Die Abweichungen sind jedoch von Kanton zu Kanton sehr verschieden. Während für Genf und Thurgau nach der Grundbuchvermessung sogar höhere Siedlungsflächen ausgewiesen wurden, liegen in den Alpenkantonen Uri, Graubünden, Tessin und Wallis ebenso wie in den Mittellandkantonen Zürich, Bern und Zug die aus der Grundbuchvermessung abgeleiteten Daten deutlich tiefer:

[1] Beat Bürcher, Die Entwicklung des Siedlungsflächenbedarfs in der Schweiz, DISP Nr. 35, 1974

Siedlungsflächen nach Kantonen

Kanton	Siedlungsfläche gemäss Grundbuchvermessung (extrapoliert)		Siedlungsfläche gemäss Datenbank ORL (Überbautes Gebiet, Industrieanlagen, Verkehrsanlagen)	
	in ha	in m²/E	in ha	in m²/E
ZH	19 739	178	24 256	219
BE	25 180	256	30 152	307
LU	8 014	277	8 653	299
UR	758	222	1 482	435
SZ	2 454	267	2 547	277
OW	.	.	1 366	557
NW	.	.	854	333
(OW und NW)	(1 862)	(371)	(2 220)	(443)
GL	1 084	284	1 484	389
ZG	1 415	208	2 040	300
FR	.	.	6 627	368
SO	.	.	7 286	325
BS	.	.	2 714	116
BL	.	.	4 779	233
(BS und BL)	(7 282)	(166)	(7 493)	(170)
SH	.	.	2 039	280
AR	.	.	1 587	324
AI	.	.	311	237
(AR und AI)	(1 806)	(291)	(1 898)	(305)
SG	10 010	260	10 541	274
GR	5 428	335	6 965	430
AG	14 838	343	15 765	364
TG	7 924	433	7 263	397
TI	5 008	204	8 715	355
VD	.	.	13 655	267
VS	4 976	241	7 637	370
NE	.	.	3 767	223
GE	7 037	212	5 310	170
Schweiz	153 481	245	177 795	284

Quelle: Disp Nr. 35, herausgegeben vom ORL, 1974

Der Siedlungsflächenbedarf pro Einwohner liegt nach beiden Ermittlungs-
methoden merklich höher, als früher angenommen worden ist. Noch im Raum-
planungs-Vademecum 1973/74 schätzte das Institut für Orts-, Regional- und
Landesplanung der ETH die Nettosiedlungsfläche (Wohnen, Arbeiten, Verkehr,
öffentliche Bauten und Anlagen) auf 1052 Quadratkilometer insgesamt und 168
Quadratmeter pro Einwohner. Nach dem Hektarraster ergibt sich nunmehr eine
Siedlungsfläche von 284 Quadratmetern, nach der Extrapolation der Grundbuchvermessung eine solche von 245 Quadratmeter pro Einwohner. Bei beiden
Methoden sind nunmehr die Gartenflächen einbezogen, was bei der früheren
Schätzung offenbar nicht der Fall war. In einer vom Institut für Orts-, Regional-
und Landesplanung der ETH 1984 herausgegebenen Dissertation von Pierre-
Alain Rumley[2] sind folgende Zahlen für die Nettosiedlungsfläche angegeben:
282 Quadratmeter pro Einwohner im Jahr 1950, 271,5 Quadratmeter 1960,
270,3 Quadratmeter 1970 und 298,5 Quadratmeter 1980[3].

[2] Pierre-Alain Rumley, Aménagement du territoire et utilisation du sol; Berichte zur Orts-, Regional- und Landesplanung Nr. 50, Zürich 1984
[3] Rumley, S. 101, Tabelle 13

C. Die Entwicklung des Siedlungsflächenbedarfs

Die Siedlungsfläche hat in den vergangenen Jahrzehnten stark zugenommen, und zwar aus verschiedenen Gründen. Zwischen 1950 und 1970 hat sich die Bevölkerung unseres Landes von 4 714 992 um einen Drittel auf 6 269 783, bis 1980 weiter auf 6 365 960 erhöht. Vorab infolge des steigenden Wohlstandes hat sich aber auch die Siedlungsfläche pro Einwohner erhöht. Bürcher beziffert diesen Zuwachs von 1950 bis 1970 auf 9 bis 14 Prozent; nach seinen Berechnungen hat sich die Siedlungsfläche pro Einwohner von 1950 bis 1970 von 223 bis 225 Quadratmeter auf 245 bis 253 Quadratmeter gesteigert. So gelangt Bürcher zu einer Gesamtzunahme von 105 000 bis 106 000 Hektaren auf 153 000 bis 159 000 Hektaren. Im Jahresdurchschnitt hätte danach der Siedlungsflächenzuwachs in diesen 20 Jahren 2550 Hektaren betragen.

Im Publikationsorgan des Delegierten für Raumplanung[1] wurden demgegenüber wesentlich höhere Zahlen für den Verlust an landwirtschaftlicher Kulturfläche genannt. Rolf Häberli beziffert den «Kulturlandverschleiss» auf mehr als 3500 Hektaren pro Jahr. Zu dieser Zahl gelangt er aufgrund eines für das Jahr 1942 aufgestellten Hektarrasters; danach habe zwischen 1942 und 1967 die Siedlungsfläche um rund 100 000 Hektaren zugenommen. Mit dieser Methode lässt sich indessen kein zuverlässiger Massstab für den Kulturlandverlust gewinnen. Wie bereits dargelegt worden ist, umfasst der Hektarraster auch die nach wie vor landwirtschaftlich genutzten Parzellen innerhalb des Siedlungsgebietes. Eine anhand des Hektarrasters festgestellte Vergrösserung der Siedlungsfläche zeigt daher nicht das Ausmass des Kulturlandverlustes oder — wie zuweilen polemisch formuliert wird — der Verbetonierung an, sondern höchstens das Ausmass der sogenannten «Zersiedelung».

Detaillierte Untersuchungen über die Entwicklung der Siedlungsfläche legt Pierre-Alain Rumley vor. Für deren Ermittlung zieht Rumley von der Gesamtfläche die landwirtschaftliche Nutzfläche sowie sogenannte Restflächen ab. Mit dieser Methode gelangt er zu folgender Darstellung der Flächennutzungsentwicklung:

Gesamtentwicklung der Flächennutzung 1950–1980 (in ha)

Jahr	Landwirtschaftliche Nutzfläche	Restfläche	Siedlungsfläche	Zusätzlicher Siedlungsflächenbedarf pro Jahr
1950	1 102 441	2 894 140	132 800	
1960	1 087 553	2 894 336	147 400	> 1 460
1970	1 064 525	2 895 308	169 500	> 2 210
1980	1 096 939	2 842 382	190 000	> 2 050

Quelle: Rumley, S. 25, S. 109 und 110, Tabellen 21 und 22

[1] Raumplanung Schweiz, August 1975

Entwicklung der Flächennutzung 1950–1980 nach Regionen

Regionen	Siedlungsfläche in %				Landwirtschaftl. Nutzfläche in %				Restfläche in %			
	1950	1960	1970	1980	1950	1960	1970	1980	1950	1960	1970	1980
Region 1: Grosse Städte 0,6 % der Gesamtfläche	37,2	44,0	48,4	50,9	25,0	18,2	13,9	11,3	37,8	37,8	37,8	37,8
Region 2: Agglomerationen der grossen Städte, in ebenem Gebiet, 4,1 % der Gesamtfläche	8,5	10,1	13,3	15,4	51,3	49,8	46,7	44,5	40,2	40,1	40,0	40,1
Region 3: Agglomerationen der grossen Städte, in hügeligem Gebiet, 2,0 % der Gesamtfläche	7,3	8,5	10,5	11,8	51,1	49,9	48,0	46,6	41,6	41,5	41,5	41,5
Region 4: Regionalzentren, in ebenem Gebiet, 1,4 % der Gesamtfläche	17,4	19,7	22,1	23,1	32,4	30,1	27,6	28,6	50,2	50,2	50,3	48,3
Region 5: Regionalzentren, in hügeligem Gebiet, 1,6 % der Gesamtfläche	10,8	12,4	14,1	14,6	28,0	26,4	24,6	25,5	61,2	61,2	61,2	59,9
Region 6: Übergangszone, in ebenem Gebiet, 12,7 % der Gesamtfläche	5,4	5,9	6,8	7,6	50,6	50,1	49,2	48,4	44,0	44,0	44,0	44,0
Region 7: Übergangszone, in hügeligem Gebiet, 11 % der Gesamtfläche	5,0	5,4	6,2	7,0	56,9	56,5	55,6	54,8	38,1	38,1	38,1	38,1
Region 8: Berggebiet, 66,5 % der Gesamtfläche	1,3	1,4	1,5	1,7	14,7	14,6	14,5	16,1	84,0	84,0	84,1	82,2
Schweiz 100 % der Gesamtfläche	3,2	3,6	4,1	4,6	26,7	26,3	25,8	26,6	70,1	70,1	70,1	68,8

Quelle: Rumley, S. 112, Tabelle 24

Der Steigerung der landwirtschaftlichen Nutzfläche von 1970 auf 1980 von 25,8 auf 26,6 Prozent der schweizerischen Gesamtfläche steht eine vergleichsweise etwas stärkere Zunahme der Siedlungsfläche von 4,1 auf 4,6 Prozent gegenüber. Entsprechend abgenommen von 70,1 auf 68,8 Prozent haben nach Rumley in diesem Zeitraum die sogenannten Restflächen, also der weder landwirtschaftlich noch für Siedlungszwecke genutzte Boden.

Aufschlussreiche Daten über den Überbauungsstand liefert der Kanton Zürich, wie aus der nachfolgenden Zusammenstellung hervorgeht:

Überbauungsstand[1] der Bauzonen im Kanton Zürich (ohne Stadt Zürich)

Fläche in ha (überbaute Fläche in Klammer)

Jahr	Wohnzonenfläche[2]	Industriezonenfläche	Bauzonenfläche Total
1976 Juli	21 040,6 (11 517,2 = 54,7 %)	3 534,5 (1 560,3 = 44,4 %)	24 575,1 (13 077,5 = 53,2 %)
1977	21 111,5 (11 907,3 = 56,4 %)	3 555,9 (1 600,0 = 47,8 %)	24 667,4 (13 507,3 = 54,5 %)
1978	21 153,3 (12 195,4 = 57,7 %)	3 569,0 (1 625,7 = 48,2 %)	24 722,3 (13 821,1 = 55,9 %)
1979	21 161,5 (12 463,1 = 58,9 %)	3 566,4 (1 672,3 = 49,5 %)	24 727,9 (14 135,4 = 57,1 %)
1980	21 163,6 (12 723,8 = 60,1 %)	3 570,3 (1 720,0 = 48,2 %)	24 733,9 (14 443,8 = 58,4 %)
1981	21 159,7 (12 965,5 = 61,3 %)	3 571,9 (1 767,0 = 49,8 %)	24 731,6 (14 732,5 = 59,6 %)
1982	21 179,4 (13 163,5 = 62,2 %)	3 578,4 (1 800,4 = 50,3 %)	24 757,8 (14 963,9 = 60,5 %)
1983	21 184,4 (13 367,2 = 63,2 %)	3 578,4 (1 847,4 = 51,6 %)	24 762,8 (15 214,6 = 61,4 %)

[1] am Jahresende
[2] inkl. Kern- und Zentrumszonen sowie Zonen für öffentliche Bauten und Anlagen
Quelle: Amt für Raumplanung des Kantons Zürich, Regionsstatistik 1976–1983

Die Überbauung innerhalb der Bauzonen hat im Kanton Zürich (ohne Stadt Zürich) zwischen 1976 und 1985 von 13 200 Hektaren auf 15 700 Hektaren zugenommen[2]. Dies entspricht einem Zuwachs von 19 Prozent, während der Einwohnerzuwachs in dieser Zeit weniger als 7 Prozent betrug. Nicht einbezogen in diesen Zahlen des Landverbrauchs sind Verkehrsflächen und die übrigen über-

[2] Raumplanung im Kanton Zürich, hrsg. vom Amt für Raumplanung des Kantons Zürich, Heft 17, April 1988, S. 3

bauten Flächen ausserhalb der Bauzonen, die flächenmässig schätzungsweise einem Drittel der überbauten Bauzonen entsprechen. Danach ergäbe sich mithin für 1985 eine Gesamtsiedlungsfläche pro Einwohner im Kanton Zürich (ohne Stadt Zürich) von rund 270 Quadratmetern. Relativiert wird das Bild bei einer näheren Betrachtung der neuüberbauten Bauparzellen: Durchschnittlich werden von Gebäudegrundflächen der Bauten und dazugehörigen Verkehrsflächen lediglich ein Drittel der Parzellen beansprucht, die anderen zwei Drittel entfallen auf Grünflächen, Gartenanlagen und andere unversiegelte (also «nichtverbetonierte») Parzellenteile.

Im September 1988 veröffentlichte der Kanton Zürich neue Zahlen. Danach sind die Bauzonen im Kanton Zürich (ohne Einbezug der Stadt Zürich sowie der Gemeinde Sternenberg) bis Ende 1986 auf 23 050 Hektaren reduziert worden, im Vergleich zu 24 763 Hektaren im Jahr 1983 (einschliesslich Sternenberg). Statt rund 9500 Hektaren machten die unüberbauten Teile noch 6000 Hektaren aus. Die Reserven betrugen Ende 1986 mithin nur noch 26 Prozent der Bauzonen, während sie drei Jahre zuvor noch 39 Prozent ausgemacht hatten.

Über den derzeitigen gesamtschweizerischen Siedlungsflächenbedarf kursieren unterschiedliche Auffassungen. Entgegen den Berechnungen von Rumley ist landläufig nach wie vor von einem kontinuierlichen Kulturlandverlust von jährlich rund 3000 Hektaren die Rede, beispielsweise in der 1987 vom Institut für Sozialethik und der Schweizerischen Nationalkommission Justitia et Pax herausgegebenen Publikation «Welches Bodenrecht ist für Mensch und Boden recht?».[3] Die vorhandene Unsicherheit resultiert aus den statistischen Unebenheiten der Ermittlung der landwirtschaftlichen Nutzfläche, wie sie anschliessend noch näher dargestellt werden (vgl. Kapitel III. D.).

Liegen zurzeit keine exakten Daten über den aktuellen zusätzlichen Siedlungsflächenbedarf pro Jahr vor, so erscheinen Prognosen für die künftige Entwicklung um so schwieriger.

Der Bedarf an zusätzlicher Siedlungsfläche ist abhängig von der Bevölkerungsentwicklung, von gesellschaftlichen, technischen und wirtschaftlichen Faktoren und nicht zuletzt von raumplanerischen Festlegungen.

Von der Bevölkerungsentwicklung her ist mit einer Abflachung des Bedarfs zu rechnen. Während von 1950 bis 1970 eine durchschnittliche jährliche Bevölkerungszunahme von 77 740 Personen zu registrieren war, lag die durchschnittliche Zunahme zwischen 1970 und 1987 nur noch bei 17 477 Personen.

Von eher noch grösserer Bedeutung ist die gesellschaftliche und wirtschaftliche Entwicklung, wie die Auswirkungen konjunktureller Schwankungen gezeigt haben. Je nach Wohlstand und Arbeitsmarktlage dürfte der Trend zu grösseren Wohnungen, zu selbständigen Haushaltungen Jugendlicher und zu Zweitwohnungen anhalten. Eher längerfristig und marginal wirken sich technische und

[3] S. 13

volkswirtschaftliche Veränderungen auf die erforderliche Fläche pro Arbeitsplatz aus. Mit dem Vordringen des tertiären zulasten des sekundären Sektors nimmt der Siedlungsflächenbedarf tendenziell ab. Reziprok zum Faktor Wohlstand wirkt sich die Steigerung der Bodenpreise auf die Nachfrage nach Siedlungsfläche aus.

Während die bisher genannten Faktoren vom Staat nur wenig beeinflusst werden können, kann das Gemeinwesen mit seinen raumplanerischen Festlegungen den Siedlungsflächenbedarf massgeblich steuern. Dies gilt sowohl in bezug auf die bauliche Ausnützung innerhalb der Bauzonen als auch auf die Ausnützung der vorhandenen Bausubstanz ausserhalb der Bauzonen. Dabei stellt sich die Frage, wie weit Druck darauf ausgeübt werden soll, dass eine erlaubte Nutzung auch tatsächlich realisiert wird. Hier stösst indessen ein freiheitliches Gemeinwesen an Grenzen, die nicht leichthin überschritten werden sollten.

D. Entwicklung der Kulturlandfläche und des Waldareals

Die Arealstatistik zeigt, dass als Siedlungsfläche nur ein kleiner Bruchteil des schweizerischen Territoriums beansprucht wird. Eine Antwort auf die Frage, ob dies auch für das dichter besiedelte Mittelland zutrifft, ergibt sich aus der Statistik der **landwirtschaftlichen Nutzfläche**, die gemäss dem eidgenössischen landwirtschaftlichen Produktionsraster zwischen Berggebiet und Nichtberggebiet unterscheidet. Sie zeigt, dass die landwirtschaftliche Nutzfläche auch ausserhalb des Berggebietes immer noch ein Vielfaches der Siedlungsfläche ausmacht.

Die landwirtschaftliche Nutzfläche betrug 1985 10 763 Quadratkilometer. Davon entfielen 4053 Quadratkilometer oder knapp 38 Prozent auf das Berggebiet. Auf die übrigen Landesteile entfielen mithin 6710 Quadratkilometer landwirtschaftliche Nutzfläche (die wesentlich geringer ist als die landwirtschaftliche Betriebsfläche, weil insbesondere zu einem Landwirtschaftsbetrieb gehörende Waldparzellen und Gebäudegrundflächen ausgeklammert sind). Welche Siedlungsfläche steht dieser landwirtschaftlichen Nutzfläche gegenüber? Die Arealstatistik 1972 weist für die ganze Schweiz eine Siedlungsfläche von 1778 Quadratkilometern aus. Davon dürften etwa 300 bis 340 Quadratkilometer auf das Berggebiet entfallen. Das ist im Vergleich zur Bevölkerung (11,8 Prozent im Jahre 1970, 11,0 Prozent im Jahre 1980) ein überproportionaler Anteil; im Berggebiet wird wegen der niedrigen Dichte pro Einwohner mehr Siedlungsfläche beansprucht. Die auf das Nichtberggebiet entfallenden rund 1450 Quadratkilometer Siedlungsfläche dürften allerdings in der Zwischenzeit auf 1700 bis 1900 Quadratkilometer angewachsen sein; aber auch so dominiert die landwirtschaftliche Nutzfläche gegenüber der Siedlungsfläche im Verhältnis von fast 4:1.

Nach Kantonen ergibt sich für 1985 folgende Aufgliederung der landwirtschaftlichen Nutzfläche:

Landwirtschaftliche Nutzfläche[1] nach Kantonen 1985

Flächen in ha

Flächen in ha

Kantone Berggebiet[2]	Landwirtschaftl. Nutzfläche[2]	Kantone Berggebiet[2]	Landwirtschaftl. Nutzfläche[2]
Zürich	76 866	Appenzell A.Rh.	12 687
davon Berggebiet	5 246	davon Berggebiet	12 428
Bern	196 723	Appenzell I.Rh.	7 725
davon Berggebiet	93 363	davon Berggebiet	7 725
Luzern	80 577	St.Gallen	76 377
davon Berggebiet	24 332	davon Berggebiet	32 062
Uri	7 128	Graubünden	58 442
davon Berggebiet	6 293	davon Berggebiet	53 705
Schwyz	25 865	Aargau	64 221
davon Berggebiet	18 277	davon Berggebiet	1 054
Obwalden	8 710	Thurgau	53 519
davon Berggebiet	6 677	davon Berggebiet	1 147
Nidwalden	6 568	Ticino	13 986
davon Berggebiet	5 204	davon Berggebiet	9 192
Glarus	7 597	Vaud	108 555
davon Berggebiet	6 151	davon Berggebiet	17 142
Zug	11 632	Valais	34 385
davon Berggebiet	5 764	davon Berggebiet	24 710
Fribourg	77 315	Neuchâtel	32 525
davon Berggebiet	20 404	davon Berggebiet	24 838
Solothurn	33 181	Genève	11 903
davon Berggebiet	8 412	Jura	35 623
Basel-Stadt	514	davon Berggebiet	17 917
Basel-Landschaft	19 488		
davon Berggebiet	3 240		
Schaffhausen	14 227	Schweiz	1 076 339
davon Berggebiet	20	davon Berggebiet	405 302

[1] Ohne Sömmerungsweiden, inbegriffen Gartenbau
[2] Berggebiet nach Viehwirtschaftskataster
Quelle: Statistisches Jahrbuch der Schweiz 1987/88

Zehn Jahre früher, 1975, hatte die landwirtschaftliche Nutzfläche etwas weniger, 1 055 627 Hektaren gesamtschweizerisch und davon 358 739 Hektaren im Berggebiet, ausgemacht.[1]

[1] vgl. Statistisches Jahrbuch der Schweiz 1976

Die Entwicklung der landwirtschaftlichen Nutzfläche von 1950 bis 1980 zeigt folgende Übersicht:

Landwirtschaftliche Nutzfläche 1950–1980 (Boden für Acker-, Futter- und Gartenbau, ohne Wälder und Weiden):

Regionen	1950 abs. ha	1960 abs. ha	1970 abs. ha	1980 abs. ha	1980 m^2)/ Einw.
Region 1: Grosse Städte 0,6 % der Gesamtfläche	6 009	4 369	3 332	2 717	27,7
Region 2: Agglomerationen der grossen Städte, in ebenem Gebiet, 4,1 % der Gesamtfläche	87 293	84 659	79 373	75 634	771,4
Region 3: Agglomerationen der grossen Städte, in hügeligem Gebiet, 2,0 % der Gesamtfläche	42 710	41 700	40 101	38 954	1 156,0
Region 4: Regionalzentren, in ebenem Gebiet, 1,4 % der Gesamtfläche	18 417	17 112	15 677	16 245	266,8
Region 5: Regionalzentren, in hügeligem Gebiet, 1,6 % der Gesamtfläche	18 912	17 853	16 652	17 239	332,0
Region 6: Übergangszone, in ebenem Gebiet, 12,7 % der Gesamtfläche	266 000	263 390	258 730	254 590	2 486,0
Region 7: Übergangszone, in hügeligem Gebiet, 11 % der Gesamtfläche	259 200	257 210	253 460	249 790	2 829,5
Region 8: Berggebiet 66,5 % der Gesamtfläche	403 900	401 260	397 200	441 770	4 277,0
Schweiz 100 % der Gesamtfläche	1 102 441	1 087 553	1 064 525	1 096 939	1 723,0

Quelle: Rumley, S. 109, Tabelle 21

Zwischen 1950 und 1970 ist also eine Abnahme der landwirtschaftlichen Nutzfläche, zwischen 1970 und 1980 wieder eine Zunahme festzustellen. Die Zunahme der landwirtschaftlichen Nutzfläche wird mit statistischen Besonderheiten begründet; so soll insbesondere die Milchkontingentsregelung zu höheren Flächenangaben animieren.

Im einzelnen fasst der Landwirtschaftliche Informationsdienst[2] die vom Bundesamt für Statistik eruierten Gründe[3] wie folgt zusammen:

[2] vgl. Informationen der Land- und Milchwirtschaft, hrsg. vom Landwirtschaftlichen Informationsdienst, Nr. 245 vom 16. Juli 1985, 16. Jahrgang
[3] vgl. Zum Problem des statistischen Nachweises über Kulturlandverluste, hrsg. vom Bundesamt für Statistik, 30. November 1984

— Im Hinblick auf die Ausrichtung von Bewirtschaftungs- (Flächen-)beiträgen und Kostenbeiträgen an Viehhalter, welche in diesem Zeitraum neu eingeführt oder neu angesetzt wurden, sind zahlreiche Grundstücke, deren Fläche früher nur geschätzt worden ist, neu vermessen worden.

— Aus den gleichen Gründen sowie im Bestreben, vorhandene Betriebsmittel besser auszulasten und die Existenzgrundlage zu verbessern, wurden Grundstücke, die eine Zeitlang nicht mehr regelmässig genutzt worden sind (zum Beispiel Bauland, Baumgärten von Nichtlandwirten, Steilhänge, Maiensässe), wieder bewirtschaftet.

— Weil sie durch neu erstellte Güterstrassen besser erschlossen sind und nun vom Ganzjahresbetrieb aus bewirtschaftet werden, erscheinen sogenannte «Heualpen» neuerdings als «Mager- oder Fettwiesen» und frühere «Sömmerungsweiden» als «Heimweiden». Sie werden somit neu in der «landwirtschaftlichen Nutzfläche» erfasst.

— Agrarpolitische Massnahmen wie die Milchkontingentierung und die Zuteilung von Anbaukontingenten veranlassten die Landwirte zu vollständigeren Angaben über die Nutzflächen.

Zurzeit werden gesamtschweizerisch, aber auch für einzelne Kantone wie Tessin und Wallis, massive Kulturlandverluste gemeldet. Teilweise — so nachgewiesenermassen für den Kanton Tessin — beruhen die Meldungen auf offenkundig fehlerhaften statistischen Interpretationen.

Langfristvergleiche zeigen jedenfalls, dass sich zumindest statistisch eine derart massive Verringerung der Kulturlandfläche nicht nachweisen lässt. Sowohl nach der Arealstatistik wie nach der Statistik der landwirtschaftlichen Nutzfläche ist der Umfang des landwirtschaftlichen Kulturlandes nur bescheiden geschrumpft:

Landwirtschaftliches Kulturland in der Schweiz

Nach Arealstatistik (Wies- und Ackerland, Obst- und Rebbau)	Nach Landwirtschaftsstatistik (landwirtschaftliche Nutzfläche)
1929: 11 007,0 km^2	—
1939: 11 706,6 km^2	—
—	1965: 10 804,3 km^2
—	1969: 10 796,0 km^2
1972: 11 685,1 km^2	—
—	1975: 10 556,3 km^2
—	1980: 10 860,6 km^2
—	1985: 10 763,4 km^2

Quelle: Statistisches Jahrbuch der Schweiz, diverse Jahrgänge

102

Hinsichtlich der **Waldflächenentwicklung** trifft das aktuelle Bild eines Grünflächenschwundes in der Schweiz nicht zu. Zwar hat die Waldfläche vom ausgehenden 18. Jahrhundert bis nach der Mitte des 19. Jahrhunderts stark abgenommen. Machte sie anfänglich deutlich mehr als einen Viertel des produktiven Areals (Gesamtfläche abzüglich Seen, Alpweiden und unproduktive Flächen im Gebirge) aus, so wirkten sich hernach die Rodungen — vor allem zugunsten der Landwirtschaft — aus. Mit der Verbesserung der Verkehrsbedingungen (Eisenbahn) und dem damit verbundenen verstärkten Getreideimport schrumpften in der zweiten Hälfte des 19. Jahrhunderts die Ackerflächen innerhalb weniger Jahrzehnte massiv zusammen, so dass Anfang des 20. Jahrhunderts der Wald wieder auf einen Drittel des produktiven Areals angewachsen war. Diese Tendenz hat sich — zumal unter der Herrschaft des eidgenössischen Forstgesetzes — bis heute fortgesetzt.[4]

Der Bundesrat veranschlagt die Waldvermehrung (durch Aufforstungen und natürlichen Einwuchs im landwirtschaftlich nicht mehr genutzten Kulturland) für die Zeit zwischen 1952 und 1980 auf rund 1500 Hektaren pro Jahr.[5] Nach der vom Bundesrat als Bezugsgrösse verwendeten Forststatistik, die auch unbestockte Teile und Gebüschpartien miterfasst, ist das Waldareal von 1952 bis 1980 von 10 284 Quadratkilometern auf 11 396 Quadratkilometer angewachsen. Stellt man auf die eigentlich produktive Waldfläche ab, so ergibt sich ein grösserer Zuwachs. Sowohl die Arealstatistik (1972 gegenüber 1952) als auch die sich auf die produktive Waldfläche beziehende forstwirtschaftliche Statistik (1986 gegenüber 1950) weisen jedenfalls ein noch erheblich stärkeres Wachstum aus, nämlich 3567 Hektaren (Arealstatistik) beziehungsweise 2553 Hektaren (forstwirtschaftliche Statistik), wie aus der nachfolgenden Zusammenstellung hervorgeht:

Waldfläche in der Schweiz

Arealstatistik		Forstwirtschaftliche Statistik	
Jahr	Fläche	Jahr	Fläche
1929	9 825,4 km^2	1929	–
1939	10 243,8 km^2	1939	10 137,0 km^2
1950	–	1950	9 456,6 km^2
1952	9 806,5 km^2	1952	–
1972	10 519,9 km^2	1972	9 695,0 km^2
1986	–	1986	10 375,6 km^2

Quelle: Statistisches Jahrbuch der Schweiz, diverse Jahrgänge

---

[4] vgl. dazu Werner Thut und Christian Pfister: Haushälterischer Umgang mit Boden, Erfahrungen aus der Geschichte, NFP 22, Bern 1986

[5] vgl. Antwort auf die einfache Anfrage Berger vom 1. Oktober 1985 (Landwirtschaftliche Fläche, Entwicklung) im Dezember 1985

Fazit: Gemessen an der aktuellen Bodennachfrage ist das schweizerische Territorium knapper denn je. Siedlungsfläche und Wald haben sich zulasten der landwirtschaftlich beworbenen Fläche deutlich ausgeweitet. Nachdem die drohende Zersiedelung der Landschaft durch raumplanerische Festlegungen gestoppt worden ist, dreht sich nunmehr die Hauptauseinandersetzung um die quantitative Dotierung von Bauzonen und Landwirtschaftszonen. Dabei fällt ins Gewicht, dass nur 62 Prozent des landwirtschaftlich genutzten Areals im Talgebiet liegen, während hier 89 Prozent der Bevölkerung leben. Dafür ist der Siedlungsflächenbedarf pro Einwohner im Talgebiet niedriger, so dass auch hier die Landwirtschaftsflächen ein Mehrfaches der Siedlungsflächen ausmachen.

IV. Geltendes Bodenrecht

Die traditionelle Rechtslehre kennt kein Sachgebiet «Bodenrecht», wie das etwa für die Sparten Baurecht, Versicherungsrecht oder Eisenbahnrecht der Fall ist. Es besteht auch kein einzelnes Gesetzeswerk, das die Beziehungen zum Boden rechtlich umfassend oder auch nur in seinem Kern ordnen würde. Unter «Bodenrecht» verstehen wir vielmehr die *Gesamtheit der Rechtsnormen*, welche sich auf die Verfügung über den Boden und die Nutzung des Bodens beziehen; das aber ist eine *Vielzahl von Bestimmungen*, die sich in den verschiedensten Rechtsgebieten des privaten und des öffentlichen Rechts finden.

Im folgenden sollen unter Verzicht auf eine abschliessende Darstellung vor allem die für die Bodenrechtsdiskussion entscheidenden Teile des Bodenrechts näher beleuchtet werden. Unter diesem Gesichtspunkt kann es aber nicht nur um die Vorschriften gehen, die sich auf den Boden selbst beziehen; nicht minder bedeutsam sind die Regeln, die hinsichtlich Verfügungsrecht und Nutzung für die Gebäude gelten. In mancher Beziehung lässt sich das «Bodenrecht» eben nicht isolieren, weil Boden und Bauwerk ein Ganzes bilden.

A. Die verfassungsmässige Eigentumsgarantie und die zivilrechtliche Grundordnung

Grundnorm des Bodenrechts ist die seit 1969 **in der Bundesverfassung ausdrücklich verankerte Eigentumsgarantie**, die sowohl als Instituts- wie als Vermögenswertgarantie aufzufassen ist. Die Garantie ist — wie das schon für die in der französischen Menschenrechtserklärung vom 26. April 1789 ausgesprochene Eigentumsgarantie zutraf — keineswegs eine absolute, sondern gilt nur innerhalb gewisser Schranken. Sie gilt gleicherweise für den Boden und anderweitiges Grundeigentum (Gebäude) als auch für bewegliche Sachen.

Der Verfassungsartikel 22ter lautet wie folgt:

[1] Das Eigentum ist gewährleistet.

[2] Bund und Kantone können im Rahmen ihrer verfassungsmässigen Befugnisse auf dem Wege der Gesetzgebung im öffentlichen Interesse die Enteignung und Eigentumsbeschränkungen vorsehen.

[3] Bei Enteignung und bei Eigentumsbeschränkungen, die einer Enteignung gleichkommen, ist volle Entschädigung zu leisten.

Die Eigentumsgarantie ist in unserem Lande nicht erst seit 1969 gewährleistet. Abgesehen davon, dass sie — mit Ausnahme des Kantons Tessin — in allen Kantonsverfassungen schriftlich verankert war, galt sie als ungeschriebenes, vom Bundesgericht anerkanntes Verfassungsrecht. Dieser Rechtslage entspricht auch die Zivilrechtsordnung. Art. 641 ZGB erklärt: «Wer Eigentümer einer Sache ist, kann in den Schranken der Rechtsordnung über sie nach seinem Belieben verfügen.» Zur Grundordnung gehören sodann die **Handels- und Gewerbefreiheit** (Art. 31 BV), die auch den Handel mit Grundstücken umfasst, wie das **Erbrecht** (Art. 457 ff. ZGB), das grundsätzlich die freie Übertragbarkeit von Grundstücken durch Verfügungen von Todes wegen vorsieht. Bodenpolitisch bedeutsam sind die zivilrechtlichen Bestimmungen über das **Stockwerkeigentum** (Art. 712a – 712t ZGB) und über die Errichtung von **Baurechtsdienstbarkeiten** (Art. 779 – 779/l ZGB).

Das Grundrechtsverständnis ist zurzeit einem starken Wandel unterworfen. Davon zeugten bereits der Entwurf der Expertenkommission für eine neue Bundesverfassung und eine von ihr in Auftrag gegebene Studie von Hans Christoph Binswanger (Eigentum und Eigentumspolitik, Zürich 1978) sowie ein Beitrag für den Juristentag 1981 (Georg Müller, Privateigentum heute, ZSR 1981).

Nach Schürmann (Bau- und Planungsrecht, S. 31) ist die Baufreiheit weiterhin Bestandteil der Eigentumsfreiheit. Sie ist trotz Raumplanung «die gleiche geblieben, sie hat nur an Spielraum verloren. Die Vermutung spricht aber weiterhin für die Freiheit des Eigentums; der Staat, der es einschränkt, hat das Bedürfnis und die Notwendigkeit hiefür nach den Regeln der Verfassung zu erbringen, beispielsweise die Angemessenheit der Grösse der Bauzone zu begründen».

B. Die traditionellen Schranken des Grundeigentums

Zu den traditionellen Schranken des Grundeigentums sind zunächst die bereits erwähnten Enteignungsbefugnisse des Gemeinwesens zu zählen. In ständiger Rechtsprechung verlangt das Bundesgericht als Voraussetzungen der **Enteignung** eine gesetzliche Grundlage und das Vorhandensein eines ausreichenden öffentlichen Interesses (Prinzip der Verhältnismässigkeit des Eingriffs!); ausserdem darf die Enteignung nur gegen Entschädigung erfolgen. Dies gilt auch für den Fall der sogenannten **materiellen Enteignung**, das heisst der Auferlegung von Eigentumsbeschränkungen, die einer Enteignung gleichkommen. Entschädigungspflichtig sind Eingriffe, wodurch «der bisherige oder ein voraussehbarer künftiger Gebrauch der Sache untersagt oder in einer Weise eingeschränkt wird, die besonders schwer wiegt, weil dem Eigentümer eine wesentliche, aus dem Eigentum fliessende Befugnis entzogen wird. Geht die Einschränkung weniger weit, so wird gleichwohl eine materielle Enteignung angenommen, falls ein einziger oder einzelne Grundeigentümer so betroffen werden, dass ihr Opfer gegenüber der Allgemeinheit als unzumutbar erschiene, wenn hierfür keine Entschädigung geleistet würde» (BGE 98 la, 348; ebenso 96 I 357, 97 I 634, neuerdings 109 lb 15, 112 lb 105).

Zu den traditionellen **Schranken** des Grundeigentums gehören weiter die **nachbarrechtlichen**: Der Grundeigentümer muss übermässig schädliche Einwirkungen auf Nachbargrundstücke vermeiden und den Nachbarn Notwege (Art. 694 ZGB) und Notbrunnen (Art. 710 ZGB) zugestehen. Schliesslich sind jene **althergebrachten Duldungspflichten** zugunsten der Allgemeinheit zu erwähnen, wie das Zulassen des Sammelns von wildwachsenden Pilzen und Beeren und generell des Betretens des Waldes (Art. 699 ZGB).

C. Beschränkungen des Grundeigentums durch das Planungs-, Erschliessungs- und Baurecht

Mannigfaltig sind die Beschränkungen des Grundeigentums durch herkömmliche und moderne Instrumente des Planungs-, Erschliessungs- und Baurechts. Zu den teilweise seit Jahrzehnten gehandhabten kommunalen Bau- und Zonenordnungen sind kantonale und eidgenössische Planungen, vor allem aber auch Erschliessungsregelungen getreten, welche die Möglichkeiten der Nutzung des Bodens stark beeinflussen.

Für den Bereich des Baulandes hat sodann das eidgenössische **Wohnbau- und Eigentumsförderungsgesetz** vom 4. Oktober 1974 wesentliche Neuerungen gebracht. Nicht nur muss sich der Eigentümer die zwangsweise Umlegung seiner Grundstücke gefallen lassen, sondern es kann ihm sogar eine Verpflichtung zur Überbauung seiner Parzellen auferlegt werden.

Entscheidende, wenn auch befristete Eingriffe brachte der **Bundesbeschluss über dringliche Massnahmen auf dem Gebiete der Raumplanung** vom 17. März 1972, der erstmals mit Beschluss vom 20. Juni 1975 bis Ende 1976 und sodann mit Beschluss vom 8. Oktober 1976 bis Ende 1979 verlängert wurde. Er schrieb den Kantonen die Ausscheidung provisorischer Schutzgebiete vor; da dieser Verpflichtung teilweise recht radikal nachgelebt wurde, wurden grosse Teile potentiellen Baulandes, ja selbst rechtskräftig in die Bauzone eingeteilte Grundstücke mit einem Bauverbot belegt.

Von besonderer bodenpolitischer Bedeutung wäre das **Bundesgesetz über die Raumplanung** gewesen, das am 13. Juni 1976 vom Volk verworfen worden ist. Das Gesetz berührte mit der Verpflichtung zur durchgehenden Planung, der detaillierten Zonenordnung, den verschiedenen Planungsinstrumenten, der Neuerung der Enteignungsandrohung für Bauland, den fiskalisch relevanten Bestimmungen über die Erschliessungskostenbeiträge und die Mehrwertabschöpfung sowie mit ausführlichen Bestimmungen über Enteignung und Enteignungsentschädigung wesentliche bodenpolitische Fragen.

Das seit 1. Januar 1980 in Kraft stehende **Raumplanungsgesetz** vom 22. Juni 1979 verzichtet hinsichtlich der meisten der obengenannten Instrumente auf eine bundesrechtliche Regelung. Die Verpflichtung zur durchgehenden Planung und zur Trennung von Bauland und Nichtbauland ist allerdings geblieben;

ebenso hat die Verpflichtung zum Ausgleich der planungsbedingten Vor- und Nachteile erhebliche bodenpolitische Tragweite.

In den Kantonen, deren Massnahmen folglich eine erhöhte Bedeutung erlangen, wurden in der jüngsten Zeit zahlreiche moderne **Planungs- und Baugesetze** geschaffen. Seit 1963, als AI, der kleinste der schweizerischen Kantone, sein Baugesetz modernisiert hatte, erhielten SH (1964), ZG und BL (1967), AR (1969), BE, LU, UR und SZ (1970), AG (1971), SG und OW (1972), GR und TI (1973), ZH (1975), TG (1977), SO und JU (1978) neue Rechtsgrundlagen. Diese Gesetze brachten teilweise einschneidende Neuerungen wie etwa weitgehende Bauverbote in «Landwirtschaftszonen» oder Übernahmerechte der öffentlichen Hand anstelle hoher Entschädigungen bei materiellen Enteignungen.

In den 80er Jahren — nach Inkrafttreten des eidgenössischen Raumplanungsgesetzes — kam es zu einer erneuten Revisionswelle, dabei auch zu Totalrevisionen der 70er Gesetze. Auf UR (1981), FR und SG (1983), ZH (1984), BE, beide Appenzell und VD (1985) sowie NE (1986) folgten schliesslich GL, GR, TI und VS (1987) sowie SZ, NW und ZG (1988). Besonders innovativ erwies sich erneut Appenzell Innerrhoden, das die Grundeigentümer innerhalb der Bauzone mit der Drohung auf automatische Umzonung in die Landwirtschaftszone zur fristgerechten Überbauung anhält. Am gleichen Tag (28. April 1985) beschloss auch Appenzell Ausserrhoden eine ähnliche Regelung.

D. Umweltschutzbestimmungen

Die Bestrebungen zur Erhaltung der Umwelt brachten erhebliche Eingriffe in bisherige Nutzungsmöglichkeiten und damit auch Veränderungen von grosser bodenrechtlicher Tragweite.

Zum einen zeitigte das **Gewässerschutzrecht** einschneidende Wirkungen: Im Widerspruch zu den planungs- und baugesetzlichen Vorschriften nahmen Bund und Kantone in den 60er und 70er Jahren vielfach über das Gewässerschutzrecht Einfluss auf die Bautätigkeit. So setzte ein Anschlussverbot im Kanton Zürich die baugesetzliche Regelung des «übrigen Gemeindegebietes» faktisch ausser Kraft. Dasselbe geschah in der Folge durch das Gewässerschutzgesetz des Bundes vom 8. Oktober 1971 und die noch restriktivere Gewässerschutzverordnung vom 19. Juni 1972. Damit griff ein Regime Platz, das ausserhalb der Bauzonen auch notwendige und sinnvolle Bauten untersagte — unabhängig von den effektiven Bedürfnissen des Gewässerschutzes. Die allzu rigorose Regelung musste denn auch etwas gelockert werden, doch wurde nach der Revision vom 6. November 1974 weiterhin — und zwar unter ausdrücklicher Billigung durch das Bundesgericht — Raumplanung via Gewässerschutzrecht betrieben, was doch wohl als Missbrauch des Gewässerschutzgedankens bezeichnet werden muss. So wurde ein Neu- oder Umbau auch dann verboten, wenn eine Anschlussmöglichkeit an die Kanalisation vorhanden war. Erst das Raumplanungsgesetz brachte hier mit einer Revision von Art. 19 und 20 des Gewässerschutzgesetzes die nötige Korrektur.

Mit 1 222 931 Ja gegen 96 359 Nein und mit allen Standesstimmen hat der Souverän am 6. Juni 1971 mit seltener Einmütigkeit folgendem **Verfassungsartikel** zugestimmt:

Art. 24 septies BV

[1]Der Bund erlässt Vorschriften über den Schutz des Menschen und seiner natürlichen Umwelt gegen schädliche oder lästige Einwirkungen. Er bekämpft insbesondere die Luftverunreinigung und den Lärm.

[2]Der Vollzug der Vorschriften wird, soweit das Gesetz ihn nicht dem Bunde vorbehält, den Kantonen übertragen.

Ein erster Vorentwurf für ein **Bundesgesetz über den Umweltschutz** vom 18. Dezember 1973 stiess im Vernehmlassungsverfahren auf starke Kritik. Nach einem erneuten Vernehmlassungsverfahren unterbreitete der Bundesrat mit Botschaft vom 31. Oktober 1979 einen wesentlich gemilderten Gesetzesentwurf, der am 7. Oktober 1983 von den eidgenössischen Räten verabschiedet und danach auf den 1. Januar 1985 in Kraft gesetzt wurde.

Gestützt auf das Gesetz wurden folgende Verordnungen erlassen:

— Luftreinhalte-Verordnung (16. Dezember 1985)
— Verordnung über Schadstoffe im Boden (9. Juni 1986)
— Verordnung über umweltgefährdende Stoffe (9. Juni 1986)
— Verordnung über den Verkehr mit Sonderabfällen (12. Nov. 1986)
— Lärmschutz-Verordnung (15. Dez. 1986)

Ferner liegt seit Mai 1986 der Entwurf vor für eine Verordnung über die Umweltverträglichkeitsprüfung.

Für die Überbaubarkeit von Grundstücken haben insbesondere die Lärmschutzvorschriften wesentliche neue Rahmenbedingungen gesetzt.

Beschränkungen für das Grundeigentum resultieren im weiteren aus dem **Natur- und Heimatschutz**. Der am 27. Mai 1962 angenommene Verfassungsartikel 24sexies verpflichtet den Bund, in Erfüllung seiner Aufgaben das heimatliche Landschafts- und Ortsbild, geschichtliche Stätten sowie Natur- und Kulturdenkmäler zu schonen und, wo das allgemeine Interesse überwiegt, ungeschmälert zu erhalten.

Im dritten Absatz ist ausdrücklich festgehalten: «Der Bund kann Bestrebungen des Natur- und Heimatschutzes durch Beiträge unterstützen sowie Naturreservate, geschichtliche Stätten und Kulturdenkmäler von nationaler Bedeutung vertraglich oder auf dem Wege der Enteignung erwerben oder sichern.» Der

Bund wird im vierten Absatz schliesslich ermächtigt, Bestimmungen zum Schutze der Tier- und Pflanzenwelt zu erlassen.

Mit Bundesgesetz vom 1. Juli 1966 hat der Bund dem Verfassungsauftrag nachgelebt.

Von einem eigentlichen Sonderregime ist hinsichtlich des **Waldes** zu sprechen.

Das Bundesgesetz betreffend die Eidgenössische Oberaufsicht über die Forstpolizei vom 11. Oktober 1902 brachte für einen Viertel des schweizerischen Territoriums einen bedeutsamen Eingriff: Über die Nutzung der Waldfläche gab es fortan sehr einschneidende Bestimmungen. Grundlegendes Prinzip wurde die Vorschrift, dass das Waldareal der Schweiz nicht vermindert werden dürfe. Die Auffassung, diese strikte Regelung auf die eigentlichen Bannwälder zu begrenzen, blieb in Minderheit. So gilt das grundsätzliche Rodungsverbot auch für die Wälder des Mittellandes, was sich in der Folge als willkommenes Rückgrat für die Landesplanung erweisen sollte. Im Hinblick auf die Schutzwirkungen des Waldes, namentlich auf dessen Bedeutung für die Wasserversorgung und als Erholungs- und Wandergebiet, kann der Übergang zu anderweitiger Nutzung (zum Beispiel Kiesausbeutung) unterbunden werden. Ebenso bestimmt Art. 28 der auf 15. Oktober 1965 in Kraft getretenen Vollziehungsverordnung zum erwähnten Gesetz kurz und bündig: «Bauten im Walde, die nicht forstlichen Zwecken dienen, sind grundsätzlich verboten.» Für diese Beschränkungen ist eine Entschädigungspflicht durchwegs verneint worden.

Ein neues Waldgesetz soll das Forstpolizeigesetz von 1902 ablösen. Ein Vorentwurf wurde 1986 zur Vernehmlassung unterbreitet. Er stiess überwiegend auf Zustimmung, doch ergaben sich auch kritische Einwände gegen die verstärkte Bundeskompetenz, die generelle Bewirtschaftpflicht und die fehlende Koordination mit der Raumplanung. Auf die Problematik des «dynamischen» Waldbegriffes nach Forstpolizeirecht wies eine Motion von Ständerat Guy Genoud vom 9.12.86 hin, die am 5.3.87 in Form eines Postulates überwiesen wurde. Diese Frage wird in der Vorlage des Bundesrats vom 29.6.88 für ein Bundesgesetz über Walderhaltung und Schutz vor Naturereignissen (Waldgesetz) im Sinne eines Kompromisses beantwortet. Die Kantone sollen in den Nutzungsplänen den Wald verbindlich von den Bauzonen abgrenzen können. Die Waldgrenze ist indessen von den kantonalen Forstbehörden festzulegen, und in vorgeschriebenen periodischen Überprüfungen soll den kantonalen Forstbehörden ein Vetorecht gegen die Beibehaltung eingewachsener Flächen in der Bauzone zustehen.

E. Bäuerliches Bodenrecht

Im Unterschied zum eigentlichen Bauland verfügt der Bund auf dem Sektor des bäuerlichen Bodens schon seit langem über bodenpolitische Kompetenzen: Er kann in Abweichung von der Handels- und Gewerbefreiheit Vorschriften erlassen zur Festigung des bäuerlichen Grundbesitzes (Art. 31 bis IIIb). Auf diese Norm stützt sich das **Bundesgesetz über die Erhaltung des bäuerlichen Grundbesitzes** vom 12. Juni 1951, das eine zehnjährige Sperrfrist für die Wiederveräusserung landwirtschaftlicher Grundstücke vorsieht und zudem die Kantone zur Einführung eines Einspruchsverfahrens zwecks Unterbindung von Spekulationskäufen und Güteraufkauf ermächtigt. Siebzehn Kantone, nämlich Zürich, Bern, Schwyz, Nidwalden, Glarus, Zug, Freiburg, Solothurn, Basel-Landschaft, Schaffhausen, Appenzell Innerrhoden, St.Gallen, Graubünden, Thurgau, Waadt, Neuenburg und Jura haben diese Kompetenz ausgeschöpft, das Verfahren in der Regel jedoch nur zurückhaltend gehandhabt. In neuester Zeit sind jedoch gestützt auf diese Bestimmungen insbesondere Käufe von landwirtschaftlichen Grundstücken, die als Realersatz für Kiesausbeutungsland dienen sollten, unterbunden worden. Ausser den Städtekantonen Basel-Stadt und Genf fehlen der Industriekanton Aargau, aber auch ein Teil der innerschweizerischen Stände sowie Tessin und Wallis auf dieser Liste. Neben der Landwirtschaftszone und den bereits erwähnten Bestimmungen über Sperrfrist und Spekulations- und Güteraufkäufe dient auch das sogenannte «**bäuerliche Erbrecht**» der Wahrung des bäuerlichen Grundbesitzes; danach kann ein landwirtschaftlicher Betrieb einem Erben, der sich für die Übernahme als geeignet erweist, ungeteilt und zum Ertragswert zugewiesen werden (Art. 620 ZGB). Das damit verbundene Gewinnbeteiligungsrecht der Miterben ist mit der Gesetzesnovelle vom 19. März 1965 der heutigen Situation angepasst, das heisst wesentlich ausgeweitet worden. Im gleichen Sinne wie diese erbrechtlichen Sonderbestimmungen soll das **gesetzliche Vorkaufsrecht** wirken, das den näheren Verwandten eines Landwirts zusteht. Selbstbewirtschafter können dabei das Gut zum Ertragswert an sich ziehen, die Nichtselbstbewirtschafter zu den im Vertrag festgelegten Bedingungen. Planerisch bedeutsame Wirkungen entfaltet auch das BG über die **Entschuldung landwirtschaftlicher Heimwesen** vom 12. Dezember 1940; dieses ist mit Beschluss vom 9. März 1978 teilweise revidiert worden. Mit der Festlegung einer oberen Belehnungsgrenze soll einer Überschuldung landwirtschaftlicher Heimwesen vorgebeugt werden, womit gleichzeitig auch die Aktivierung von Überbauungsaussichten gesteuert wird.

F. Mieterschutzbestimmungen

Von erheblicher Bedeutung für das Grundeigentum ist das Mietrecht. Je nach Ausgestaltung der Mietzins- und Kündigungsregelungen sind Ertrag und Verfügbarkeit des Grundeigentums mehr oder weniger beschränkt. Theoretisch — und im Ausland praktiziert — können die Rechte des Grundeigentümers über das Mietrecht vollkommen ausgehöhlt werden, dann nämlich, wenn der Eigentümer bestehende Mietverträge mit staatlich fixiertem Inhalt nicht mehr auflösen kann. Wie stark sich Mietrecht und Bodenrecht berühren, zeigt der Umstand, dass eine Bodenrechtsgruppe der Freisinnigen Partei der Schweiz zur Lösung der Bodenfrage eine Ertragsbegrenzung vorschlug, das heisst eine Massnahme, die volkswirtschaftlich einer Mietzinskontrolle gleichkommt.

Die Auseinandersetzungen um den Mieterschutz kreisten zunächst um den Abbau des kriegswirtschaftlichen Mietnotrechts, der schrittweise vollzogen wurde. So kam es in den 60er Jahren zur Ablösung der Mietzinskontrolle durch die Mietzinsüberwachung, die dann am 19. Dezember 1970 gänzlich dahinfiel. Bereits im Jahre 1972 kam es indessen zu erneuten staatlichen Eingriffen, gestützt auf einen am 5. März 1972 gutgeheissenen, auf dem Prinzip der Missbrauchsbekämpfung beruhenden Verfassungsartikel 34septies. Wie schon am 27. September 1970 die Initiative «Recht auf Wohnung» scheiterte demgegenüber das eher noch radikalere Volksbegehren «für einen wirksamen Mieterschutz» am 25. September 1977. Einer erneuten Mieterschutzinitiative — eingereicht am 27. Mai 1982 — wurde ein Gegenentwurf entgegengestellt, der nach Rückzug der Initiative am 7. Dezember 1986 angenommen wurde. Die neue Verfassungsbestimmung weitete den Anwendungsbereich der Missbrauchsgesetzgebung auf das ganze Territorium der Schweiz aus und brachte neu eine ausdrückliche Grundlage für die Bekämpfung missbräuchlicher Kündigungen. Die Ausweitung auf alle Gemeinden ist per 1. Oktober 1987 bereits in Kraft gesetzt worden. Die Revision der obligationenrechtlichen Bestimmungen über die Miete und des Missbrauchsbeschlusses bildet zurzeit Gegenstand parlamentarischer Beratungen auf der Grundlage der bundesrätlichen Vorlage vom 27. März 1985.

G. Sonderbeschränkungen zur Erhaltung des schweizerischen Grundbesitzes und zur Erhaltung von Wohnraum

Zur Verhinderung des sogenannten «Ausverkaufs» der Schweiz wurde durch den Bundesbeschluss über die Bewilligungspflicht für den Erwerb von Grundstücken durch Personen im Ausland vom 23. März 1961 (der sogenannten lex von Moos) den Behörden die Handhabe gegeben, die Anlage ausländischer Kapitalien in schweizerischem Grundbesitz weitgehend zu unterbinden. Diese Regelung wurde mehrmals verlängert und schliesslich mit Bundesbeschluss vom 21. Dezember 1973 (lex Furgler) verschärft. Die Wirksamkeit der Beschlüsse wurde für eine begrenzte Zeitspanne noch übertroffen durch die konjunkturpolitisch bedingten Vorkehren auf dem Gebiete des Kreditwesens. Auf eine dauerhafte Grundlage wurden die Massnahmen mit dem **Bundesgesetz** vom 16. Dezember 1983 **über den Erwerb von Grundstücken durch Personen im Ausland (lex Friedrich)** gestellt.

Zunächst im Rahmen konjunkturpolitischer Massnahmen zur Stabilisierung des Baumarktes, später aber immer stärker unter wohnungspolitischen Vorzeichen, wurden **Abbruchverbote** statuiert. Die Abbruchverbote wurden teilweise mit **Zweckentfremdungsverboten** ergänzt, der Grundeigentümer demnach auf die angestammte Nutzung bestehender Gebäude verwiesen. Zu erwähnen sind diesbezüglich nach einer Zusammenstellung des Institutes für Föderalismus der Universität Freiburg Erlasse aus vier deutschschweizerischen und vier westschweizerischen Kantonen, nämlich

Neuenburg:	Decret concernant la démolation et la transformation de maisons d'habitation du 18.6.1963
Zürich:	Gesetz über die Erhaltung von Wohnungen für Familien vom 30.6.1974
Luzern:	Gesetz über die Erhaltung von Wohnraum vom 2.12.1974
Bern:	Gesetz über die Erhaltung von Wohnraum vom 9.9.1975
Basel-Stadt:	Gesetz über Abbruch und Zweckentfremdung von Wohnhäusern vom 20.11.1975
Jura:	Loi sur le maintien de locaux d'habitation du 9.11.1978
Genf:	Loi sur les démolations, transformations et renovations de maisons d'habitation du 26.6.1983
Waadt:	Loi concernant la démolation, la transformation et la renovation de maisons d'habitation, ainsi que l'utilisation de logements à d'autres fins que l'habitation du 4.3.1985.

Es liegt auf der Hand, dass mit der Behinderung grosszügiger Neubebauungen sowohl siedlungspolitisch nicht unbedenkliche Entwicklungen (Erstarrung und Slumbildung) eingeleitet werden können als auch die Rechte des Grundeigentümers erheblich beschnitten werden.

Eine neuartige Sonderbeschränkung des Eigentums hat der Kanton Genf mit einem am 10. März 1985 gutgeheissenen Gesetz geschaffen, das die Umwandlung von Mietwohnungen in Eigentumswohnungen unterbinden will. Das Bundesgericht hat mit Entscheid vom 1. April 1987 wesentlichen Teilen dieses Gesetzes die Bundesverfassungsmässigkeit abgesprochen.

Fazit: Das schweizerische Bodenrecht präsentiert sich als Konglomerat einer Vielzahl von Bestimmungen aus verschiedensten Rechtsgebieten. Die grundsätzlich gewährte Verfügungs- und Nutzungsfreiheit des Eigentümers ist in mannigfacher Weise beschränkt, und zwar in einem Umfange, der nur noch wenig Spielraum für zusätzliche Beschränkungen lässt, wenn die schweizerische Bodenordnung das Prädikat «freiheitlich» bewahren will.

V. Fiskalische Behandlung des Grundeigentums

Von entscheidender Bedeutung für die Position des Grundeigentums ist dessen fiskalische Behandlung. Auf dem Wege steuerrechtlicher Vorkehren lassen sich die verschiedensten bodenpolitischen Anliegen realisieren: von der Förderung des Grundeigentums bis zur Aushöhlung der Eigentümerrechte. Während die klassische Fiskallehre die Steuern lediglich als Mittel der Einnahmenbeschaffung verstanden wissen wollte, ist das Steuerrecht in der neueren Zeit immer mehr als bodenpolitischer Hebel entdeckt worden.

A. Einkommens- und Reingewinnsteuer

Der Reinertrag aus der Nutzung von Boden und Gebäuden wird vom Bund und von sämtlichen Kantonen im Rahmen der Einkommens- (natürliche Personen) beziehungsweise Reingewinnsteuer (juristische Personen) erfasst. Er wird besteuert, gleichgültig ob der Grundbesitz durch den Eigentümer selbst oder durch Dritte genutzt wird. Zu den steuerbaren Erträgen unbeweglichen Vermögens gehören unter anderem:
— Einkünfte aus Vermietung und Verpachtung von Liegenschaften
— Einkünfte aus selbständigen und dauernden Rechten (zum Beispiel aus Einräumung von Baurechten)
— Einkünfte aus Nutzniessung und Wohnrecht
— Wert der Eigennutzung von Liegenschaften.

Die Besteuerung des Nutzungswertes der eigenen Wohnung stellt eine Besonderheit dar, da normalerweise die eigene Nutzung der Vermögensobjekte nicht als Einkommenserzielung betrachtet wird und demzufolge auch keiner Besteuerung unterliegt. In einem Entscheid vom 9. Dezember 1986, den Kanton St. Gallen betreffend, hat das Bundesgericht den Kantonen das Recht abgesprochen, auf eine Besteuerung des Eigenmietwerts zu verzichten, und zwar wegen Verletzung des in Art. 4 BV verankerten Rechtsgleichheitsgebotes. Das sehr kategorisch gehaltene Urteil hat keinerlei Differenzierungen erkennen lassen. Der Umstand, dass andere Staaten (so die Bundesrepublik Deutschland, Frankreich, Österreich, Grossbritannien) auf eine Eigenmietwertbesteuerung verzichten, wurde ebensowenig in Erwägung gezogen wie die Tatsache, dass auch andere Wertzuflüsse (wie etwa die Ergänzungsleistungen AHV/IV) steuerfrei bleiben dürfen. Nicht berücksichtigt wurde auch der Sachverhalt, dass das Grundeigentum verschiedenen Sondersteuern (Grundstückgewinnsteuer, Liegenschaftssteuer, Handänderungssteuer) unterworfen ist, deren Erträge in etwa die gleiche Grössenordnung erreichen wie die Eigenmietwertbesteuerung.

In einem zweiten, den Kanton Waadt betreffenden Entscheid vom 20. November 1987 hat das Bundesgericht seine Grundsatzentscheidung bestätigt, jedoch partielle Lockerungen der Eigenmietwertbesteuerung als rechtens erklärt. So gilt es nun als zulässig, auf periodische Anpassungen der Eigenmietwerte bei den vom Eigentümer unverändert bewohnten Liegenschaften zu verzichten. Der Entscheid kam gerade noch zur rechten Zeit. Bereits war in mehreren Kantonen der Versuch unternommen worden, Vorstösse auf steuerliche Entlastung des selbstgenutzten Wohneigentums als bundesrechtswidrig abzublocken — unter gravierender Missachtung von Art. 34quater BV, der den Bund zur Förderung der Selbstvorsorge durch Massnahmen der Fiskal- und Eigentumspolitik verpflichtet, und unter ebensolcher Ignorierung von ähnlich lautenden kantonalen Verfassungsbestimmungen.

Die Besteuerung der Eigenmietwerte ist je nach Kanton recht unterschiedlich geordnet, wie aus einer Zusammenstellung der Interkantonalen Kommission für Steueraufklärung vom März 1985 hervorgeht. Theoretisch stellt sich der Fiskus auf den Standpunkt, grundsätzlich sei der Marktmietwert, das heisst der bei einer Vermietung an Dritte erzielbare Mietzins, massgeblich. Dieser Massstab ist zu Recht umstritten. Ansonsten wird im Steuerrecht nur ein effektives Einkommen besteuert, nicht ein theoretisch erzielbares. Besonders bei nicht vollständiger Nutzung und bei Lagewertveränderungen bedeutet das Abstellen auf den Marktmietwert eine unbillige Härte gegenüber dem Eigenheimbesitzer. In der Praxis finden sich deshalb mancherlei ausdrückliche oder indirekte Abweichungen vom Marktmietwertprinzip. Die ausdrückliche Abweichung kann in generellen Abzügen (SZ, ZG, GR, VD, GE), in der Gewährung von Reduktionen für bestimmte Situationen (ZH, VD) oder in der allgemeinen Verpflichtung zu massvollen Eigenmietwerten (AG) bestehen. Zur indirekten Abweichung kann es dank zurückhaltender Ermittlung des Eigenmietwertes (zum Beispiel durch günstige Raumeinheitsansätze) oder dank Bezugnahme auf tiefe Ausgangswerte (Anschaffungskosten, niedrige Katasterwerte) kommen. Allerdings besteht hier die Gefahr einer rechtsungleichen Behandlung von selbstbewohnten Wohnungen in Mehrfamilienhäusern und von Stockwerkeigentum, wenn in diesen Fällen auf Vergleichsmieten abgestellt wird.

Die Eigenmietwertbesteuerung ist im Bund und in den Kantonen stark umstritten. Die zahlreichen politischen Vorstösse auf Abschaffung oder Milderung der Eigenmietwertbesteuerung haben ein unterschiedliches Schicksal erlebt. Zu spürbaren Entlastungen kam es insbesondere in den Kantonen ZH, SZ, ZG und VD. In Luzern scheiterte eine Initiative in der Volksabstimmung, während in St.Gallen, Bern und Basel-Stadt Initiativen auf Abschaffung der Eigenmietwertbesteuerung für ungültig erklärt wurden. Die gleiche Sanktion droht zwei Initiativen im Kanton Basel-Landschaft. Im Kanton Aargau konnte eine Initiative des Hauseigentümerverbandes nach teilweiser Berücksichtigung durch eine hängige Steuergesetzrevision zurückgezogen werden. Auf Bundesebene wird die Ausmarchung im Rahmen der Beratungen der Bundesgesetze über die direkte Bundessteuer und über die Steuerharmonisierung geführt.

Der Bund übernimmt für die direkte Bundessteuer in der Regel die kantonalen Eigenmietwerte. Wo in den Kantonen spezielle Abzüge gewährt werden (SZ, ZG, GR, VD, GE), sind für die direkte Bundessteuer die vollen Werte vor Abzug einzusetzen. Im weiteren müssen in fünf Kantonen (LU, NW, SO, BL, JU) partiell oder generell Zuschläge zu den kantonalen Werten vorgenommen werden.

In 24 Kantonen können vom Eigenmietwert die Schuldzinsen und die Unterhaltskosten abgezogen werden; in Genf dürfen lediglich die Schuldzinsen abgezogen werden, während in Basel-Stadt wahlweise die Bruttomethode (wie im Gros der Kantone) und die Nettomethode (Abstellen auf die Differenz zwischen Steuerwert und Hypothekarschuld) zur Verfügung stehen. Von erheblicher praktischer Bedeutung sind die Zulassung von Pauschalabzügen für den Unterhalt von Liegenschaften und die Möglichkeit, von den Pauschalabzügen zur Geltendmachung der effektiven Unterhaltskosten zu wechseln und umgekehrt. Bei tiefen Eigenmietwerten und/oder bei grösseren Unterhaltskosten können negative Eigenmietwerte entstehen. Solche sind grundsätzlich überall zulässig, wobei einzelne Kantone (UR, OW, GL, TI, GE, NE, BS) einschränkende Bestimmungen erlassen haben.

B. Vermögens- und Kapitalsteuer

Das Grundeigentum unterliegt zunächst wie alle übrigen Vermögenswerte der allgemeinen Vermögenssteuer. Im Vordergrund stehen dabei Bewertungsfragen. Während für das Vermögen im allgemeinen der Verkehrswert massgeblich ist, drängen sich für das Grundeigentum Sonderregeln auf. Im Unterschied zu kotierten Wertpapieren, deren Wert leicht feststellbar und vom Eigentümer auch leicht realisierbar ist, bereitet die Vermögensbesteuerung von Liegenschaften grössere Schwierigkeiten. Zunächst ist die Feststellung eines Marktwertes nur mit Schätzungen möglich, sodann aber darf — namentlich bei selbstbewohnten Liegenschaften — nicht einfach der Verkehrswert als Steuerwert übernommen werden. Richtigerweise wird deshalb bei Liegenschaften der Ertragswert mehr oder weniger stark mitberücksichtigt. Nach einer Zusammenstellung der Informationsstelle für Steuerfragen beträgt der Steuerwert im Gros der Kantone zwischen 60 und 80 Prozent des Verkehrswertes. Aufschluss über die unterschiedliche Besteuerung geben die für jede Veranlagungsperiode von der Eidgenössischen Steuerverwaltung herausgegebenen Regeln für die Bewertung der Grundstücke (letztmals mit Kreisschreiben Nr. 7 vom 20.2.87 für die Periode 87/88). Nach den für die Bundessteuer vorzunehmenden Aufwertungen scheint die Grundstückbewertung vor allem in den Kantonen AG, BL, BS, BE, LU, NW, SZ, SO, VS, VD und ZH verhältnismässig günstig auszufallen.

In der Regel werden land- und forstwirtschaftlich genutzte Liegenschaften zum Ertragswert besteuert, soweit sie Bestandteil eines Landwirtschaftsbetriebes bilden. Verschärfte Bestimmungen gelten verschiedentlich für Baulandparzellen, wo entweder ein Mittelwert oder aber der Verkehrswert zum Steuerwert erklärt wird. Eine Differenzierung je nach Nutzungsart kann es auch bei überbauten Grundstücken geben. Seit 1985 besteuert beispielsweise der Aargau Zweitwohnungen zum Verkehrswert.

Der Steuerwert ist nicht nur für die jährliche Vermögenssteuer von Bedeutung, sondern in den meisten Fällen auch für die Erbschafts- und Schenkungssteuer. Auch hier ist übrigens die Tendenz des Fiskus spürbar, in diesem Bereich vermehrt auf den Verkehrswert abzustellen.

C. Erbschafts- und Schenkungssteuer

Im Rahmen des Gesamtvermögens unterliegt auch das Grundeigentum der Erbschafts- und Schenkungssteuer, allerdings nicht am Wohnsitz des Erblassers beziehungsweise Schenkers, sondern dort, wo das Grundstück liegt. Von Belang sind dabei insbesondere die Bewertungsgrundsätze. Die Besteuerung nichtlandwirtschaftlicher Grundstücke erfolgt verschiedentlich zum Verkehrswert, mehrheitlich aber doch zu einem Mischwert zwischen Verkehrswert und Ertragswert. In der Regel kommen die gleichen Bewertungsgrundsätze wie bei der Vermögenssteuer zum Zuge.[1]

D. Grundstückgewinnsteuer

Grundstückgewinne werden heute in allen Kantonen erfasst, auf Bundesebene dagegen nur, wenn es sich um gewerbsmässig erzielte Gewinne handelt. In 15 Kantonen werden die Grundstückgewinne unterschiedlich behandelt, je nachdem sie auf Privatvermögen oder auf Geschäftsvermögen erzielt worden sind; dabei werden die Gewinne auf Privatliegenschaften einer Sondersteuer, die Gewinne auf Geschäftsliegenschaften der allgemeinen Reinertragssteuer unterworfen (sog. St. Galler Modell). In elf Kantonen unterliegen alle Gewinne einer Sondersteuer (sog. Zürcher Modell).

Der Steuersatz ist in allen Kantonen mit Ausnahme des Kantons Basel-Stadt von der Besitzesdauer abhängig; in den Kantonen Basel-Landschaft, Waadt, Wallis, Neuenburg und Genf ist ebenfalls ein grundsätzlich konstanter Satz festzustellen, der allerdings entweder für kurzfristig erzielte Gewinne massiv verschärft oder für langfristig erzielte Gewinne gemildert oder gar ganz fallengelassen wird. In den Kantonen Aargau und Wallis bricht die Steuerpflicht nach einer Besitzesdauer von 29 beziehungsweise 20 Jahren ab. Eine Beschränkung der Besteuerung auf reale Gewinne (durch Indexierung der Anlagekosten) erfolgt nur

---

[1] Die Besteuerung der Eigenmietwerte, Dokumentation der Arbeitstagung 31.10.83, Tabelle 1.1, hrsg. von der Informationsstelle für Steuerfragen, Bern

noch in den Kantonen BL, GR und VS, nachdem der Kanton Aargau mit dem neuen Steuergesetz per 1985 diese Milderung fallengelassen hat.

Aufsteigende Tendenz hat demgegenüber die Gewährung des Steueraufschubs bei Ersatzbeschaffung von selbstbewohnten Liegenschaften. Der Steueraufschub wird nunmehr in den Kantonen Schwyz, Glarus, Solothurn, Basel-Stadt, Schaffhausen und Graubünden sowie in besonderen Fällen im Wallis gewährt; in Genf wird die Steuer im Falle der Ersatzbeschaffung zurückerstattet. Die Kantone Aargau und St. Gallen haben wenigstens eine Milderung des Steuertarifs zugestanden; eine ähnliche Regelung für berufsbedingte Ersatzbeschaffungen hat auch der Kanton Zürich eingeführt. Härtefälle werden ausserdem in den Kantonen Thurgau, Waadt und Neuenburg berücksichtigt. Damit hat in der Hälfte aller Kantone die Ersatzbeschaffung selbstbewohnter Liegenschaften Auswirkungen auf die Grundstückgewinnsteuer. In der Regel werden allerdings nur Ersatzbeschaffungen innerhalb der Kantonsgrenzen anerkannt.

Über die Grundstückgewinnsteuer hinaus gehen Mehrwertabschöpfungsmodelle, die planungsbedingte Mehrwerte erfassen wollen. Vor 1980 hat nur der Kanton Basel-Stadt eine derartige Sonderabgabe gesetzlich verankert. Die Kantone sind allerdings vom Bundesgesetzgeber (Art. 5 Raumplanungsgesetz) beauftragt, einen Ausgleich planungsbedingter Vor- und Nachteile vorzusehen. Diesem Auftrag ist vorerst einzig der Kanton Neuenburg in seinem Raumplanungsgesetz vom 24. Juni 1986 nachgekommen, indem er von umzonungsbedingten Mehrwerten eine Sonderabgabe von 20 Prozent erhebt, bei umzonungsbedingten Minderwerten jedoch nur eine Entschädigung ausrichtet, wenn der Tatbestand der materiellen Enteignung erfüllt ist.

E. Liegenschaftssteuer

Die Grundstückgewinnsteuer ist nicht die einzige Sondersteuer, die speziell das Grundeigentum belastet. In 15 Kantonen werden — zusätzlich zur Vermögenssteuer — besondere Liegenschaftssteuern erhoben, und zwar als proportionale Steuer ohne Gewährung eines Schuldenabzuges. Die Liegenschaftssteuern bewegen sich in den Kantonshauptorten für natürliche Personen zwischen 0,3 und 2,4 Promille des Steuerwertes, für juristische Personen zwischen 0,3 und 3,9 Promille (Stand 1986).

Für natürliche Personen wurde 1986 eine Liegenschaftssteuer noch in zwölf Kantonshauptorten erhoben, für juristische Personen in 14 Kantonshauptorten. Nicht einbezogen sind Kantone, die Minimalsteuern auf dem Grundeigentum — allgemein oder beschränkt auf steuerbefreite Personen — erheben.

In sieben Kantonshauptorten werden natürliche und juristische Personen mit gleich hohen Liegenschaftssteuern belastet; in ebenfalls sieben Kantonshauptorten werden die juristischen Personen stärker besteuert.

Die Liegenschaftssteuern erscheinen in verschiedener Hinsicht als überholt. Nicht nur ist das moderne Steuerrecht stärker auf die Besteuerung des Einkommens als auf die des Vermögens ausgerichtet; über Erschliessungs- und Entsorgungsgebühren trägt der Grundeigentümer heute zahlreiche Kosten direkt, für die früher das Gemeinwesen aufgekommen ist und die eine gewisse Rechtfertigung der Liegenschaftssteuern dargestellt haben. Mit Fug und Recht hat daher der Kanton Zürich mit der Steuergesetzrevision 1983 auf die weitere Erhebung dieser Sondersteuer verzichtet.

F. Handänderungssteuer

Die meisten Kantone erheben beim Übergang von Grundeigentum eine Handänderungssteuer, die teilweise empfindlich ins Gewicht fällt. Nur drei Kantone (UR, GL und SH) verzichten auf eine solche Steuer und begnügen sich mit einer reinen Grundbuchgebühr. Der Steuersatz bewegt sich in der Regel zwischen 1 und 2 Prozent, liegt aber in den Kantonen SO, BS, BL, VD, NE und GE noch darüber. Manche Kantone gewähren immerhin Steuerbefreiungen oder Steuererleichterungen im Erbgang, bei Eigentumsübertragungen unter Verwandten und bei besonderen Transaktionen wie Güterzusammenlegungen oder Zwangsverwertungsverfahren.

G. Erschliessungsbeiträge

Grundeigentümerbeiträge an die Kosten von Erschliessungsmassnahmen dienen der (Mit-)Finanzierung der vorgenommenen Investitionen; sie bedeuten in gewissem Sinne gleichzeitig eine Vorteilsabgeltung. Solche Beiträge werden denn auch als Vorzugslasten bezeichnet. Sogenannte Perimeterbeiträge sind seit langem gebräuchlich bei Verkehrsanlagen (Erstellung und Verbreiterung von Strassen, Anlage von Trottoirs) oder beim Bau von Kanalisationsleitungen. Im Raumplanungsgesetz ist festgelegt, dass das kantonale Recht die Grundeigentümerbeiträge regelt. Der Bund selber hat lediglich Vorschriften erlassen bezüglich des mit seiner Hilfe erschlossenen Baulandes. Mit Revision vom 22. Dezember 1986 der Verordnung zum Wohnbau- und Eigentumsförderungsgesetz verlangt der Bund, dass die Erschliessungsbeiträge der Grundeigentümer die Kosten für Anlagen der Groberschliessung mindestens zu 30 Prozent und diejenigen für Anlagen der Feinerschliessung mindestens zu 70 Prozent decken. Eine Stundung der Beiträge darf nur noch dann bewilligt werden, wenn die rechtzeitige Bezahlung eines Beitrages für den Beitragspflichtigen eine unzumutbare wirtschaftliche Härte darstellt.

H. Gebühren

Der Grundeigentümer nimmt vielfach Staatsleistungen in Anspruch. Dafür hat er häufig Gebühren als Entgelte für solche besonderen Leistungen des Staates zu entrichten. Im Vordergrund stehen Versorgungs- und Entsorgungsgebühren, aber auch Grundbuchgebühren. Auch hier — wie bei den Beiträgen — dürfen die Entgelte den effektiven Aufwand nicht übersteigen, ansonsten sie zu heute verpönten Gemengsteuern werden.

I. Erträge der Sondersteuern

Aus den drei das Grundeigentum speziell belastenden Sondersteuern haben die Kantone und Gemeinden im Jahre 1986 über 2 Milliarden Franken eingenommen. Das sind immerhin annähernd 7 Prozent der gesamten Steuererträge von Kantonen und Gemeinden.

In den nachfolgend angeführten Ertragszahlen sind auch die Erträge aus der Besteuerung von Gewinnen aus beweglichem Vermögen (Wertschriften) enthalten. Wertschriftengewinne wurden indessen nur in acht Kantonen besteuert, und auch hier nicht durchgehend, so dass diese Komponente für den Gesamtbetrag kaum ins Gewicht fällt. Ab 1987 werden Wertschriftengewinne vollumfänglich nur noch im Kanton Basel-Stadt besteuert; in den Kantonen Graubünden und Jura entfällt die Gewinnsteuer nach einer Besitzesdauer von zehn Jahren; in St. Gallen und Wallis unterliegen nur Gewinne aus der Veräusserung von wesentlichen Beteiligungen der Steuer. Bern, Basel-Landschaft und Thurgau haben ganz auf die Besteuerung von Gewinnen aus beweglichem Privatvermögen verzichtet.

Umgekehrt sind in den hier festgehaltenen Ertragszahlen die Steuern nicht enthalten, die auf den Liegenschaftsgewinnen im Rahmen der allgemeinen Einkommens- und Ertragssteuern entrichtet wurden. Eine Mehrzahl von Kantonen besteuert bekanntlich die Gewinne auf Geschäftsliegenschaften im Rahmen der Einkommenssteuer und nicht der Grundstückgewinnsteuer. Per Saldo dürfte mithin der Fiskus aus Grundstückgewinnen wesentlich mehr einnehmen, als aus der Statistik über die Erträge der Vermögensgewinnsteuern hervorgeht.

Erträge der Sondersteuern auf Grundeigentum 1986

| Steuer | in Mio. Franken | | |
	Kantone und Gemeinden zusammen	Gemeinden	Kantone
Liegenschaftssteuern	356,3	253,3	103,0
Vermögensgewinnsteuern	958,6	420,4	538,2
Handänderungssteuern	724,0	180,6	543,4
Zusammen	2 038,9	854,3	1 184,6
In % der Fiskaleinnahmen	6,7	6,6	6,8

Quelle: Öffentliche Finanzen der Schweiz 1986

Bei der Beurteilung der Streitfrage, ob und gegebenenfalls wie stark der Grundeigentümer im Vergleich zum Mieter oder zum Wertschriftenbesitzer steuerlich bevorzugt sei, ist die Belastung durch die Sondersteuern mit zu berücksichtigen.

Fazit: Das Grundeigentum wird in der Schweiz eher stärker besteuert als im Ausland, und zwar einerseits mit Blick auf die Eigenmietwertbesteuerung und andererseits in bezug auf die Sondersteuern. Dieser Tatbestand steht im Widerspruch zu ausdrücklichen Verfassungsbestimmungen auf eidgenössischer und kantonaler Ebene, wonach das Wohneigentum und die Selbstvorsorge zu fördern seien.

2. Teil   Meinungen zur Bodenfrage

I. Privates Eigentum an Grund und Boden

Die Bodenrechtsdiskussion kreist zunächst um die Vorfrage, ob und inwieweit der einzelne am Boden privates Eigentum begründen können soll. Eine sozialistische Lehrmeinung möchte den Boden zusammen mit anderen Kapitalgütern als Produktionsmittel dem staatlichen Kollektiv überantworten. Eine liberalsozialistische Theorie will isoliert den Boden (im Gegensatz zu Gebäuden und Unternehmungen) dem Gemeinbesitz vorbehalten wissen. Nach liberaler Auffassung soll auch am Boden wie an allen anderen Gütern privates Eigentum erworben werden können.

A. Rechtfertigungsgründe für privates Grundeigentum

Privates Grundeigentum hat es nicht zu allen Zeiten und nicht in allen Kulturen gegeben. In kulturgeschichtlich so bedeutsamen Epochen wie dem Mittelalter hat eine feudalrechtliche Bodenordnung dominiert, in welcher nach dem Prinzip «kein Land ohne obersten Landesherrn» der einzelne Mensch Boden nur als Lehen oder Nutzungseigentum erhalten konnte. Ist aber das Institut des privaten Grundeigentums keine Selbstverständlichkeit, so bedarf es der Rechtfertigung.

Für das private Grundeigentum lassen sich eine ganze Reihe von Rechtfertigungen anführen, ausgehend von der menschlichen Natur bis zu banalen Zweckmässigkeitsüberlegungen. So vielfältig die Begründungen sind[1], so sind sie doch keineswegs unbestritten. Neuere Untersuchungen verneinen die Naturgesetzlichkeit des Privateigentums.[2] Die Existenz eines eigentlichen Revier- oder Territorialtriebs wird bestritten; anerkannt wird indessen, dass der Trieb zur materiellen und psychischen Selbstbehauptung zu räumlichen Ansprüchen führt, die mit dem privaten Eigentum an Grund und Boden erfüllt werden können.[3] Diese Streitfragen können im Rahmen der vorliegenden Studie nicht ausgelotet werden.[4] Nachfolgend werden drei Gruppen von Überlegungen angeführt, die für das private Eigentum an Grund und Boden sprechen: Es sind dies anthropologische, gesellschaftspolitische und ökonomische Argumente.

Die Voraussetzungen, unter denen ein Individuum sich frei entfalten kann und sich wohlfühlt, sind je nach persönlicher Veranlagung verschieden. Diese Verschiedenheit kommt auch zum Ausdruck in dem, was der Mensch sich zu seinem

---

[1] Helmut Holzhey und Georg Kohler (Hrsg.), Eigentum und seine Gründe, Bern / Stuttgart 1983

[2] Vgl. die Dissertation «Eigentum und Verfassungswandel» von Michael Werder, Diessenhofen 1978

[3] Walter Bodmer, Die biopsychischen Grundlagen des Eigentums an Boden und Wohnung, Wirtschaftspolitische Mitteilungen, hrsg. von der Gesellschaft zur Förderung der schweizerischen Wirtschaft, Zürich, Heft 9 / 1981

[4] Vgl. die ausführliche Erörterung der Eigentumstheorie von der Antike bis zur Neuzeit bei Gottfried Dietze, Zur Verteidigung des Eigentums, Tübingen 1978

integralen Wohlbefinden erwirbt. In der Auseinandersetzung mit Eigentum, in der Art, wie solches erworben, bewahrt, genutzt und gegebenenfalls gemehrt wird, manifestiert sich die Persönlichkeit und ihr Wille zur Bewusstmachung des eigenen Ich. Es ist offensichtlich, dass gerade privates Grundeigentum oft einen wesentlichen Beitrag zur Selbstverwirklichung des Menschen zu leisten vermag, nämlich zunächst zur Befriedigung seiner elementaren Bedürfnisse nach Schutz und Sicherheit, nach frei verfügbarem und gestaltbarem Raum, nach einem Zuhause, aus dem man nicht vertrieben werden kann. Dazu kommt die Konsolidierung des Individuums und seine Integration in die nächste Umwelt.

Aus «seelischer Verwurzelung», die sowohl Freiheit als auch Gebundenheit bedeutet, entwickeln sich zudem immaterielle Werte, denen durchaus auch gesellschaftspolitische Relevanz zuzumessen ist. Besitz von Grund und Boden kann im Individuum erwiesenermassen starke Kräfte des Freiheitsbewusstseins, der sozialen Verantwortung und Heimatbindung freisetzen und aktivieren. Sie sollten nicht unterschätzt werden.

In gesellschaftspolitischem Bezug ist zu unterstreichen, dass privates Grundeigentum eine wirksame Gegenkraft zu gefährlichen Machtzusammenballungen darstellt. Privates Grundeigentum ist ein unabdingbares Element einer freiheitlichen Wirtschafts- und Gesellschaftsordnung. Gerade die Trennung von Staat und Grundeigentum erlaubt auch — wie im Umweltschutz — eine konsequentere Durchsetzung öffentlicher Anliegen; wäre das Grundeigentum sozialisiert, so wäre das Kollektiv immer wieder versucht, aus ökonomischen Gründen über die Beschränkungen hinwegzugehen, die heute dem privaten Grundeigentümer entschädigungslos zugemutet werden.

Privates Grundeigentum führt per Saldo zu einer besseren Nutzung des knappen Guts Boden. Insbesondere ist unzweifelhaft, dass Eigentum in Privatbesitz im allgemeinen besser gepflegt und unterhalten wird als Eigentum, das formell dem Staat gehört oder durch staatliche Vorschriften weitgehend ausgehöhlt ist. Das zeigt beispielsweise die Verwahrlosung der Mietskasernen in sozialistisch oder kommunistisch regierten Staaten. Auch in volkswirtschaftlicher Hinsicht stellt mithin das private Grundeigentum die bessere Lösung dar.

B. Einengungen des traditionellen Eigentumsverständnisses

Angesichts der Triftigkeit der vorstehend angeführten Rechtfertigungsgründe ist die Möglichkeit der Begründung privaten Eigentums am Boden in der Schweiz (wie in den anderen westlichen Staaten) nicht ernstlich in Frage gestellt. Es besteht kein Zweifel darüber, dass die Sozialisierung des Grundeigentums als Ganzes ein politisch hoffnungsloses Unterfangen wäre. Die politische Diskussion konzentriert sich daher einerseits auf theoretische Einengungen des traditionellen Eigentumsverständnisses und anderseits auf pragmatische Verschärfungen der bestehenden Eigentumsbeschränkungen. Zu den theoretischen Anfechtungen der herkömmlichen Eigentumslehre gehört die These, wonach ein Festhalten an der «aus dem römischen Recht» übernommenen und im Gegensatz zum «ursprünglichen alemannischen Recht» stehenden Eigentumsordnung in bezug auf den Boden nicht mehr zu verantworten sei. Ein Wandel wird einerseits über eine Neuinterpretation des Eigentumsbegriffs und anderseits über Zwischenformen des Eigentums angestrebt. Es seien nachstehend folgende Thesen signalisiert:

— These der Schrankenimmanenz
— Negierung der Baufreiheit als Eigentumsinhalt
— Reduktion des Eigentums auf ein Funktionseigentum
— These der Sozialpflichtigkeit
— Befristetes Eigentum
— Trennung von Verfügungseigentum und Nutzungseigentum
— These der Mehrdimensionalität und Konkretisierungsbedürftigkeit der Eigentumsgarantie
— Modelle der Partizipation des Nichteigentümers
— Voraussetzung der Persönlichkeitsbezogenheit

Die **herkömmliche Eigentumslehre**[1] fasst das Eigentum als primär unbeschränkte und umfassende Herrschaft über eine Sache auf, eine Herrschaft, die selbstverständlich durch die Rechtsordnung gewissen Schranken unterworfen werden kann und unterworfen wird. Es rechtfertigt sich an dieser Stelle darzutun, was eine solche Sachherrschaft bedeutet: Sie umfasst zunächst die Nutzungsfreiheit, und zwar sowohl bezüglich der Nutzungsart im allgemeinen (zum Beispiel Brachland, Landwirtschaft, Überbauung zu Wohnzwecken, Überbauung zu gewerblichen Zwecken) als auch der Nutzungsform im einzelnen (Wies- oder Akkerland, Umfang und Ausgestaltung von Bauten); sie umfasst aber auch die Verwertungs- und Veräusserungsfreiheit, und zwar sowohl hinsichtlich der Vertragsbedingungen (Mietvertrag, Pachtvertrag, Baurechtsvertrag, Kaufvertrag) als auch des Vertragspartners; sie umfasst selbstverständlich auch die Wahl des Zeitpunktes für eine Nutzungs- oder Handänderung.

---

[1] Vgl. etwa Peter Liver, Genossenschaften mit Teilrechten nach schweizerischem Recht, in: Privatrechtliche Abhandlungen, Bern 1972, und Pascal Simonius, Eigentum und Raumplanung, Zürich 1975

Dem eben dargelegten Eigentumsbegriff entspricht nicht nur die grundlegende Formulierung des Eigentumsinhalts in Art. 641 ZGB, sondern auch die Konstruktion der Eigentumsgarantie in Art. 22ter BV. Neuerdings wird nun aber verstärkt die These vertreten, gewisse **Schranken** seien dem Eigentum **immanent**. Der Unterschied liegt darin, dass nach traditioneller Auffassung für alle Eigentumsbeschränkungen besondere Rechtsgrundlagen gegeben sein müssen, während dies nach der Immanenzthese nicht für alle Schranken zutrifft.[2] Die theoretische und praktische Bedeutung dieses dogmatischen Streites ist indessen gering[3], zumindest im Verhältnis zu den nachfolgend darzustellenden Tendenzen.

Von wesentlich grösserer Bedeutung ist zunächst die These Lendi: Nach ihr hat das Grundeigentum nicht einen beliebigen, sondern nur einen durch die Nutzungsordnung fixierten Inhalt.[4] Eben darin widerspiegle sich eine gewandelte Auffassung des Grundeigentums, dass das Grundeigentum nicht mehr ein grundsätzlich unbeschränktes Recht der Sachherrschaft sei, sondern ein einer objektiven, differenzierenden Rahmennutzungsordnung unterstelltes Recht.[5] An die Stelle einer (theoretischen) Verabsolutierung des Eigentums tritt damit eine Verabsolutierung der Nutzungsordnung. Dieser Wandel hat erhebliche Konsequenzen. Die Rahmennutzungsordnung verschafft in dieser Sicht nun plötzlich Vorteile und nicht mehr Nachteile;[6] durch Vermittlung von ungleichmässigen Vorteilen schafft die Raumplanung laufend Unrechtstatbestände, die nur durch Vorteilsabschöpfung kompensiert werden können.[7] Hinfällig werden auch die bisherigen Kriterien für die materielle Enteignung; entscheidend ist nach dieser These nicht mehr die Schwere eines Eingriffs, sondern einzig die Abweichung von der generellen Ordnung.[8]

Wird solcherart das Eigentum durch die öffentliche Ordnung konstituiert, so verbleiben dem Eigentümer kaum mehr autochthone Herrschaftsrechte. Die von Lendi geforderten materiellen Planungsregeln sind kein hinreichender Ersatz für den Verlust der traditionellen Eigentümerrechte. Die Planungsregeln bleiben gewillkürt; sie können sehr wohl im Widerspruch stehen zu natürlichen, aus einer günstigen Lage des Grundstücks fliessenden Ansprüchen. Die These von der Konstituierung des Eigentumsinhalts durch die Rahmennutzungsordnung bedeutet dogmatisch eine generelle Beseitigung des Rechts auf bauliche Nutzung. Der Schritt zur These, dass das Recht auf bauliche Nutzung somit dem Gesetzgeber beziehungsweise dem planenden Gemeinwesen anheimgestellt und mithin

---

[2] Vgl. Martin Lendi, Planungsrecht und Eigentum, ZSR 1976, S. 30
[3] Vgl. in diesem Sinne Heinz Rey, Dynamisiertes Eigentum, ZSR 1977, S. 65
[4] Vgl. ZSR 1976, S. 162 f.
[5] Vgl. ZSR 1976, S. 166
[6] Vgl. ZSR 1976, S. 176
[7] Vgl. ZSR 1976, S. 193
[8] Vgl. ZSR 1976, S. 212

zugehörig sei, ist nurmehr klein. Dem Gemeinwesen gebührt dann, nach dieser bescheidenen Zusatzinterpretation, nicht nur der durch die Planung verursachte Mehrwert, sondern ihm kommt dann selbst das Recht auf Konzessionsverleihung zu. Dass diese gedankliche Konsequenz nicht allzuweit hergeholt ist, zeigt die entsprechende Auseinandersetzung in der Bundesrepublik. Auch dort haben Bodenreformer verneint, mit der Planungswertabschöpfung gewissermassen die Pflicht zu statuieren, das Recht zum Bauen extra zu bezahlen.[9] Sie mussten sich aber entgegenhalten lassen, dass sie die Planungswertabschöpfung wie folgt charakterisiert hatten: «Bildlich gesprochen muss der Eigentümer die verbesserte Nutzbarkeit durch Leistung von Ausgleichsbeiträgen bezahlen mit der Konsequenz, dass diese Bodenwerte nicht zum Inhalt des Eigentums gehören und auch nicht zur Enteignungsentschädigung.» Überzeugend legt der Stuttgarter Regierungsdirektor Klaas Engelken dar, dass der Ausschluss bestimmter Werte vom Inhalt des Eigentums eine entscheidende Entleerung des Eigentums darstellt: «Was bleibt vom Eigentum denn noch an Wert übrig, wenn die bauliche Nutzbarkeit nicht mehr zu seinem Inhalt gehören soll, wenn der Eigentümer vielmehr die ‹Gewährung› der baulichen Nutzbarkeit oder ihrer Verbesserung als ‹Sondervorteil› an die Gemeinde bezahlen soll?»[10]

Die These von Lendi ist keineswegs zwangsläufige Folge der verfassungsmässigen Kompetenz zum Erlass von Grundsätzen über die geordnete Besiedlung des Landes. Die Nutzungspläne sind nach wie vor als Eigentumsbeschränkungen anzusehen, die — je nach Schwere des Eingriffs — zu Entschädigung Anlass geben oder nicht. Nur ihre Erfassung als Eigentumsschranken kann auf die Dauer verhüten, dass der Eigentümer gegenüber dem Gemeinwesen in ein unwürdiges Inferioritätsverhältnis gerät.

Die Bestrebungen, Begriff und Inhalt des Eigentums zu verändern, laufen darauf hinaus, das traditionelle «Substanzeigentum» in ein **«Funktionseigentum»** umzufunktionieren. Danach ist der Eigentümer nicht mehr zu umfassendem Gebrauch seines Eigentums befugt, sondern nurmehr zu einem durch das Gemeinwesen vorbestimmten Gebrauch. Die Herrschaftsrechte beziehen sich nicht mehr auf die Substanz der Sache, sondern lediglich noch auf die Ausübung einer durch das objektive Recht fixierten Funktion dieser Sache. Wer sich dieser Funktionsbestimmung unterwirft, kann Eigentümer bleiben beziehungsweise werden. Andernfalls scheidet er als möglicher Rechtsträger aus. Die Anlehnung an ein Konzessionsverhältnis wird hier unverkennbar.

Die gängige These von der **Sozialpflichtigkeit des Eigentums** enthält an sich wenig Substanz. Ähnlich wie der Streit um die Immanenz der Eigentumsschranken ist ihre praktische Bedeutung geringer, als gemeinhin angenommen wird. Die Verankerung der Sozialbindung im Grundgesetz der Bundesrepublik

---

[9] Vgl. Klaus Peter Krause, Die Bodenabgabe droht noch immer, FAZ vom 20.9.1976; Ministerialdirigent Dr. Walter Bielenberg, Bodenwertabgabe, FAZ vom 11.10.1976
[10] Klaas Engelken, Das Recht zum Bauen extra bezahlen? FAZ vom 18.10.1976

Deutschland bewirkt nicht eine wesentlich andere Rechtslage, als sie in der Schweiz besteht. Da jeder Mensch und jedes Eigentum in eine Gemeinschaft hineingestellt ist, lässt sich ohne Sozialbindung ohnehin nicht auskommen. Es stellt sich daher die Frage, ob die ausdrückliche Betonung der Sozialpflichtigkeit materiell etwas ändert. Bedeutet sie beispielsweise, dass dem Eigentümer nicht nur Duldungspflichten, sondern auch Leistungspflichten auferlegt werden können? Diese Frage ist zu verneinen, werden doch auch dem schweizerischen Eigentümer gewisse Leistungspflichten auferlegt (beispielsweise im Nachbarrecht, in der Forstwirtschaftsgesetzgebung, im Wohnbauförderungsgesetz), ohne dass die Sozialpflichtigkeit in der Verfassung verankert wäre. Die These von der Sozialpflichtigkeit hat denn auch primär politisch-psychologische Bedeutung; sie dient als dogmatische – nicht juristische – Grundlage für die Forderung nach eigentumsbeschränkenden und eigentumsbelastenden Vorkehren.

Eine einschneidende Änderung gegenüber dem traditionellen Eigentumskonzept bedeutet die These vom **befristeten** Eigentum. Ihr liegen recht unterschiedliche Überlegungen zugrunde. Sie reichen von Parallelen zum Urheberrecht und zum Wasserrecht[11] über anthroposophisches Gedankengut bis zur Anlehnung an das alttestamentliche Halljahr. Rein dogmatisch wäre die Befristung des Eigentums an Grund und Boden vom sogenannten Monopolcharakter dieses Gutes her einfühlbar; Eigentum auf Zeit bringt indessen so viele praktische Schwierigkeiten, eine so grosse Machtballung beim Gemeinwesen und eine so grosse Einbusse an Lebensqualität des Individuums mit sich, dass die mit dieser Konstruktion verbundenen Nachteile den theoretischen Gewinn einer dogmatisch befriedigenderen Lösung weit übersteigen.

Eine Trennung von **Verfügungseigentum** und **Nutzungseigentum** wurde seinerzeit im Anhang zu den Beschlüssen des Hannover SPD-Parteitages von 1973 postuliert. Danach müsste das Verfügungseigentum am Boden an die Gemeinde übergehen; der Private könnte nur noch Nutzungseigentum erwerben, ein zeitlich und sachlich beschränktes Recht, das in etwa dem Baurecht entsprechen würde. Die gleiche Konstruktion lag den Beschlüssen der SPS an ihrem Parteitag vom 25./26. Mai 1974 in Luzern zugrunde. (Bekanntlich sind die damals beschlossenen 18 Grundsätze nicht in die zwei Jahre später lancierte Bodenrechtsinitiative übernommen worden.) Es bedarf keiner näheren Begründung, dass die Aufspaltung in Verfügungs- und Nutzungseigentum nichts anderes als eine Kollektivierung (Kommunalisierung) des Bodens bedeutet; gegenüber einer Vollkollektivierung des Grundeigentums wird lediglich zum Ausdruck gebracht, dass die wirtschaftliche Nutzung weiterhin grundsätzlich den Privaten vorbehalten bleiben soll. Während diese Tragweite bei einer förmlichen Aufspaltung zwischen Verfügungseigentum und Nutzungseigentum offenkundig ist, fehlt eine ähnliche Transparenz bei den Formulierungen, wie sie schliesslich in

---

[11] Vgl. Horst Sendler, Zum Wandel der Auffassung vom Eigentum, DÖV 1974, S. 75

die 1976 gestartete Bodenrechtsinitiative der SPS Eingang gefunden haben. Die praktische Bedeutung kann aber dieselbe sein, sollen doch die Erhebung von Konzessionsgebühren und die Begrenzung der Erwerbsberechtigung auch von der neuen Fassung gedeckt sein.

Eine Aufspaltung des Eigentums in ein **Bestandeseigentum** und **Nutzungs-eigentum** wird auch unter dem Vorzeichen einer «umweltgerechten Eigentumsordnung» in einer Studie gefordert, die im Auftrag der Expertenkommission für die Totalrevision der Schweizerischen Bundesverfassung geschrieben worden ist.[12] Das Bestandeseigentum wäre danach regionalen Umweltkörperschaften zu überantworten. In dieser Studie wird die herkömmliche Fragestellung «Freiheit oder Sozialbindung» angezweifelt. Ausgehend von der Feststellung, dass die Selbstbestimmung des Eigentümers zur Fremdbestimmung der Nicht-Eigentümer werden kann, wird gefordert, dass neben den freiheitsschaffenden Wirkungen des Eigentums (zugunsten des Eigentümers) auch die freiheitsbeschränkenden Wirkungen (zulasten der Nicht-Eigentümer) zu beachten seien. Damit erscheinen die altbekannten Instrumente der staatlichen Nutzungs- und Verfügungsbeschränkung im neuen Lichte freiheitsspendender Massnahmen.

Engste Berührungspunkte mit diesen Gedankengängen weist die Eigentumstheorie auf, die am Juristentag 1981 vom Zürcher Staatsrechtslehrer Georg Müller zur Diskussion gestellt worden ist.[13] Ähnlich wie Binswanger verlässt Müller die herkömmliche Schrankenlehre mit ihrer «Vermutung für die Freiheit». Er geht von der These aus, dass der Gesetzgeber ein Grundrecht nicht einzuschränken, sondern auszugestalten hat. Der Eigentumsgarantie eigne mithin nicht nur eine Abwehrfunktion, sondern ebensosehr eine konstitutive Funktion; sie sei vom Gesetzgeber zu konkretisieren. Müller glaubt, dass daraus in der Praxis nicht wesentlich andere Ergebnisse resultieren, und er selber gelangt denn auch in seiner Analyse der geltenden Rechtslage nicht zu umfassenderen Eingriffskompetenzen, als Lehre und Praxis dem Staat heute zugestehen. Letzteres ist jedoch nur dem Umstand zu verdanken, dass er als Liberaler in unserer geltenden Verfassung liberale Eckwerte dominant verankert sieht. Diese Schau der Dinge ist aber keineswegs unbestritten; innerhalb und ausserhalb der Expertenkommission für die Totalrevision der Bundesverfassung sind derer nicht wenige, die den Wandel vom liberalen Rechtsstaat zum Sozialstaat als vom Souverän sanktioniert erachten. Damit ist die Brüchigkeit des neuen Grundrechtsverständnisses evident. Wenn das, was bisher als Staatseingriff zulasten des Eigentümers betrachtet worden ist, künftig als Befreiung des Nicht-Eigentümers etikettiert wird, dann sind die Dämme gebrochen. Dann verlieren die Grundrechte zwangsläufig ihre Steuerungskraft, und noch so harte Anforderungen an den Nachweis des öffentlichen Interesses und an die Übereinstimmung mit anderen Verfassungsnormen vermögen diesen Verlust nicht zu kompensieren.

[12] Hans Christoph Binswanger, Eigentum und Eigentumspolitik, Zürich 1978
[13] Georg Müller, Privateigentum heute, ZSR 1981, 1ff

Die skizzierte Grundrechtstheorie widerspricht der geltenden Verfassung. Sowohl die Handels- und Gewerbefreiheit als auch die Eigentumsgarantie sind in unserer Verfassung eindeutig als Abwehrrechte gegenüber dem Staat formuliert. Soweit der Bund Wirtschaftspolitik und Eigentumspolitik zu betreiben hat, findet er hinreichend Spezialbestimmungen vor, die ihm die entsprechenden Zuständigkeiten verleihen. Es kann nicht angehen, diese Zuständigkeiten in das Grundrecht selbst hineinzuinterpretieren.

Unter dem Stichwort **«Partizipation»** kursieren Modelle, die ebenfalls eine Kollektivierung massgeblicher Inhalte des Grundeigentums zum Gegenstand haben. Sie stammen vorab aus kirchlichen Kreisen und werden nachfolgend in einem speziellen Exkurs eingehender analysiert.[14]

Verschiedentlich ist in neuerer Zeit das Konzept eines **persönlichkeitsbezogenen Eigentums** entwickelt worden.[15] Ausgangspunkt ist der freiheitsrechtliche Gehalt der Eigentumsgarantie, der sich naturgemäss auf eine personale Dimension bezieht. Die Förderung eines persönlichkeitsbezogenen Eigentums ist zweifellos legitim. Eine ganz andere Frage ist es jedoch, ob aus diesem Grundgedanken eine Diskriminierung allen anderen Eigentums abgeleitet werden kann, wie das etwa Lendi tut, wenn er den Schutz der Eigentumsgarantie auf das personenbezogene Eigentum beschränken will und folgerichtig für einen Bedürfnisnachweis beim Erwerb von Grundeigentum plädiert. Abgesehen von der Schwierigkeit, personenbezogenes Eigentum abzugrenzen — auch Anlageeigentum kann eine enge Personenbezogenheit aufweisen —, ist doch zu berücksichtigen, dass auch nicht personenbezogenes Grundeigentum legitime Bedürfnisse zu befriedigen hat. So erfüllt das Anlageeigentum folgende bedeutsame Funktionen:

— eine Leistungsfunktion:
Der Grundbesitz zu Anlagezwecken ist vielfach gekoppelt mit einem Leistungsangebot, indem Wohnraum oder Geschäftsraum zur Verfügung gestellt wird. (So konnte der gewaltige Nachholbedarf für Wohnraum in den 50er und 60er Jahren nur dank dem grossen Engagement der institutionellen Anleger bewältigt werden.) Insbesondere bei der Realisierung grösserer Projekte kann die Inanspruchnahme von Anlagekapital unerlässlich sein. Ebenso wird stets ein echtes Bedürfnis nach Mietwohnungen vorhanden sein, weil nicht jedermann eine eigene Wohnung erwerben will oder kann.
— eine Marktfunktion:
Die Möglichkeit der Vermietung beziehungsweise Verpachtung erlaubt eine flexiblere Nutzung.

---

[14] Vgl. Abschnitt I.D.

[15] Im besonderen vgl. Arthur Meier-Hayoz, Zum Bodenproblem, Schweizerische Zeitschrift für Beurkundungs- und Grundbuchrecht 1964 Nr. 1, aber auch Martin Lendi, Der Funktionswandel des Bodeneigentums — rechtliche Aspekte, DISP Nr. 40

— eine Gestaltungsfunktion:

Die Möglichkeit der Vermietung beziehungsweise Verpachtung gestattet die weitblickende Beschaffung von Landreserven im Hinblick auf eine spätere Eigennutzung.

— eine Schutzfunktion:

Anlageeigentum kann die Kaufkrafterhaltung eigener oder für Dritte verwalteter Spargelder verbessern. Die Immobilien-Anlagefonds ermöglichen es auch den nicht begüterten Bevölkerungsschichten, sich mit kleinen Beträgen am Grundbesitz und damit an einem allfälligen Sachwertzuwachs zu beteiligen.

Die Gefahr der These von der Persönlichkeitsbezogenheit liegt darin, dass sie eine Instanz voraussetzt, welche über den Charakter einer Eigentumsbeziehung entscheidet. Im Extremfall kann «persönliches Eigentum» zu jener Spielart absinken, wie sie in sozialistischen Staaten gebräuchlich ist: ein ungeschütztes, von jederzeitigem Zugriff bedrohtes Überbleibsel an privatem Besitztum, beschränkt auf selbstgenutzten Wohnraum und selbstbewirtschafteten Vorgarten. Die Gefahr liegt mit anderen Worten darin, dass der Boden bei dieser Konzeption dem Individuum von der Gesellschaft zugemessen wird, von einer Gesellschaft, die ohnehin vom Verteilungsgedanken, nicht etwa von der Idee des Erwerbs durch eigene Leistung geprägt ist. Es ist offenkundig, dass gerade in kirchlichen Kreisen diese Mentalität recht verbreitet ist.[16]

Die These von der Persönlichkeitsbezogenheit des Grundeigentums wurzelt in einer legitimen, liberal motivierten Abneigung gegen die Anhäufung von Grossgrundbesitz. Sie ist deshalb auf ihren echten Gehalt zu prüfen. Von einer ähnlichen Warte aus wird beispielsweise zwischen grossem und kleinerem Eigentum unterschieden. In recht aufschlussreicher Weise stellt Walter Leisner in seiner Studie «Kleineres Eigentum — Grundlage unserer Staatsordnung» fest, dass «kleineres Eigentum» mehr ist als persönliches Eigentum im Sinne der Praxis der sozialistischen Staaten. Auch die Hervorhebung und Förderung des «kleineren» Eigentums ändert nichts an der Notwendigkeit eines einheitlichen Eigentumsbegriffs. Im «kleineren» Eigentum muss auch die Chance zum «grösseren» Eigentum enthalten sein. «Wenn der Staat ‹grösseres› Eigentum zu stark beschränkt und abschöpft, trifft er in Wahrheit vor allem ‹kleineres›: Er nimmt ihm die entscheidende Entwicklungshoffnung. Der Staat muss kleineres Eigentum fördern, deshalb aber alles Eigentum achten.»[17]

---

[16] Vgl. etwa Hans Ruh, Evangelische Woche vom 27. Dezember 1976
[17] Leisner, S. 55 und 88

C. Alemannisches und römisches Bodenrecht

Geschichtlich wird der Begriff des Eigentums an Grund und Boden fassbar bei der sogenannten Landnahme, also bei der friedlichen oder gewaltsamen Besetzung und in der Folge bei der Urbarmachung, Nutzung und Verwaltung von Boden. Das geschah durch einzelne Individuen und Sippen, in grösserem Ausmass jedoch durch ganze Verbände unter Leitung eines Anführers, der später als oberster Landes- und Lehensherr, als Regent und König anerkannt wurde. Die Bewirtschaftung des Bodens erfolgte durch mittelbar oder unmittelbar vom König eingesetzte Lehensnehmer oder Nutzungseigentümer. Diese strebten bald einmal nach Verselbständigung und Gleichstellung mit jenen, die freies Eigentum besassen. Weder bei diesem und noch viel weniger beim Nutzungseigentum handelte es sich aber um eine Ware, über die einer allein verfügen konnte. Es wurde von mehreren Sozietätsmitgliedern gemeinsam bewirtschaftet. In unserem Land lässt sich diese Art des **Gemeineigentums** wohl am deutlichsten, weil am dauerhaftesten, im alpinen Gebiet nachweisen. Die hier entstandenen Genossenschaften, Korporationen und Geteilschaften waren in ihrer Gesamtheit Eigentümer, Besitzer oder Nutzniesser gemeinsamer Güter und somit auch gemeinsamen Ordnungen (Flurzwang, Weidgang, Gemeinatzung, Gemeinwerk) verpflichtet.[1]

Das Bestehen solchen Gemein- oder Gesamteigentums wird nun bisweilen als spezifisch «alemannisch» bezeichnet. Sicher ist es ein dem römischen Recht fremder Begriff.[2] Liver erklärt nun aber, dass es seit dem Jahr 1000 ebensowenig ein alemannisches Grundeigentumsrecht wie ein alemannisches Staatswesen gegeben habe.[3] Die mittelalterliche Rechtsentwicklung ist charakterisiert durch die räumliche Partikularisierung zu engen Rechts- und Herrschaftsgebieten und ebenso durch die sachliche Partikularisierung zu sogenannten Rechtskreisen (Land- und Stadtrecht, Lehensrecht, Ministerialrecht, Hofrecht u.a.m.). Der grösste Teil des Bodens stand unter dem Hofrecht. Die Bauern bewirtschafteten das Land grossenteils als Lehensnehmer. Im Laufe der Zeit bröckelte aber das Eigentum der Grund- und Lehensherren mehr und mehr ab und wurde von den de-facto-Eignern auch de iure übernommen.

Dieses zunächst in ein Ober- und Untereigentum (Lehensherr — Nutzungseigner) geteilte Eigentum ist nun freilich, wie Peter Liver ausführt, nichts typisch Alemannisches und auch nichts, was dem Gemeinwohl besonders entgegengekommen wäre. Eine Parallele zum heute da und dort geforderten «Obereigentum» des Staates zwecks umfassender Planung kann kaum gezogen werden, es

---

[1] Arnold Niederer, Gemeinwerk im Wallis, Basel 1956, S. 17ff.

[2] Peter Liver, Genossenschaften mit Teilrechten nach schweizerischem Recht; in: Privatrechtliche Abhandlungen, Bern 1972, S. 184

[3] Diese und weitere Aussagen sind einem Schreiben entnommen, das dem Verfasser am 26. Juli 1974 von Professor Liver zugegangen ist.

sei denn, man wünsche die feudalrechtliche Bodenordnung zu restaurieren, wobei der Staat an die Stelle des königlichen Grund- und Lehensherrn zu treten hätte. Offenbar denken nun die Befürworter einer Verstaatlichung des Bodens zunächst tatsächlich an eine Wiedereinführung einstiger Feudallasten, etwa der Leistung des Grundzinses, des Vorkaufs- und Heimfallrechts, der Zehntenleistung u.a. in säkularisierter Form.[4] Es darf jedoch nicht übersehen werden, dass es auch in der alemannischen Schweiz, beispielsweise in den Innerschweizer Länderorten und in Rätien, bereits ausgedehntes freies Eigentum gab. Zudem waren die Stadtbürger schon früh freie Eigentümer ihrer Hausplätze und Gebäude. Wenn also behauptet wird, wesentlicher Bestandteil des «alemannischen Grundeigentumsrechts» sei das Gemeineigentum als Nutzungseigentum gewesen, so trifft gerade das nicht zu!

Gewiss war auch das mittelalterliche freie Eigentum an Grund und Boden beträchtlichen Beschränkungen unterworfen. Diese bestanden vorab in Benutzungs- und Veräusserungsbeschränkungen, verursacht durch genossenschaftliche Bindungen. Sie sollten vor allem die Interessen der Familie, der Sippe und der Nachbarschaft schützen. «Gemeinnutz vor Eigennutz!» So kann denn auch Liver feststellen, dass eine Erneuerung des alemannischen Liegenschaftenrechts, besser der vormodernen deutschrechtlichen Eigentumsverfassung der Zeit vom 14. bis Ende des 18. Jahrhunderts, nicht zur Verstärkung, sondern zur Aufhebung fast alles dessen führen würde, was heute im geltenden Recht zur Raumplanung, zum Gewässerschutz, Umweltschutz, zur Erhaltung des bäuerlichen Grundeigentums durch Verfassung und Gesetz vorgesehen und zu einem kleinen Teil in Ausführung begriffen ist.

Es muss daher als eine romantisch-mythische Fiktion bezeichnet werden, wenn ein «alemannisches Bodenrecht» als gewissermassen «einheimisch», «der Gemeinschaft verpflichtet», also «sozial» und sogar ausgesprochen «christlich» dem «artfremden» römischen Bodenrecht gegenübergestellt wird. Römisches Recht sei individualistisch, absolut und statisch. Es solle «dynamischer» und «funktioneller» ausgestaltet werden. Die damit verbundene Absicht ist freilich leicht erkennbar. Man will die Grundeigentümer verpflichten, ihre Güter gemäss den Forderungen einer auf die Allgemeinheit bezogenen, materiell und immateriell bestimmten Ordnung zu nutzen. Das Eigentums**recht** soll durch die **Pflicht** des Eigentümers eingeschränkt werden, seinen Besitz im Interesse der Gesellschaft zu verwenden. Nur so und nur dann wird seine Eignereigenschaft anerkannt.

In den Köpfen der Verfechter eines «alemannischen Bodenrechts» spukt aber auch die Wiedereinführung eines «geteilten» Eigentums. Gemeint sind damit der Verbleib beziehungsweise die Rückgabe des Eigentums an Grund und Boden bei einem beziehungsweise an einen kollektiven Eigentümer (Staat) und der Er-

---

4 Peter Liver, Zur Entstehung des freien bäuerlichen Grundeigentums; in: ZSR 65, 1946

werb von Sekundäreigentum und Nutzungsrechten der auf solchem Grund und Boden erstellten Anlagen und/oder Bauten durch Privatpersonen. Ein rechtlich verschwommener Begriff, eben der des genossenschaftlich geprägten «alemannischen Bodenrechts», wird also bemüht zum Zweck der Durchsetzung sehr handfester Forderungen, die eine Sozialisierung des Bodens herbeiführen sollen.

Das römische Recht ist primär auf die Einzelperson, den (römischen) Bürger ausgerichtet. Hieraus ergibt sich ein absolut-individualistisches Eigentumsverständnis. Das römische Bodenrecht ist denn auch nicht, wie das «alemannische», durch Sippenzugehörigkeit und Brauch, sondern durch Vertrag und Gesetz charakterisiert. Es unterscheidet privates und öffentliches Recht. **Eigentum** wird als **rechtliche totale Herrschaft, Besitz als tatsächliche Herrschaft** über eine **Sache** definiert. Eigentum (dominium), auch solches an Grund und Boden, entstand bei den Römern durch Erbschaft oder Erwerb. Seine Übertragung (mancipatio = Handnahme) erfolgte durch genau geregelte Erbschaftsvorgänge, durch formelles Geschenk oder durch Verkauf vor Zeugen. Ein zunächst vorläufiges oder potentielles Eigentumsrecht (possessio) bestand darin, etwas zu besitzen oder zu nutzen. So waren beispielsweise Pächter von Staatsländereien Besitzer (possessores), nicht aber Herrschaft ausübende Eigner (domini). Freilich konnte solches vorläufiges Besitztum schon ziemlich bald durch Gebrauch und Bewirtschaftung ersessen und so zu unbedingtem Eigentum werden. Der Eigentümer bestimmte dann ganz frei die Nutzungsart seines Bodens, wie und wann diese geändert werden sollte, ob er seinen Besitz belehnen oder veräussern wollte. Die Verschuldung eines vorläufigen oder absoluten Besitzes kam durch Anleihen, Aufnahme von Hypotheken und Entgegennahme von Einlagen zustande. Darlehen zum Verbrauch wurden gegen Hypotheken auf Grundbesitz oder bewegliche Güter gegeben.

Der römische Eigentumsbegriff hat sich in der schweizerischen Eidgenossenschaft erst zu Beginn des 19. Jahrhunderts etabliert. In einer Zeit stark veränderter Wirtschaftsformen ist mit ihm den gewandelten Eigentumsstrukturen entsprochen worden. Auch das Grundeigentum erhielt damit eine neue Selbständigkeit. Der Code civil Napoleons von 1804, der hauptsächlich auf römischem Recht beruht, ist Beispiel für das individualistische, antikorporative Denken und für die Erhebung des einzelnen Bürgers und Bauern zum eigentlichen Wirtschaftssubjekt. Aber auch dessen Verfügungsfreiheiten unterliegen mancherlei Einschränkungen. Sie können in der Art des Besitzes selber liegen oder durch Vorschriften zum Schutze der Nachbarn oder Institutionen des öffentlichen Rechts (Gemeinde, Staat) gegeben sein.

Der Privatbesitz ist aber auch gewissermassen von innen, das heisst von seiner unbedingten römischrechtlichen Begriffsdefinition her angefochten.[5] So wurde und wird gefragt, ob dem Eigentum als solchem «dem Begriff nach» Beschrän-

---

[5] Peter Liver, Eigentumsbegriff und Eigentumsordnung; in: Privatrechtliche Abhandlungen, Bern 1972

kungen immanent seien. Peter Liver bestreitet das energisch, wenn er feststellt: «Dass die Beschränkungen unter die wesentlichen Merkmale des Eigentumsbegriffes aufgenommen werden, ist schon formallogisch verfehlt. Zum Begriff des Eigentums als Freiheit der Nutzung, des Gebrauchs und der Verfügung über die Sache kann nicht die Negation dieser Freiheit gehören. Die Schranken des Eigentums können also nicht Merkmale des Begriffs Eigentum sein; sie setzen dem Eigentum Grenzen, engen es ein, stellen sich ihm entgegen.»[6] Aber nicht allein seitens der Rechtswissenschaft sah und sieht sich der absolute Eigentumsbegriff in Frage gestellt. Auch die Theologie hat sich, wie noch zu zeigen sein wird,[7] mit Relativierungsdefinitionen in die Diskussion eingeschaltet. Und ebenso tun das die Sozialwissenschaften. Hans Peter bemerkt dazu: «Wer das (die Veränderung des Eigentumsbegriffs im geltenden Recht) annimmt, vergisst aber, dass Inhalt und Grenzen des Eigentums durch Gesetze, Verordnungen und Gerichtspraxis so ausführlich geregelt und bestimmt sind, dass für die rechtsschöpferische Tätigkeit der Wissenschaft nur ein sehr enger Raum übrigbleibt. Auf Einzelfragen mag die Lehre oft entscheidend einwirken, aber die grossen Linien, Begriff und Wesen des Eigentums sind vom gesetzten Recht festgelegt und können nur durch dieses verändert werden.»[8]

Die Zunahme der öffentlichrechtlichen Eigentumsbeschränkungen seit der Mitte des 19. Jahrhunderts sind evident. Das gilt in besonderem Masse auch für das Grundeigentum. Im römischen Bodenrecht waren ausführliche Vorschriften über den Bau, Unterhalt und Abbruch von Liegenschaften und über die Nutzung brachliegenden Bodens enthalten. Von den vorgeschriebenen Rücksichtnahmen und Bindungen an die Sippe und an Genossenschaften während der Feudalzeit war bereits die Rede. Mit dem Aufkommen des Liberalismus und des individualistischen Rechtsdenkens fielen zwar zahlreiche Fesseln, bald aber entstanden neue. Die starke Ausdehnung der staatlichen Verwaltungstätigkeit sowie wirtschaftliche und politische Entwicklungstendenzen erwirkten beträchtliche faktische Einengungen der freien Verfügungsrechte über den privaten Besitz an Grund und Boden. Alle diese Beschränkungen dürfen freilich nicht darüber hinwegtäuschen, dass, wie Hans Peter richtig erkannt hat, «der Eigentumsbegriff des römischen Rechts die Dogmatik des (geltenden) Privatrechts beherrscht».[9] Das aber heisst, dass im Prinzip jedes Anteils- oder Miteigentum und jedes geteilte Eigentum — im Gegensatz zum Feudalrecht — ausgeschlossen ist. Immerhin bewahrt das Schweizerische Zivilgesetzbuch noch eine ganze Anzahl deutschrechtlicher Bestandteile (Grunddienstbarkeiten, verschiedene Rechtsstellung von Liegenschaft und Fahrnis, Stockwerkeigentum u.a.m.). Als rechtsergänzend

---

[6] Peter Liver, a.a.O., S. 170

[7] Vgl. Abschnitt I.D.

[8] Hans Peter, Wandlungen der Eigentumsordnung und der Eigentumslehre seit dem 19. Jahrhundert; in: Zürcher Beiträge zur Rechtswissenschaft N.F. 160, Diss. Aarau 1949, S. 64

[9] Hans Peter, a.a.O. S. 84

werden Übung und Ortsbrauch im Schweizerischen Obligationenrecht und im Zivilgesetzbuch etwa bezüglich der Kündigungstermine, des Betretens von Wald und Weide, der Wegrechte, Holzungsrechte, Tränkerechte, Wässerungsrechte, Unterhaltungspflicht bei Nutzniessung und Miete und auch bezüglich vieler Bestimmungen bei Kauf und Tausch, bei Miete und Pacht anerkannt.[10] Das römische hat demnach das sogenannte alemannische Bodenrecht in unserem Land nicht völlig verdrängt. Geblieben sind zahlreiche positive Elemente. Das darf aber nicht darüber hinwegtäuschen, dass die Übernahme des römischrechtlichen Eigentumsbegriffs grundsätzlich einer revolutionären Befreiung von feudalistischen Konstruktionen entsprach. Eine Idealisierung des mittelalterlichen Bodenrechts unserer Vorfahren ist abwegig und steht im Widerspruch zur Bejahung der modernen Grundfreiheiten des Menschen wie der Niederlassungsfreiheit und der Gewerbefreiheit.

[10] R. Weiss, Volkskunde der Schweiz, Erlenbach ZH 1946, S. 348

D. Kirche und Grundeigentum

Die Eigentumsfrage in der katholischen Soziallehre[1]

«Rerum novarum» (1891)

In seiner Enzyklika «Rerum novarum» wandte sich Papst Leo XIII. gegen die falschen Lösungsvorschläge der damaligen Sozialisten, welche durch eine Überführung allen Sondereigentums in die Hände des Staates der im Zeichen der industriellen Revolution herrschenden Not begegnen wollten. Das Verbot für Sondereigentum schadet nach diesen päpstlichen Ausführungen gerade den Arbeitnehmern, und eine Einschränkung des Verfügungsrechtes über das Eigentum verschlechtert die Lage des Arbeitnehmers; eine allgemeine Gleichmacherei führt zum Versiegen des Wohlstandes aller. Für Papst Leo XIII. ist das Eigentum ein absolut geschütztes Recht, das jedoch auch eine soziale Komponente besitzt.

«Quadragesimo anno» (1931)

Papst Pius XI. verteidigte 40 Jahre später in einem neuen sozialen Rundschreiben, dem «Quadragesimo anno», die Aussagen von Papst Leo XIII. und hob die doppelte Funktion des Eigentums, die individuelle und die soziale Komponente, hervor. Die Eigentumslehre von Papst Pius XI. postuliert, dass es keine dem Sittengesetz entsprechende Eigentumsordnung geben kann, die nicht auch dem Gemeinwohl Rechnung trägt.

Die Eigentumsfrage bei Pius XII. (1939–1958)

Papst Pius XII. hat keine eigentliche Sozialenzyklika veröffentlicht, doch brachte ihn die mit dem Ausbruch des Zweiten Weltkrieges verbundene grosse soziale Not dazu, in über 30 Verlautbarungen auch zur Frage des Eigentums Stellung zu nehmen. Diese sozialen Schriften sind von Klarheit und Wirklichkeitsnähe geprägt, zeigen jedoch weniger eine geschlossene Theorie. Für Papst Pius XII. ist es eine Selbstverständlichkeit, dass in allen richtigen Wirtschafts- und Gesellschaftsordnungen «das Recht auf Privateigentum als unerschütterliches Fundament feststehen muss». Das Privateigentum schützt nicht nur die menschliche Initiative, sondern die Anerkennung des Rechtes auf Eigentum bedeutet auch Anerkennung der menschlichen Würde. Das Privateigentum hat zudem nach Papst Pius XII. eine wichtige Bedeutung für den Bestand und die Entwicklung der Familie. Papst Pius XII. betonte die Sozialfunktion des Eigentums, staatlichen Eingriffen gegenüber äusserte er sich hingegen sehr zurückhaltend: Eine Enteignung soll nur verfügt werden, wenn sich kein anderer Ausweg findet, und es soll zudem eine angemessene Entschädigung zugesprochen werden.

[1] Ergänzte Zusammenfassung einer Studie von Ulrich Cavelti, St.Gallen, 1974 (publiziert in einer Kurzfassung in Nr. 8 der Dokumente zur Bodenfrage, hrsg. von der Aktion Freiheitliche Bodenordnung)

«Mater et magistra» (1961)

Die Sozialenzyklika von Papst Johannes XXIII., «Mater et magistra», die mit dem Untertitel «Der soziale Humanismus» versehen wurde, geht davon aus, dass die soziale Entwicklung hinter dem ungeheuren technischen und wirtschaftlichen Fortschritt noch zurückgeblieben ist. Neu überdacht wird auch die Eigentumsfrage in der veränderten Situation, hervorgerufen durch die getrennten Funktionen der Kapitaleigner und des Managements einerseits, der zunehmenden Bedeutung der Sozialversicherungen anderseits. Auch in dieser veränderten Situation besteht ein natürliches Recht auf Eigentum: «. . . das Recht auf Eigentum bildet in der Tat eine Stütze und zugleich einen Ansporn für die Ausübung der Freiheit.»

Johannes XXIII. bejahte das Recht auf Eigentum als natürliches und damit zeitloses Recht und befürwortete trotz der veränderten Lage eine grössere Streuung der Güter, deren soziale Funktion er betonte. Er wies aber auch auf die Verantwortung der Kapitaleigner für das Gemeinwohl hin.

«Gaudium et spes» (1965)

Die «Pastorale Konstitution über die Kirche in der Welt von heute», welche vom Zweiten Vatikanischen Konzil verabschiedet wurde, stellt nicht mehr das Eigentumsrecht des einzelnen in den Vordergrund, sondern die Zweckbestimmung der Erdengüter für alle. Obwohl sich die Eigentumsverhältnisse heute geändert haben, wird der Anspruch des einzelnen und der Familie, Eigentum zu haben, grundsätzlich doch noch geschützt.

«Populorum progressio» (1967) und «Octogesimo adveniens» (1971)

Sowohl in der Enzyklika über den Fortschritt der Völker («Populorum progressio») wie auch im apostolischen Brief zum 80. Jahrestag von «Rerum novarum» an den Erzbischof von Quebec kommt Papst Paul VI. auf die Eigentumsfrage zu sprechen. Als Grundsatz gilt, dass die Erdengüter für alle da sind. Alle anderen Rechte, auch das Recht auf Eigentum, sind dieser Zweckbestimmung der Güter untergeordnet. Staatliche Eingriffe werden dann befürwortet, wenn «ein Konflikt zwischen den wohlerworbenen Rechten des einzelnen und den Grundbedürfnissen der Gemeinschaft entsteht». Bei Paul VI. wird das Privateigentum nicht mehr als ein Recht, das in der Natur der Dinge liegt und für alle Zeit gilt, angesprochen. Die Güter der Erde haben nur eine Sozialfunktion, kaum mehr die Bedeutung der materiellen Garantie für den einzelnen. (Es darf allerdings nicht vergessen werden, dass «Populorum progressio» zur Lage der Entwicklungsländer geschrieben wurde und darum auch keinen allgemeinen Geltungsanspruch erheben kann.)

«Laborem exercens» (1981)

Die von Papst Johannes Paul II. zum 90. Geburtstag von «Rerum novarum» veröffentlichte Sozialenzyklika «Laborem exercens» ist ganz dem geistig und körperlich arbeitenden Menschen gewidmet. Während die früheren Lehrschriften der Päpste von zeitgeschichtlich aktuellen Missständen ausgingen, dient hier die Personenwürde jedes einzelnen Menschen und der sich daraus ergebende personale Charakter jeder Art von menschlicher Arbeit als Ansatz. Von dieser Warte aus müssen auch die nachfolgend zusammengefassten Ausführungen über Arbeit und Eigentum verstanden werden:

1. Das bereits in «Rerum novarum» und «Mater et magistra» betonte «Recht auf Privateigentum auch hinsichtlich der Produktionsmittel» wird ausdrücklich bestätigt.
2. Das «Recht auf Eigentum» darf jedoch «nie als absolut und unantastbar» betrachtet werden; es muss immer «im grösseren Rahmen des gemeinsamen Rechtes aller auf die Nutzung der Güter der Schöpfung insgesamt» gesehen werden: «das Recht auf Privateigentum als dem gemeinsamen Recht auf Nutzniessung untergeordnet, als untergeordnet der Bestimmung der Güter für alle».
3. Eigentum erwirbt man «vor allem durch Arbeit und damit es der Arbeit diene. Das gilt besonders für das Eigentum an Produktionsmitteln. (. . .) Man darf sie nicht gegen die Arbeit besitzen; man darf sie auch nicht um des Besitzes willen besitzen, weil das einzige Motiv, das ihren Besitz rechtfertigt (— . . . —), dies ist, der Arbeit zu dienen und dadurch die Verwirklichung des ersten Prinzips der Eigentumsordnung zu ermöglichen: die Bestimmung der Güter für alle und das gemeinsame Recht auf ihren Gebrauch.» (Primat der Arbeit über das Eigentum).
4. Der Gegensatz zwischen Kapital und Arbeit, soweit er sich an der Eigentumsfrage entzündet, kann überwunden werden, indem «die Arbeit soweit als möglich mit dem Eigentum am Kapital» verbunden wird; mit andern Worten, indem Eigentumsformen an den Produktionsfaktoren entwickelt werden, die eine gemeinsame, eine gesellschaftliche Nutzung sicherstellen («Miteigentum an den Produktionsmitteln», «Mitbestimmung», «Gewinnbeteiligung», «Arbeitnehmeraktien und ähnliches»).

«Sollicitudo rei socialis» (1987)

Die von Papst Johannes Paul II. am 10. Dezember 1987 signierte, aber erst Anfang 1988 veröffentlichte Enzyklika befasst sich in erster Linie mit der Entwicklungsproblematik. Wie in der ersten Entwicklungsenzyklika («Populorum progressio») finden sich darin aber auch Hinweise zur Lage und zu Problemen in den wirtschaftlich fortgeschritteneren Industriestaaten, beispielsweise auf die Wohnungsnot und die Arbeitslosigkeit als «Kennzeichen von Unterentwicklung, die in wachsendem Masse auch die entwickelten Völker betreffen».

Hinsichtlich der Eigentumsfrage sind vor allem drei Punkte aus der Enzyklika hervorzuheben:

— der Einbezug der «Option oder vorrangigen Liebe für die Armen» in die Überlegungen zum Eigentum. Diese Option gelte auch «für unseren Lebensstil sowie für die entsprechenden Entscheidungen, die hinsichtlich des Eigentums und des Gebrauchs der Güter zu treffen sind». Entsprechend betont die Enzyklika, dass auf dem Privateigentum eine «soziale Hypothek» liegt. Man erkenne darin «eine soziale Funktion als innere Qualität, die genau auf dem Prinzip der allgemeinen Bestimmung der Güter gründet und von dorther gerechtfertigt ist».

— die Betonung der «Grenzen für den Gebrauch der sichtbaren Natur», die auch mit Blick auf das Grundeigentum von Bedeutung ist. Denn die vom Schöpfer dem Menschen anvertraute Herrschaft sei keine absolute Herrschaft, noch könne man von der Freiheit sprechen, sie zu gebrauchen oder zu missbrauchen, wie es einem beliebt.

— der Hinweis auf den heute so oft betonten Unterschied zwischen «Haben» und «Sein». Das «Haben» von Dingen und Gütern vervollkommne von sich aus nicht die menschliche Person, wenn es nicht zur Reifung und Bereicherung ihres «Seins», das heisst, zur Verwirklichung der menschlichen Berufung als solcher, beitrage.

An die Adresse der Kirche selbst richtet sich schliesslich die Mahnung, dass sie, ihre Amtsträger und jedes einzelne ihrer Glieder, durch ihre Berufung dazu angehalten seien, «das Elend der Leidenden, ob nah oder fern, nicht nur aus dem ‹Überfluss›, sondern auch aus dem ‹Notwendigen› zu lindern». Damit wird eine bereits von den Kirchenvätern gegebene Weisung wieder aufgenommen.

Protestantische Stellungnahmen

Leonhard Ragaz, Emil Brunner, Karl Barth

Entsprechend der nicht hierarchischen Struktur des Protestantismus lässt sich keine einheitliche Lehrmeinung der protestantischen Kirche in der Eigentumsfrage feststellen. Die Auffassungen eines Emil Brunner, eines Karl Barth oder eines Leonhard Ragaz gehen diesbezüglich erheblich auseinander.

Leonhard Ragaz äussert sich in dem von ihm zusammen mit Max Gerber, Jean Matthieu, Clara Ragaz und Dora Staudinger 1919 publizierten Werk «Ein sozialistisches Programm» wie folgt: «Wir leiden darunter, dass unser Grund und Boden, was der Mensch am nötigsten hat, zum grössten und wichtigsten Teil einzelnen gehört, die damit schalten und walten können, fast wie sie wollen. Das war nicht immer so. In früheren Jahrhunderten hatte der Boden nicht die Macht wie heute.»[2]

Die Ungerechtigkeit des unbeschränkten privaten Bodenbesitzes zeigt sich nach Ragaz in den Städten und Industriegebieten noch deutlicher als beim Landwirtschaftsboden . . . Bodenreform soll danach angebahnt werden: a) durch eine Wertzuwachssteuer, b) eine Steuer auf den gemeinen Wert von Grund und Boden . . . c) durch Errichtung freier unverkäuflicher und unverschuldbarer Heimstätten.

Emil Brunner anerkennt demgegenüber die positiven Seiten des privaten Grundeigentums, äussert sich indessen ebenfalls kritisch zum sogenannten individualistischen Eigentumsbegriff: «Es gibt verschiedene Arten von Eigentum, die in sehr verschiedener Nähe zum Schöpfungsrecht stehen. So müssen wir zunächst einmal zwischen dem natürlichen und dem historischen Eigentum unterscheiden. Natürliches Eigentum im strengen Sinne ist nur der eigene Leib und seine Glieder, im weiteren Sinne aber all das, was unmittelbar zu unserer Person gehört. Je enger die Verbundenheit mit der Person, desto mehr ist Eigentum um der Freiheit willen notwendig. Nicht nur das eigene Kleid und der eigene Hausrat, sondern auch das eigene Wohnhaus hat eine positive Bedeutung für die freie Persönlichkeit. Das eigene Wohnhaus fördert, die Mietkasernen schädigen das Werden der Person. Jeder weiss, was der eigene, freie Boden für die Entwicklung des freien, innerlich unabhängigen Bauernstandes bedeutet hat und noch bedeutet. Alle Ersetzung von Privateigentum durch Kollektiveigentum ist sittlich gefährlich, wo es sich um ein Eigentum handelt, das mit der Person eng verbunden ist. Wir können dies im weiteren Sinne natürliches Eigentum nennen.»[3] Im folgenden aber relativiert Emil Brunner sein Verständnis des Rechtes auf Eigentum: «Alles Eigentum ist nämlich erworben unter Bedingungen, die der Erwerbende nicht selbst geschaffen hat. Er erwirbt Eigentum unter dem Schutz des Staates, in einer Kulturwelt, die er nicht selbst hervorgebracht hat. Darum hat auch die Gemeinschaft ein Mit-Recht an seinem erworbenen Eigentum, da sie stiller Mitbeteiligter ist.»

Und zum Bodenbesitzerstatut sagt Emil Brunner: «Nach der göttlichen Schöpfungsordnung hat grundsätzlich jeder Mensch das Recht auf den Boden, aus dem er leben kann . . . Zum Bodenbesitz ist derjenige am berechtigsten, der ihn bearbeiten will . . . Es ist ungerecht, wenn derjenige, der den Boden nicht bearbeitet, ihn besitzt, und derjenige, der ihn bearbeitet, ihn nicht besitzt. Der individualistische, in diesem Fall der römisch-rechtliche Eigentumsbegriff gibt dem Eigentümer auch über den Tod hinaus unbedingte Verfügungsgewalt über sein Eigentum. Diesen individualistischen Eigentumsbegriff haben wir vom christlichen Gerechtigkeitsverständnis aus ablehnen müssen.»

---

[2] Max Gerber, Jean Matthieu, Clara und Leonhard Ragaz, Dora Staudinger, Ein sozialistisches Programm, Olten o.J., S. 172 ff.

[3] Emil Brunner, Gerechtigkeit, Zürich 1943, S. 175 ff.

Von Karl Barth liegen erstaunlicherweise wenig Aussagen zum Eigentums-
problem vor. In seiner Dogmatik führt er aus: «Es geht nicht um die Realisierung
eines Ideals oder Prinzips der Armut, wie es später in die Mönchsregel aufgenommen worden ist. Es geht auch nicht um die Grundlegung einer vom Prinzip
des Privateigentums befreiten neuen Gesellschaft. Sondern es geht schlicht und
zugleich viel einschneidender um bestimmte Anrufe an bestimmte Menschen.»[4]

«Neues Recht für unseren Boden» (1969)

Unter dem Titel «Neues Recht für unseren Boden» publizierte der Schweizerische Evangelische Kirchenbund 1969 die Ergebnisse der Beratungen einer speziellen (bodenrechtlichen) Studienkommission. Diese war im Anschluss an die
sozialdemokratisch-gewerkschaftliche Initiative gegen die Bodenspekulation von
1963 und den Entwurf des Bundesrates zu einer verfassungsrechtlichen Ordnung des Bodenrechts vom 15. August 1967 eingesetzt worden.

Von besonderem Interesse sind nebst den «Biblisch-theologischen Gesichtspunkten zur Bodenfrage», den Ausführungen von Arthur Rich über «Die heutige
Eigentumsproblematik in christlicher Sicht», dem Beitrag «Juristische Gesichtspunkte» von Arthur Meyer-Hayoz sowie den Abschnitten «Thesen zur Ent-
schädigungsfrage im schweizerischen Bodenrecht» und «Der Wert- und Lastenausgleich im Bodenrecht» insbesondere die von der Kommission erarbeiteten
bodenrechtlichen Thesen.

Ausgangspunkt aller Überlegungen bei der Neuordnung des Bodenrechts war
für die Kommission die Tatsache, dass zwar Bevölkerung und Wirtschaft wach-
sen, nicht aber der Boden. Dem Bund müsse zur Verwirklichung der Landesplanung eine umfassende verfassungsrechtliche Kompetenz zugesprochen werden.
Dabei sei zwar nicht das Prinzip des Föderalismus an sich, wohl aber seine konkrete Ausgestaltung neu zu überdenken. Die koordinierende und planende
Funktion des Staates müsse — bei aller kritischen Würdigung der Ausübung der
staatlichen Machtbefugnisse — ernst genommen werden. Planung stehe zwar
immer in einer gewissen Polarität zwischen Freiheit und Bindung; eine wohlver-
standene Landesplanung sei aber nicht gegen die Freiheit gerichtet, sondern be-
deute Voraussicht und Sicherung der jetzigen und künftigen Raumbefugnisse.
Die Eigentumsfrage müsse im Bewusstsein der Unumgänglichkeit einer teilwei-
sen Beschränkung der Eigentumsfreiheit behandelt werden. Eigentum beziehe
seinen Sinn aus seiner Funktion für den Menschen, und so habe denn auch das
Privateigentum an Grund und Boden nur eine Berechtigung, insofern es im
Dienste der Menschen, und zwar nicht nur der Grundbesitzer, sondern der ganzen menschlichen Gesellschaft stehe.

---

[4] Karl Barth, Die kirchliche Dogmatik, Band IV/2, Zollikon-Zürich 1953, S. 620

Voraussetzung für eine Normalisierung der Bodenmärkte für die verschiedenen Nutzungsarten sei eine umfassende Zonenplanung. Hauptsächlich die Anordnung von Landwirtschaftszonen durch den Bund im ganzen Gebiete der Eidgenossenschaft scheine vordringlich und führe zu einer Beruhigung des grössten Teils des Bodenmarktes. Die Kommission hält dafür, die Expropriation als schärfstes Mittel des Staates nur sehr sparsam anzuwenden; die Entschädigung habe sich nach dem vollen, zur Zeit der Planfestlegung geltenden Wert zu richten.

Eine nationale Raumplanung auf dem Gebiete der Bodenpolitik genügt indessen nach Meinung der Kommission noch nicht. So sollen denn die Gemeinden unter der Oberaufsicht der Kantone zur Ortsplanung verpflichtet werden, um die sekundären Bodenteuerungsfaktoren zu beseitigen und um eine genügende Baulanderschliessung sowie — durch Revision der Baugesetze — eine optimale Besiedelung zu gewährleisten. Daneben müsse durch eine bessere Ausgestaltung der Grundstückgewinn- und Bodensteuern, insbesondere durch Einführung der Mehrwert- und der Verkehrswertsteuer auf Grundbesitz, das Horten von Bauland bekämpft werden.

«Teilnahme an der Planung unseres Bodens» (1976)

Ende 1974 erteilte der Vorstand des Schweizerischen Evangelischen Kirchenbundes der neu geschaffenen «Kommission für Raumplanungs- und Bodenrechtsfragen» den Auftrag, für die «laufenden und kommenden Auseinandersetzungen Materialien im Sinne von Diskussionsbeiträgen zu erarbeiten». Als Ergebnis dieser Arbeiten erschien dann im April 1976 die Studie «Teilnahme an der Planung unseres Bodens».

Im ersten der sich in vier Kapitel gliedernden Studie werden unter dem Titel **«Raumplanung und Bodenrecht in sozialethischer Sicht»** die sozialethischen Kriterien des Bodenrechts dargelegt. Von der Feststellung, dass das Leben Jesu durch Mitmenschlichkeit geprägt gewesen sei, wird abgeleitet, dass dieses Prinzip auch mit Blick auf das Bodenrecht seine Gültigkeit haben müsse, ja eine Raumplanung ohne Mitmenschlichkeit gar nicht denkbar sei.
Im ersten von acht Grundsätzen, welche jeweils von einem ausführlichen Kommentar begleitet sind, wird festgestellt, dass sich Planung und Freiheit keineswegs gegenüberstehen, diese sich vielmehr — in einem rationalen Verständnis — gegenseitig bedingen. Eigentum sei kein absolutes, sondern aus der Sicht mitmenschlich partizipativer Humanität immer nur ein relatives Recht. Daraus wird gefolgert, dass der Mensch nur eine Art Lehensträger, Inhaber bestimmter Nutzungsrechte sei, welche allen zugute kommen sollen. Auch müsse den Verabsolutierungs- und Monopolisierungstendenzen, welche zu Privilegierung und Diskriminierung führten, entgegengetreten werden. Die besondere Problematik des

Bodeneigentums beruhe darauf, dass jedermann Boden zu seiner Existenz benötige, Boden aber grundsätzlich nicht produzierbar, also beliebig vermehrbar sei. Das Problem der optimalen Partizipation aller am vorhandenen Grund und Boden lasse sich nur im Rahmen einer menschengerechten Raumplanung lösen, wobei nach den verschiedenen Nutzungsarten zu differenzieren sei.

Deshalb sei das Bodeneigentum auf seine Sozialpflichtigkeit hin zu überprüfen. Dabei besagt Sozialpflichtigkeit nach Meinung der Verfasser, dass nicht der Besitzer allein über die Nutzungsmöglichkeiten seines Grundstückes verfügen kann, sondern auch Dritte, beziehungsweise die Öffentlichkeit daran partizipieren sollen. Es wird betont, dass es nicht um die Sozialisierung, sondern um die Sozialpflichtigkeit des Bodeneigentums gehe. Werde allerdings dieser Schritt nicht getan, so könnte die Sozialisierung des Grundbesitzes als letzte Alternative verbleiben. Schliesslich wird festgehalten, dass es keine Raumplanung gebe, die neben der Beseitigung alter nicht auch die Erzeugung neuer Benachteiligungen nach sich ziehen würde. Sie müsse darum, schon ihrer Anlage nach, durch ausgleichende Massnahmen für eine solidarische Verteilung der Vorteile, die die einen bei der Realisierung raumplanerischer Konzepte erfahren, und der Nachteile, die andere durch sie erleiden, besorgt sein.

Einlässlich werden im zweiten Kapitel (**«Bodenrecht und Raumplanung»**) das am 13. Juni 1976 dem Volk vorgelegte Raumplanungsgesetz sowie eine Auswahl von Reformvorschlägen für das schweizerische Bodenrecht besprochen. Dabei gelangen das «Projekt eines Gewinnausgleichs zwischen Bauzonen und Landwirtschaftszonen» und das «zürcherische Projekt einer Reform des Bodenrechts» sowie das «Projekt aus dem Kreise der radikaldemokratischen Partei der Schweiz vom 4.4.1973» und der «Vorschlag der Sozialdemokratischen Partei der Schweiz, verabschiedet am Parteitag vom März 1975 in Zürich», zur Darstellung.

Unter der Überschrift **«Regionales Ungleichgewicht»** befassen sich im dritten Kapitel die Verfasser mit den regionalen Ungleichheiten und Unterschieden in der Schweiz sowie mit «Massnahmen zur Förderung des Ausgleichs zwischen Regionen». Nach Auffassung des Verfasserteams ist denn auch aus dieser Sicht das Raumplanungsgesetz als Ganzes sehr positiv zu werten. Klar spricht man sich in diesem Zusammenhang gegen extreme Lösungen aus. Als solche werden eine vollständig freie Marktwirtschaft oder der Glaube an eine umfassende wirtschaftliche und gesellschaftliche Planung betrachtet. Nur eine differenzierte und mit marktwirtschaftlichen Mechanismen abgestimmte Planung erlaube es, angemessene Lösungen zu finden.

Das vierte Kapitel schliesslich ist dem Problemkreis **«Raumplanung und politische Partizipation»** gewidmet, wobei die näher erläuterten ausländischen Beispiele nach Auffassung der Kommission nicht Vorbild, sondern bloss Hilfsmittel bei der Suche nach einer spezifisch schweizerischen Form der Mitbestimmung in der Bodenrechtsfrage sein sollten.

Der Partizipationsgedanke stand auch im Mittelpunkt einer neun Jahre später von der gleichen Arbeitsgruppe herausgegebenen Publikation. Unter dem Titel **«Mitwirkung der Bevölkerung bei der Raumplanung: 24 praktische Beispiele»** wurden verschiedene Formen der Partizipation an Planungsvorhaben im In- und Ausland analysiert. Die Arbeitsgruppe formulierte im Anschluss an eine Synthese der 24 untersuchten Fälle sieben Einsichten und drei Empfehlungen sowie einige Überlegungen zur Aufgabe der Kirche im Bereich der Raumplanung.

Eine ökumenische Stellungnahme

Unter dem Titel «Welches Bodenrecht ist für Mensch und Boden recht?» haben Ende 1987 das Institut für Sozialethik des Schweizerischen Evangelischen Kirchenbundes und die Schweizerische Nationalkommission Justitia et Pax gemeinsam eine Publikation herausgegeben, die von einer ökumenischen Arbeitsgruppe für Raumplanungs- und Bodenrechtsfragen erarbeitet worden ist. Die Broschüre enthält zunächst eine Situationsanalyse, worauf sozialethische Überlegungen zum Boden angestellt werden. In einem dritten Kapitel werden aktuelle Lösungsvorschläge zur Reform des schweizerischen Bodenrechts beleuchtet; abschliessend werden Anmerkungen aus sozialethischer Sicht zu möglichen Massnahmen angebracht.

Obwohl das Bemühen um sachliche Differenzierung nicht zu verkennen ist, kommt es doch immer wieder zur unreflektierten Übernahme von abgegriffenen Klischees. Eine nicht zu übersehende Einseitigkeit besteht darin, dass Behauptungen von bodenreformerischer Seite kaum hinterfragt, sondern leichthin übernommen werden, während die Begründungen für die bestehende Eigentumsordnung überhaupt nicht zur Kenntnis genommen, sondern zum voraus als Lobbyismus abgetan werden.

Zur liberalen Gesellschaftsordnung und zum privaten Eigentum haben die Autoren ein ambivalentes Verhältnis. So charakterisieren sie den Sozialismus dahin, dass er die Anhäufung von Gütern und Macht in den Händen einiger weniger bremse, während die Logik des kapitalistischen Wirschaftens die Anhäufung von Gütern und Produktionsmitteln (bei diesen wenigen) fördere (S. 18). Das Grundeigentum wird als Grundpfeiler des Reichtums und der wirtschaftlichen Ungleichheit abgestempelt (S. 20). Bezeichnend ist denn auch die (sachlich verfehlte) These, dass das individuelle Grundeigentum eine Erfindung der Neuzeit sei (S. 76); schon die Antike hat ein durchaus vergleichbares Individualeigentum an Grund und Boden gekannt. Die Kapitalanlage in Grundstücken wird als sozial unverantwortliches «Verlochen» von «Fluchtgeld» gebrandmarkt (S. 78). Erstaunlich ist das Bemühen, eine Legitimation des Grundeigentums als Hort der Familie auszuschliessen.

Zahlreiche Ungereimtheiten sind schon bei der Tatbestandesaufnahme zu registrieren. So wird kurzerhand die unbewiesene Behauptung übernommen, dass jährlich 30 bis 35 km² Kulturfläche überbaut würden und dadurch pro Sekunde ein Quadratmeter Kulturland verlorengehe. Dabei wird auf der gleichen Seite (S. 13) festgehalten, dass der Kulturlandverlust selbst in den expansiven 60er und 70er Jahren «nur» 22,1 beziehungsweise 20,5 km² pro Jahr betragen habe. Beklagt werden weiter die Verdrängung von Wohnraum durch andere Nutzungen sowie die Verringerung preisgünstigen Wohnraums durch kostspielige Renovationen und durch Begründung von Stockwerkeigentum (S. 30 f.). Hier werden gängige politische Vorwürfe einfach übernommen — ohne Quantifizierung und Hinterfragung. Dass die Umnutzungen gesamtwirtschaftlich kaum ins Gewicht fallen, dass von behördlicher Seite die Zahl der Renovierungen als zu gering betrachtet wird und dass die Umwandlung von Mietwohnungen in Eigentumswohnungen auch ein erstrebenswertes sozialethisches Ziel darstellen kann, kommt nirgends zum Ausdruck. Bei der Darstellung der Wohnprobleme (S. 32 ff.) wird schlicht die Argumentation der Mieterseite wiedergegeben; hinsichtlich der Mitwirkungsmöglichkeiten der Bewohner (S. 35 ff.) wird gewissermassen aus dem Elfenbeinturm heraus postuliert — ohne jegliche Abschätzung der praktischen Auswirkungen. Zur Bodenpreissteigerung werden wenig erhellende Ausführungen gemacht. Die Rolle der angebotsbeschränkenden restriktiven Nutzungsplanung wird nicht untersucht, dafür ist viel mehr die Rede vom Gewinnstreben des Bauunternehmers und des Immobilienhändlers (S. 27 ff.).

Beachtung verdient die Studie insbesondere wegen der im zweiten Kapitel angestellten sozialethischen Überlegungen. Ausgangspunkt ist die Feststellung, dass der Boden erstens Lebensgrundlage für Mensch, Tier und Pflanze und zweitens ein knappes und unvermehrbares Gut ist, drittens Lebensraum für alle bildet und viertens vielfältig gefährdet wird. Aus den einschlägigen alt- und neutestamentlichen Texten werden etliche Weisungen herausgearbeitet, interpretiert und in vier Perspektiven gefasst: Verantwortung wahrnehmen für die Schöpfung (1), Eigentum und Besitz in mitmenschlicher Partizipation (2), Gerechtigkeit aus Liebe durch Partizipation (3) und Verantwortung heute und morgen (4). Aus sieben kommentierten Grundeinsichten werden ebensoviele Handlungsorientierungen abgeleitet. Einsichten und Orientierungen sind von unterschiedlicher Stringenz. Mit den beiden Grundeinsichten zur Raumplanung, die in der Forderung nach einem verantwortlichen Umgang mit dem Boden gipfeln, umschreiben die Autoren eine Haltung, die ihren Niederschlag im geltenden Recht bereits gefunden hat. Die beiden Grundeinsichten zum Eigentumsrecht enthalten mehr Sprengstoff. Die Forderung nach einer für Gebrauchsgüter und Produktionsmittel/Boden differenzierten Ausgestaltung der Eigentumsgarantie ist problematisch, ist doch nicht die Garantie als solche in Frage zu stellen, sondern es sind gegebenenfalls unterschiedliche Beschränkungen der Eigentumsfreiheit vorzusehen. Ebenso erscheint das Ansinnen, die Eigentumsgarantie so auszugestalten, dass Spekulationen mit dem Boden ausgeschlossen sind, als allzu blauäugig. Wäre es so einfach, die zu gravierenden Ungerechtigkeiten führende «Gewinnerzielung mittels des Bodens» auszuschalten, wäre das schon längst getan worden. Bemerkenswerterweise wird nicht nur eine Verabsolutierung, sondern auch eine völlige Relativierung des Grundeigentums abgelehnt, und zwar mit Hinweis auf die positiven Folgen der «Ortsverbundenheit» (politisches Engagement, aktive Teilnahme am Dorfleben, lokale Identität). Dazu will freilich die These, dass es streng genommen keine Eigentümer, sondern nur Nutzer gebe, nicht so recht passen. Offene Türen rennen die Autoren mit der Feststellung ein, dass jede Monopolisierung des Eigentums und jede Beschränkung der Nutzniessung des Eigentums auf eine kleine Minderheit ungerecht sei. Die drei unter dem Titel «Gerechtigkeit und Partizipation» formulierten Grundeinsichten und Handlungsorientierungen zeichnen sich nicht alle durch besondere Präzision aus. Statt deutlich einer breiteren Streuung des Grundeigentums das Wort zu reden, wird verlangt, dass diejenige Eigentumsform gewählt werde, die zu einer gerechten Nutzung des verfügbaren Bodens führe. Konkretisiert wird das Begehren, die Sozialpflichtigkeit des Eigentums zu fixieren und zu realisieren, mit einem Plädoyer für die Abschöpfung planungsbedingter Mehrwerte und für die allgemeine Zugänglichkeit privater Grundstücke in ausgesuchten Erholungslagen analog der für den Wald geltenden Regelung.

Mit der Betonung des Sachverhalts, dass jedes Ding seinen Preis habe, soll zum Ausdruck gebracht werden, dass Benachteiligungen für die Bessergestellten in Kauf zu nehmen seien, gehe doch eine menschengerechte Bodenordnung von der Option aus, dass die Situation der Benachteiligten verbessert werden müsse.

Im abschliessenden Kapitel über «kleine Schritte auf unsicherem Boden» grenzen sich die Autoren klar ab gegen Dogmatismus und gegen Massnahmen, die eine äusserst minuziöse und ausgedehnte Kontrolle voraussetzen wie etwa eine Mietzinskontrolle. Ebenso sprechen sie sich gegen Enteignungen grösseren Umfangs aus. Demgegenüber begrüssen sie die Mehrwertabschöpfung und den Vorentwurf für ein Bundesgesetz über das bäuerliche Bodenrecht. Befürwortet wird eine Vielfalt der Formen der Eigentumsbildung. Zur Stadt-Land-Initiative gegen die Bodenspekulation vermeiden sie ein abschliessendes Urteil. Sie finden aber für die Initiative nur positive Worte und enthalten sich jeglicher Hinweise auf mögliche negative Auswirkungen. Dass mit dieser Initiative eine Verabsolutierung des Selbstnutzungsgedankens einherschreitet, wird nicht konstatiert. Dafür wird zu bedenken gegeben, dass eine massive Ablehnung der Initiative zur Folge hätte, «dass den begrüssenswerten Vorschlägen des Bundesrates zum bäuerlichen Bodenrecht der Weg verbaut würde» . . .

Angesichts des höhere Autorität beanspruchenden Titels der Publikation mussten sich die Autoren zweifellos vor allzu konkreten Aussagen hüten. Ein gewisses Lavieren ist unverkennbar, ebenso eine ausgeprägte kritische Distanz zum Eigentum, was denn auch ausdrücklich als in der jüdisch-christlichen Tradition stehend bezeichnet wird (S. 43). Aber auch die Mitarbeit durchaus weltlicher

Bodenreformer hat ihre Spuren hinterlassen. Auf der Basis liberaler Anschauungen hätte eine sozialethische Studie in manchen Formulierungen und manchen Aussagen eine andere Gestalt angenommen.

Fazit: Das private Eigentum an Grund und Boden als solches wird in der Schweiz kaum in Frage gestellt. Eine umfassende Sozialisierung des Bodens steht mithin nicht zur Diskussion. Demgegenüber werden mancherlei Thesen zur Relativierung des Grundeigentums vorgetragen. Sie haben insbesondere im Bereich der Staatsrechtslehre und der Sozialethik prominente Verfechter gefunden. Den Motivationen des privaten Grundeigentums kann indessen nur eine integrale Eigentumsgarantie entsprechen. Die Besonderheiten des Gutes Boden können sehr wohl spezifische Einschränkungen der Eigentumsfreiheit rechtfertigen, eine Spaltung des Eigentumsbegriffes jedoch nicht. Die Eigentumsfreiheit ist nicht teilbar.

II. Hauptaspekte der Bodenfrage

Ist die Vorfrage nach der Zulassung privaten Eigentums an Grund und Boden positiv entschieden, so stellen sich im einzelnen einige zentrale Hauptfragen. Im folgenden sollen problemorientiert acht solcher Aspekte näher analysiert werden.

A. Grundrente

Die Grundrente, einstmals streng wissenschaftlicher Begriff, ist in der politischen Auseinandersetzung der Gegenwart zu einem Schlagwort geworden, über dessen Inhalt widersprüchlichste Interpretationen zirkulieren.

Wie in den einschlägigen Lexika nachzulesen ist, wird die Grundrente von den Klassikern in enger Verbindung mit der Differentialrententheorie definiert, und zwar vorab mit Bezug auf landwirtschaftlichen Boden. Die Grundrente erscheint als die von Bodengüte und Lage des Grundstücks abhängige Differentialrente. So erklärt Adam Smith die Existenz der Grundrente aus dem Vorhandensein von Preisen für Nahrungsmittel.

In neuerer Terminologie wird die Grundrente kurzerhand als das Einkommen bezeichnet, das der Grundeigentümer aus seinem Grundeigentum bezieht. In der von der Sozialdemokratischen Partei der Schweiz herausgegebenen Broschüre zur Erläuterung ihrer zweiten Bodenrechtsinitiative wird die Grundrente definiert als «Ertrag, den Boden unabhängig von Arbeitsleistung und Kapitalaufwand abwirft. Er ist abhängig von Bodenqualität und Lage des Grundstücks.»[1] Hans Hoffmann, Exponent der für eine Vergesellschaftung des Bodens (nicht der Gebäude) eintretenden «freiwirtschaftlichen» oder liberalsozialistischen Bewegung und heute auch Mitglied der Schweizerischen Gesellschaft für ein neues Bodenrecht, definiert die Bodenrente als den «Preis, den der Bodeneigentümer dem Bodenbesitzer für das Zurverfügungstellen eines Stückes ‹Boden› abverlangt. Handelt es sich um Bauland, wird von Boden- und Grundrenten gesprochen, beim agrarisch genutzten Boden spricht man vom Pachtzins.»[2] David Dürr definiert die (reine) Grundrente als das, «was wirtschaftlich rein aus dem Boden an laufender Rendite, aber auch an Gewinn, nicht realisiertem Mehrwert usw. geholt werden kann — ohne weiteres Zutun».[3]

Wer nach Massgabe der vorstehenden Definitionen die Grundrente zu quantifizieren versucht, wird rasch feststellen, dass diese Definitionen hierfür wenig

[1] SPS, Wieviel Erde braucht der Mensch, Bern 1976, S. 48

[2] Hans Hoffmann, Der Boden als Produktionsfaktor, seine soziale und politische Bedeutung; in: Zeitschrift für Sozialökonomie der Sozialwissenschaftlichen Gesellschaft, Sonderheft März 1974, S. 7

[3] David Dürr, Aktuelle Probleme der Bodenpolitik aus der Sicht des Privatrechts; in: Wirtschaft und Recht, 2/1988, S. 131

hilfreich sind. In der Nationalen Buchhaltung wird das Entgelt für den Produktionsfaktor Boden nicht gesondert ermittelt: Grundrentenkomponenten sind zu finden im Vermögens- und Mietzinseinkommen der Haushalte, im Geschäftseinkommen der Selbständigen, im unverteilten Unternehmungseinkommen und im Vermögenseinkommen des Staates und der Sozialversicherungen. Der präzisen Ermittlung der Grundrente stellen sich vor allem drei Schwierigkeiten entgegen: die Schwierigkeit, zwischen Boden- und Gebäudeertrag zu unterscheiden, sodann die Schwierigkeit, den auf Arbeitsleistung und Kapitalaufwand beruhenden Teil des Bruttoertrages zu erfassen, und schliesslich die Schwierigkeit, die Höhe der Grundrente bei Eigengebrauch zu beziffern.

Ungeachtet dieser Schwierigkeiten wollen die Urheber der zweiten Bodenrechtsinitiative der SPS in der Lage sein, die Grundrente bei Fremdgebrauch und bei Luxusgebrauch jährlich abzuschöpfen.[4] Da es sich um Abschöpfung von «Erträgen» und nicht etwa von Wertzuwachs handelt, sollen anscheinend Vermieter, Verpächter und Bewohner von Luxusliegenschaften dazu angehalten werden, einen Teil ihres effektiven Ertrages beziehungsweise bei Eigengebrauch ihres fiktiven Ertrages als «Grundrente» zu deklarieren. Offenkundig soll den drei obgenannten Schwierigkeiten wie folgt Rechnung getragen werden:

— Die «Gebäuderente» wird ebenfalls der Grundrente zugerechnet.
— Eine staatliche Instanz wird (trotz Selbsteinschätzung) letztlich zu bestimmen haben, welcher Teil des Ertrages als arbeits- oder kapitalbedingt anerkannt wird.
— Eine staatliche Instanz wird auch zu bestimmen haben, wo die Grenze zwischen Eigengebrauch und Luxusgebrauch liegt und wie hoch der Ertrag aus Eigengebrauch ist.

Praktisch handelt es sich bei dieser Vorstellung von Grundrente um die Differenz zwischen Kostenmiete und Marktmiete (beziehungsweise nach Missbrauchsgesetzgebung zugelassener Miete) sowie um die Differenz zwischen Einfamilienhaus- und Villenmietwerten. Von der Idee der Klassiker, dass Grundrente das aus besseren Böden resultierende landwirtschaftliche Zusatzeinkommen darstelle, ist diese «moderne» Vision der Grundrente um einiges entfernt.

Die bisherigen Darlegungen haben aufzuzeigen versucht, wie problematisch der leichthin verwendete Begriff der Grundrente unter modernen Verhältnissen geworden ist. Vielfach wird er mit Wertzuwachsvorstellungen oder mit Zinsverpflichtungen gegenüber Hypothekargläubigern vermengt. So wird die Grundrente in Verbindung gebracht mit den in einem bestimmten Zeitraum erzielten Veräusserungsgewinnen oder mit den Zinslasten der Landwirtschaft. Namentlich die zweite Blickrichtung, welche nicht nur übersieht, dass es sich hier zu einem erheblichen Teil um Zinslasten aus betrieblichen Investitionen handelt, sondern

---

[4] a.a.O., S. 40

auch verkennt, dass die Hypothekargläubiger als Nominalwertgläubiger vom spezifischen Bodenwert (Zuwachs) gerade nicht profitieren, erscheint reichlich deplaziert und ist lediglich aus der Gesell'schen Theorie zu erklären, die Grundrente und Kapitalzins gleicherweise verurteilt.

Sofern sich der Begriff der Grundrente für die heutige bodenpolitische Diskussion überhaupt aufdrängt, lässt sich festhalten, **dass die Grundrente am deutlichsten im Pachtzins und im Baurechtszins manifest wird.** Der Pachtzins ist denn auch jene Erscheinungsform der Grundrente, die in der Nationalen Buchhaltung eine Resonanz gefunden hat. Aber gerade hier wird offenkundig, dass wenig Anlass zu revolutionärem Aufbäumen vorliegt. Die landwirtschaftlichen Pachtzinse liegen derart tief, dass die Grundrenten nach Abzug der durchschnittlichen Zinskosten eher einen negativen Wert annehmen dürften.

Etwas anders steht es mit den Baurechtszinsen. Das glücklicherweise nicht sehr verbreitete Institut des Baurechts widerspiegelt unter modernen Gegebenheiten am ehesten jene feudalistischen Zustände, die den Begriff der Grundrente überhaupt zum Tragen gebracht haben. Hier zehrt der Grundeigentümer tatsächlich — in der Regel ohne jede zusätzliche Leistung — von steigenden Einkünften, die andere erwirtschaftet haben. In allen jenen Fällen aber, in denen Boden- und Gebäudeeigentümer in einer Person vereinigt sind, erbringt der Grundeigentümer eine echte und dauernde Leistung und trägt dieser auch entsprechende Risiken. Ertragssteigerungen können bei ihm keineswegs nur auf den Bodenbesitz zurückgeführt werden, sondern beruhen auch auf allenfalls wachsenden Erträgen der Bauinvestition. Die Grundrentenfrage reduziert sich deshalb weitgehend auf die Problematik der Baurechtszinsen, wobei erst noch anzumerken ist, dass die meisten Baurechtgeber öffentliche Gemeinwesen sind.

Die Schlussfolgerung, dass die Frage der **Grundrente kein besonders schwergewichtiges Problem** darstelle, findet ihre Bestätigung auch in rein quantitativer Hinsicht. Zwar ist es, wie dargelegt, nicht einfach, die Grundrente zahlenmässig zu ermitteln. Ohne Aufschluss über die Berechnungsmethode zu geben, stellte die Schweizerische Gesellschaft für ein neues Bodenrecht in einem vor ihrer Gründung im Jahre 1974 versandten Werbeschreiben die These auf, dass sich die Grundrenten in der Schweiz auf 1,5 Milliarden Franken beliefen (also etwa ein Prozent des Bruttosozialproduktes ausmachen). Auch Überschlagsrechnungen nach Massgabe der sozialdemokratischen Definition zeigen, dass diese Schätzung jedenfalls nicht zu tief gegriffen ist.

Da aber alle diese Erträge normal besteuert worden sind, kann man sich fragen, ob es angezeigt ist, bei derartigen Grössenordnungen in der Grundrente einen Anlass zur Beseitigung des Privateigentums zu erblicken, wie das seitens der freiwirtschaftlichen Bewegung getan wird. Wer die Konsequenzen der Vergesellschaftung des Bodens oder der Abschöpfungsmechanismen gemäss sozialdemokratischer Bodenrechtsinitiative bedenkt, wird folglich die Entstehung einer derart bescheidenen Prämie für Investitionen im Liegenschaftensektor als kleineres Übel werten können.

Getrennt vom Grundrentenproblem ist die Frage der mit Boden erzielbaren Gewinne zu behandeln. Hier geht es um einmalig anfallende Vermögenszuwächse, die das Gemeinwesen heute schon mit den ihm zweckmässig und gerecht erscheinenden Abschöpfungssätzen belegt. Diese Frage ist deshalb im Rahmen der Probleme der Steuergesetzgebung zu erörtern. Ganz grundsätzlich ist aber bereits hier zu unterstreichen, dass – ähnlich wie bei der Grundrente – die blosse Möglichkeit, mit dem Gut Boden Gewinne zu erzielen, noch kein hinreichender Anlass zu einer radikalen Infragestellung einer freiheitlichen Bodenmarktordnung darstellt.

B. Bodenpreise

Dass die Bodenpreise langfristig eine steigende Tendenz aufweisen, wobei der Anstieg zeitweise und in bestimmten Gebieten ein aufsehenerregendes Ausmass angenommen hat, ist nicht zu verkennen. Grundsätzlich ist zunächst festzuhalten, **dass Preisänderungen untrennbar mit einem marktwirtschaftlichen System verbunden sind** — wenngleich auch ein rein staatswirtschaftliches System nicht ohne Bewertungen und damit Wertänderungen auskommen kann. Der Preis hat im marktwirtschaftlichen System eine Steuerfunktion: Wenn die Nachfrage kleiner ist als das Angebot, sinken die Preise, ist sie grösser, klettern die Preise in die Höhe. Die Bodenpreise machen hierin keine Ausnahme. Wer einen freien Bodenmarkt befürwortet, darf frei bewegliche Bodenpreise nicht ausschliessen. Selbst die SPS schreibt: «Wer den Markt duldet, der muss auch bewegliche Preise gestatten. Wer den Markt und bewegliche Preise will, kann und darf Wertsteigerungen nicht ausschliessen.»[1]

Preisveränderungen sind der Ausdruck für veränderte wirtschaftliche Tatbestände oder für veränderte Wertvorstellungen. Sie können anzeigen, dass ein bestimmtes Grundstück entweder einen höheren Ausnutzungsgrad zulässt (Preissteigerung) oder es nicht mehr im früheren Ausmass genutzt werden kann (Preissenkung). Sie können aber auch Ergebnis blosser Verschiebungen von Angebot und Nachfrage sein. Es ist unbestritten, dass übertriebene Bodenpreissteigerungen, wie sie die Schweiz in den Jahren zwischen 1960 und 1974 erlebte und wie sie sich neuerdings seit 1986 abzeichnen, aus volkswirtschaftlicher und staatspolitischer Sicht unerwünscht sind. Denn einerseits führen starke Bodenpreiserhöhungen und das damit verbundene Auseinanderklaffen von Ertrags- und Verkehrswert in der Landwirtschaft zu überhöhten Produktionskosten, und anderseits bewirken diese Preissteigerungen soziale Spannungen in mannigfal-

---

[1] SPS, Wieviel Erde braucht der Mensch?, Bern 1976, S. 43

tiger Hinsicht. Es ist deshalb nicht erstaunlich, dass an den Staat immer wieder die Forderung gerichtet wird, auf die Entwicklung der Bodenpreise einzuwirken. Die Vorkehrungen, die sich zu diesem Zweck anbieten, lassen sich unterteilen in **marktkonforme** und **nichtmarktkonforme Massnahmen**. Die Unterschiede zwischen den beiden Massnahmengruppen sind von grosser Bedeutung. Marktkonforme Eingriffe versuchen, Einfluss zu nehmen auf das Angebot oder auf die Nachfrage, ohne dabei in den eigentlichen Marktmechanismus einzugreifen. Das freie Spiel der Marktkräfte bleibt erhalten. Die nichtmarktkonformen Massnahmen hingegen setzen die Funktionsfähigkeit des freien Marktes ganz oder teilweise ausser Kraft, ohne die Angebots- und Nachfrageseite zu berücksichtigen. Als klassischer nichtmarktkonformer Eingriff gilt ein amtlich verfügter Preisstopp. Aber auch eine staatliche Preiskontrolle gehört dazu. Eine staatliche Tiefhaltung der Bodenpreise durch nichtmarktkonforme Massnahmen hätte eine weitere Marktverengung zur Folge, weil die Anbieter nicht bereit wären, ihren Boden unter dem am freien Markt realisierbaren Preis zu verkaufen, und weil — bei einer Verpflichtung der Grundbesitzer zur Abgabe eines Teils ihres Bodens — die Nachfrage wegen der künstlich tief gehaltenen Preise stark zunehmen würde. Langfristig sind die nichtmarktkonformen Eingriffe des Staates in den Bodenmarkt mit Sicherheit ein untaugliches Mittel zur Lösung der Bodenpreisprobleme. Aber auch kurzfristig sind derartige Eingriffe höchstens in ausgeprägten Notsituationen sinnvoll. Zu befürworten sind hingegen jene marktkonformen Massnahmen, die darauf abzielen, das Angebot an Boden — vor allem an Bauland — zu erhöhen (zum Beispiel durch eine entsprechende Ausgestaltung der Zonenpläne und der Erschliessungspolitik) und die Nachfrage nach Boden zu dämpfen (zum Beispiel durch eine Antiinflationspolitik, welche die Flucht in die Sachwerte nicht mehr als so attraktiv erscheinen lässt). Derartige Massnahmen führen zu einem ausgewogeneren Bodenmarkt und mindern excessive und störende Auswüchse.

C. Bodenspekulation

Die Bodenspekulation besteht im Kauf und Verkauf von Grundstücken und eigentumsvermittelnder Rechte daran mit der Absicht, die Preissteigerung zwischen Erwerb und Veräusserung des Grundstückes oder gewisser Eigentumsrechte daran auszunützen. Daraus geht hervor, dass es sich in der Regel um kürzerfristig erzielte Gewinne handelt. Es ist unbestritten, dass die Bodenspekulation eine direkte Folgeerscheinung der Bodenpreissteigerung ist. Bezüglich der Auswirkungen der Bodenspekulation auf den Bodenmarkt und insbesondere auf die Bodenpreise gehen die Ansichten hingegen auseinander. Während die einen behaupten, die Spekulation mit dem Gut Boden sei in starkem Mass für die Steigerung der Grundstückpreise verantwortlich, weisen die anderen dem Phänomen der Spekulation einen weit geringeren Einfluss auf dem Bodenmarkt zu. Dazu ist folgendes zu sagen:

Es trifft zweifellos zu, dass es stossende Einzelfälle gibt, in denen in kurzer Zeit ansehnliche Spekulationsgewinne realisiert werden konnten. Derartige Vorkommnisse bilden indessen nicht die Regel, und eine unsachliche Verallgemeinerung ist entschieden abzulehnen, und zwar aus nachstehenden Gründen:

1. Der Anteil der kurzfristigen Handänderungen ist relativ gering.[1]
2. Der Boden, der zum Zweck der späteren Wiederveräusserung gekauft wird, wird nicht dauernd dem Bodenmarkt entzogen und bewirkt somit längerfristig keine zusätzliche Verknappung auf der Angebotsseite. Hierin unterscheidet sich der Spekulationskauf wesentlich von Bodenkäufen, die zu Anlagezwecken von Privaten (Flucht in die Sachwerte) oder zur Anhäufung von Bodenreserven durch die öffentliche Hand getätigt werden. Erst dadurch wird das Angebot an Land langfristig empfindlich eingeschränkt, was natürlich seinen Niederschlag in steigenden Landpreisen findet.
3. Auch die Bodenspekulation hat ihre Grenzen. Je stärker der Verkehrswert und der Ertragswert eines Grundstückes auseinanderklaffen, desto grösser ist das Spekulationsrisiko.

Dennoch wäre es abwegig, der Bodenspekulation jeden Einfluss auf die Bodenpreisentwicklung absprechen zu wollen. Professor Hugo Sieber hat im Gegenteil eine ganze Reihe derartiger Einflüsse unterschieden. Die bedeutsamsten sind die Verteuerung des Bodens durch bessere Marktübersicht und überlegenes Verhandlungsgeschick eines Teils der Spekulanten, die Verteuerung durch kurzfristige Verknappung des Angebotes, die Verstärkung der Nachfrage der Nichtspekulanten, die Wirkung auf deren Verkaufsangebote und schliesslich die Selbstverstärkung der Spekulation[2]. Zur Hauptsache wirkt die Bodenspekulation indessen durch die zeitliche Vorverlegung des Preisauftriebes, der ohnehin zu einem späteren Zeitpunkt eintreten würde. Die Bodenspekulation unterscheidet sich hierin in ihrem Wesen nicht von anderen Spekulationen. Das haben selbst Politiker der Linksparteien festgestellt. So schrieb Ständerat Emil Klöti 1963: «Das Ansteigen der Bodenpreise ist nur in geringem Mass die Folge der Spekulation, in der Regel vielmehr die Folge der wachsenden Nachfrage bei verringertem Angebot. Eigentliche Bodenspekulanten, die Grundstücke in der Absicht kaufen, sie möglichst bald mit Gewinn zu verkaufen, spielen im schweizerischen Grundstückhandel nachgewiesenermassen eine ganz unbedeutende Rolle.»[3]

---

[1] Vgl. die Statistiken für die Kantone Zürich und Basel Stadt aus den 50er Jahren
[2] Hugo Sieber, Das Bodenpreisproblem, Zürich 1962, S. 11
[3] Emil Klöti, Das Stockwerkeigentum vor der parlamentarischen Beratung; in: Gewerkschaftliche Rundschau 1963, S. 77

Auch nach neueren Untersuchungen erscheint es keineswegs belegt, dass «die Spekulation» einen massgeblichen Einfluss auf die Bodenpreisentwicklung ausübt. Jedenfalls kann nicht generell gesagt werden, dass Promotoren und Vermittler (die landläufig am ehesten mit «Spekulation» in Verbindung gebracht werden) zu eindeutig höheren oder tieferen Preisen Bauland erwerben.[4]

D. Raumplanung

Die Raumplanung ist ein heute weitgehend unbestrittenes Instrument zu der im öffentlichen Interesse erforderlichen Ordnung der Nutzung des uns zur Verfügung stehenden Bodens. Als solches wäre es aus unserem Staatswesen nicht mehr wegzudenken. Das zentrale Element der Raumplanung ist der Grundsatz einer **durchgehenden Planung** mittels Richt- und Nutzungsplänen. Schon 1976 bestanden in 1671 Gemeinden (55 Prozent aller schweizerischen Gemeinden) rechtsgültige Zonenpläne. Das Prinzip der Zonenbildung war mithin der schweizerischen Praxis schon vor Erlass des eidgenössischen Raumplanungsgesetzes bestens vertraut und grundsätzlich unangefochten.

Der Grundsatz der **definitiven Trennung von Bauland und Nichtbauland** ist demgegenüber verhältnismässig jung, viel jünger jedenfalls als die kommunalen Zonenordnungen, mit denen primär ein sinnvolles Nebeneinander verschiedener baulicher Nutzungsarten angestrebt wurde. Erst seit den frühen 60er Jahren wird der Gedanke der Landwirtschaftszone, in der grundsätzlich nur landwirtschaftliche Bauten zulässig sein sollen, auf eidgenössischer Ebene ernsthaft diskutiert. Lange Zeit war es recht zweifelhaft, ob für eine derartige Ausscheidung ein genügendes öffentliches Interesse nachweisbar sei. Obwohl der Begriff der Landwirtschaftszone nicht in die Verfassung aufgenommen wurye, kann man sagen, dass sich der Gedanke der Trennung von Bauland und Nichtbauland bis zur Abstimmung über den Bodenrechtsartikel im Jahr 1969 allgemein durchgesetzt hat.

Noch jüngeren Datums ist die Sicherung von **Fruchtfolgeflächen**. Unbestreitbar richtig ist es, bei der Festlegung der Nutzungspläne auch die landwirtschaftliche Eignung der Grundstücke zu beachten. Im Hinblick auf die Landesversorgung in Zeiten gestörter Einfuhr ist es durchaus angezeigt, für den Ackerbau geeignete Flächen so weit als möglich in die Landwirtschaftszone zu verweisen. Zu bedenken ist indessen, dass die Raumplanung mannigfache Bedürfnisse abzudecken hat und deshalb ein einzelnes nicht verabsolutieren darf.

---

[4] Die Rolle der Promotoren und Vermittler auf dem Bodenmarkt, Nationales Forschungsprogramm «Nutzung des Bodens in der Schweiz», Heft 13 (Mai 1988), S. 66

In der Schweiz stellt sich immer auch die Frage der Aufteilung der Zuständigkeiten auf die drei Ebenen Bund, Kanton und Gemeinde. Dieser Entscheid ist für den Bereich der Raumplanung mit der Annahme von Art. 24quater BV im Jahre 1969 gefallen. Es besteht auch zwei Jahrzehnte später kein Anlass, an der damaligen Kompetenzaufteilung etwas zu verändern.

E. Bodenmarkt

Der Boden ist kein homogenes Gut, dessen Teilmengen beliebig austauschbar sind. Infolgedessen besteht auch kein homogener Bodenmarkt. Die Standortgebundenheit des Bodens führt zu regionalen und lokalen Bodenmärkten. Vor allem aber haben die durch die Raumplanung starrer als früher fixierten Nutzungsmöglichkeiten mehr oder weniger scharf getrennte Teilmärkte für Wald, Landwirtschaftsboden und Bauland entstehen lassen, wobei das Bauland abermals in verschiedene Kategorien zerfällt.

Angebot an Boden

Der in seiner Gesamtheit zur Verfügung stehende Boden ist begrenzt. Trotzdem wäre es unrichtig, von einem unveränderlichen Angebot zu sprechen. Zum einen sind — wie erwähnt — die Teilmärkte für die verschiedenen Nutzungskategorien massgeblich; die Grenzen dieser Teilmärkte lassen sich aber verschieben. Zum andern kann es nicht nur auf den vorhandenen Bestand ankommen; bedeutsam ist auch, wieviel von dieser Gesamtmenge für eine Handänderung effektiv zur Verfügung steht. Auch dieses Verhältnis lässt sich beeinflussen. Das Angebot an Boden ist deshalb flexibler, als in manchen Bodenrechtstheorien angenommen wird.

Einfluss staatlicher planerischer Massnahmen auf das Bodenangebot

Durch die Erschliessung von Bauland auf dem Weg der Umwandlung von landwirtschaftlich genutztem Boden in baureifes Land kann der Bodenbestand in der Kategorie Bauland angebotsseitig verändert werden. Grosszügige Erschliessungen, die ein reichliches Angebot an Bauland bereitstellen, haben prinzipiell eine dämpfende Wirkung auf die Entwicklung der Bodenpreise. Eine bewusst auf Dezentralisierung ausgerichtete Politik — insbesondere durch Verbesserung der Verkehrsbedingungen und anderweitige Erhöhung der Attraktivität von Regionalzentren und Landgemeinden — wirkt in die gleiche Richtung. Gegenteilige Folgen zeitigt logischerweise die derzeit propagierte Rückzonung von Bauzonen. Die Unvermehrbarkeit des Bodens kann auch ausgeglichen werden durch Massnahmen, die eine optimale Ausnützung des vorhandenen — eingezonten — Bodens erlauben. Beim Privaten wird durch den tendenziell steigenden Bodenpreis eine bessere Nutzung des Baulandes mehr oder weniger automatisch sichergestellt. Von besonderer Bedeutung sind aber die Möglichkeiten der öffentlichen Hand, durch zielstrebige Erschliessungspolitik, durch eine Beschleunigung des Quartierplan- und Baubewilligungsverfahrens und durch nicht unnötig einschränkende Bauvorschriften das jeweils konkret vorhandene Angebot zu steigern.

Steuerbelastung und Angebot an Boden

Durch steuerliche Massnahmen kann das Angebot an Boden positiv oder negativ beeinflusst werden. Radikale Steuerdrohungen (Besteuerung fiktiver Erträge, Bodenwertzuwachssteuern, spezielle Baulandsteuern) können zweifellos eine Angebotssteigerung bewirken; gleichzeitig nötigen sie indessen vor allem den kleineren Eigentümer zur Veräusserung, was politisch nicht hingenommen werden kann.

Blockierung des Angebots durch Hortung

Die Zurückhaltung des Bodens vom Angebot wird als Bodenhortung bezeichnet. Der Boden eignet sich in besonderem Masse für Hortung, da er weder verdirbt noch veraltet und vor allem nicht durch ein anderes ähnliches Gut substituierbar ist. Immerhin beinhaltet die Bodenhortung sowohl ein politisches Risiko als auch ein Marktrisiko; die Zinsbelastung bildet sodann mindestens bei neuerworbenem Land eine natürliche Schranke gegen allzu grosse Auswüchse. Der Baulandhortung ist am ehesten zu begegnen durch eine offensive Bodenpolitik (Landabgabepolitik) der Gemeinden.

Nachfrage nach Boden

Bevölkerungsvermehrung und Bevölkerungskonzentration

Eine der «natürlichen» Ursachen der Nachfragesteigerung und der damit verbundenen Preiserhöhung für Boden sind Bevölkerungszunahme und Bevölkerungskonzentration. Zwischen 1941 und 1980 hat sich die Einwohnerzahl der Schweiz um ziemlich genau die Hälfte erhöht; im Kanton Zürich machte die Zunahme zwei Drittel aus, in Zug und Basel-Land mehr als hundert Prozent.

Zunahme des Realeinkommens

Ein noch bedeutsamerer nachfrageseitiger Einflussfaktor ist das real steigende Volkseinkommen pro Kopf der Bevölkerung. Zwischen 1938 und 1980 hat sich das Bruttosozialprodukt pro Einwohner nominal fast verzwölffacht und real fast verdreifacht. Das Durchschnittseinkommen des Arbeiters in den zehn grössten Städten hat sich zwischen 1939 und 1980 nominal auf mehr als das Zehnfache, real auf das Zweieinhalbfache erhöht. Die Zuwachsraten sind beim Einkommen wesentlich höher als bei der Bevölkerung.

Weitere nachfrageseitige Faktoren

Die Steigerung des allgemeinen Preisniveaus und die damit verbundene **Flucht in die Sachwerte** hat stark zu Preissteigerungen beigetragen. Die ausländische Nachfrage nach schweizerischen Grundstücken gehört zu den speziellen Faktoren, die zeitweise und in einzelnen Regionen den Bodenmarkt massgeblich beeinflusst haben.

Relationen von Angebot und Nachfrage

Die grundlegenden Relationen von Angebot und Nachfrage bezüglich Bauland werden vielfach verkannt. Der durch den Bevölkerungs- und Wohlstandszuwachs bedingte Zusatzbedarf dürfte gegenwärtig pro Jahr kaum mehr als ein bis zwei Dutzend Quadratkilometer betragen. Allein innerhalb der ausgeschiedenen Bauzonen bestehen Reserven im Umfange von 900 bis 1000 Quadratkilometer. Daneben aber steht an **landwirtschaftlichem Kulturland** (ohne Alpweiden) noch mehr als das Zehnfache zumindest zu Teilen als **Manövriermasse** zur Verfügung. Grosse Reserven bestehen aber auch bei den bereits überbauten Parzellen, die keineswegs durchgehend voll ausgenützt sind. Zu einer Dramatisierung der Relationen besteht mithin kein Anlass.

F. Streuung des Grundeigentums

Die Forderung nach einer vermehrten und gezielten Streuung des Wohneigentums entspricht einem elementaren sozialen Sicherheitsbedürfnis jedes einzelnen. Dabei geht es aber nicht um eine Neuverteilung des Grundbesitzes, wie man fälschlicherweise annehmen könnte, sondern um einen erleichterten Zugang zum Wohneigentum für breitere Bevölkerungsschichten.

Um einer zielstrebigen schweizerischen Eigentumspolitik zum Durchbruch und vollen Erfolg zu verhelfen, braucht es sowohl staatliche als auch private Impulse. Eine systematische Streuung des Grundeigentums bedarf der vermehrten Anstrengungen von Privaten, Arbeitgebern und der öffentlichen Hand. Letztere müsste den preisgünstigen Erwerb von Wohnungs- und Hauseigentum in den Mittelpunkt der schweizerischen Wohnbaupolitik stellen. Vor allem aber müsste sie die zahlreichen Barrieren, die sie den privaten Bestrebungen zur Erreichung einer breiteren Streuung entgegenstellt, abbauen. Die 1972 in zwei getrennten

Verfassungsabstimmungen an den Bundesgesetzgeber erteilten Aufträge sind bisher nur in unzureichendem Masse erfüllt worden. Hier handelt es sich indessen um einen eigentlichen Angelpunkt der Bodenfrage, in welchem übrigens — im Unterschied zu anderen Bereichen — mehrheitsfähige Lösungen durchaus zu finden sein sollten.

G. Probleme der Stadtentwicklung

96 Gemeinden in der Schweiz zählen über 10 000 Einwohner (Volkszählung 1980). In ihnen wohnen 43,4 Prozent der schweizerischen Bevölkerung. Von diesen Städten sind nicht alle gleichermassen von den Problemen moderner Stadtentwicklung betroffen. Wenn wir uns im folgenden mit den besonderen Schwierigkeiten der Städte eingehender befassen, so mag aus Schweizer Sicht vieles nur für die wenigen Grossstädte gelten.

In sogenannten Leitbildstudien haben verschiedene grössere Schweizer Städte (zum Beispiel Zürich, Bern, Basel) bemerkenswerte Zielvorstellungen über eine sinnvolle Stadtentwicklung formuliert, die auf der Erkenntnis der Zusammenhänge zwischen Bevölkerungswachstum und Wirtschaftsentwicklung, Infrastruktur und Umweltqualität beruhen.

Die Tendenz der modernen Grossstadt zur Entmischung, zur Bildung besonderer Industrie-, Verwaltungs-, Einkaufs- und Erholungsräume, führt in zunehmendem Masse zu einer Trennung zwischen Arbeitsplatz und Wohnquartier. Dieser nachteilige Zerfall in Sektoren läuft einer gesunden und abwechslungsreichen Durchmischung zuwider. Was eine wohnliche und lebendige Stadt auszeichnet, ist die **wohlabgestimmte Mischung von Wohnbereichen, Arbeitsstätten, öffentlichen Bauten und Erholungseinrichtungen**. Eine solche Nutzungsdurchmischung des städtischen Bodens und die damit verbundene Bevölkerungsdurchmischung verhindern städtebauliche Monotonien und erlauben auch eine bessere Befriedigung unterschiedlicher Bedürfnisse. Wie kann eine vernünftige Durchmischung erreicht werden? Abbruchverbote sind hiezu keine tauglichen Lösungen. Ebenso sind Zweckentfremdungsverbote tendenziell falsche Vorkehren. Solche staatlichen Massnahmen fördern viel eher die Slumbildung, indem sie eine gesunde Fortentwicklung der Stadt abblocken. Eine erwünschte vertikale Durchmischung (Wohn- und Gewerberaum im gleichen Gebäude) kann durch **Mindestvorschriften bezüglich Wohnflächenanteilen** erreicht werden. Denkbar sind in diesem Zusammenhange auch handelbare Geschäftsnutzungskontingente, die für eine möglichst marktgerechte Nutzung der einzelnen Parzellen im Rahmen eines Quartiers sorgen.

Das Problem der Entvölkerung der Innenstädte, ja der Agglomerationskerne überhaupt, ist bekannt. Die zehn grössten Städte haben ausnahmslos weniger

Einwohner als 20 Jahre zuvor. Diese Entwicklung hat sich nicht vorab deshalb ergeben, weil Wohnraum durch Geschäftsraum verdrängt worden wäre. Zwischen 1965 und 1985 ist der Wohnungsbestand in den zehn grössten Städten gegenteils kräftig gestiegen, und zwar von 534 000 auf 654 116, also um über 20 Prozent. In der gleichen Zeitspanne ist die Einwohnerzahl in diesen zehn Städten um 15 Prozent gesunken. Pro Person steht mithin über 40 Prozent mehr Wohnraum zur Verfügung, was nur minim unter der geschätzten gesamtschweizerischen Zuwachsrate liegt. Demgegenüber steht fest, dass selbst in den Grossstädten der Wohnungsverlust durch Abbruch und Zweckentfremdung nur anfangs der 70er Jahre grössere Ausmasse angenommen und einzig im Jahre 1972 mehr als einen Drittel der Neuproduktion ausgemacht hat. Selbst damals betrug dieser Abgang aber deutlich weniger als ein Prozent des Wohnungsbestandes. In den 80er Jahren ist der Nettoverlust an Wohnungen infolge Abbruch, Zweckentfremdung und Umbau in den Grossstädten verhältnismässig unbedeutend geworden. Seit 1984 macht er weniger als ein Promille (!) des Wohnungsbestandes der Grossstädte aus.

Gewiss schafft der Prozess der Citybildung mannigfaltige Probleme, so namentlich im Bereich des Verkehrs. Trotzdem ist es verfehlt, darin etwas Unnatürliches zu erblicken und den Prozess mit allen erdenklichen Massnahmen zu bekämpfen. Vielmehr ist dieser Vorgang grundsätzlich zu akzeptieren und durch geeignete Rahmenbedingungen in die richtigen Bahnen zu lenken. Ventile sind zu öffnen, zum Beispiel durch Umwandlung von Industriezonen in Geschäftszonen, die mit Wohnraum durchmischt werden. Eine der wesentlichsten Voraussetzungen für eine wirksame Bewältigung der Probleme der Stadtentwicklung ist die Überwindung der heutigen Angst vor baulichen Veränderungen der Stadtkerne. Auch Städte brauchen Erneuerung. Mit flankierenden Massnahmen lassen sich unvermeidliche Härten für kleingewerbliche Nutzer und finanzschwächere Bevölkerungsgruppen mildern.

H. Bäuerlicher Grundbesitz

Ein zentrales Thema der Bodenrechtsdiskussion stellt seit jeher die Sicherung des Grundbesitzes der bäuerlichen Familienbetriebe dar. Dieses Anliegen hat nicht nur ausdrückliche Verankerung in der Bundesverfassung gefunden, sondern bildete auch seither Gegenstand zahlreicher politischer Vorstösse. Im wesentlichen geht es darum, einer Verdrängung des bäuerlichen Selbstbewirtschafters entgegenzuwirken. Diese Zielsetzung ist unbestritten und diente schon bei der Schaffung des Bundeszivilrechts als Leitschnur. Kurz nach dem Zweiten Weltkrieg sind weitere, die Handelbarkeit des Landwirtschaftslandes einschränkende Massnahmen getroffen worden. Ein wichtiger Schritt war sodann die Einführung der

Landwirtschaftszone, wodurch die Aussicht auf anderweitige, ertragsreichere Nutzungen und damit das Interesse branchenfremder Nachfrager stark reduziert werden sollte. Trotzdem kam es nicht dazu, dass das Preisniveau für Landwirtschaftsland sich vermehrt am landwirtschaftlichen Ertragswert orientierte; im Gegenteil werden in jüngster Zeit auch eigentliche Preisexzesse innerhalb der Landwirtschaftszone beobachtet, wobei indessen nicht zuletzt Landwirte selbst, die vorgängig Bauzonenland veräussert haben, solch hohe Preise zahlen.

Als Indiz für das Problem der Verdrängung des Selbstbewirtschafters wird die Zunahme des Pachtlandanteils gewertet. Zu beachten ist allerdings, dass diese Zunahme zu einem erheblichen Teil auf Verpachtungen innerhalb der Landwirtschaft selbst beziehungsweise auf Verpachtungen seitens ehemaliger Landwirte beruht, also nicht auf Ankäufen branchenfremder Nachfrager.

Ungeachtet des Sachverhaltes, dass die Verdrängung des Selbstbewirtschafters durch Nichtlandwirte zahlenmässig nicht nachgewiesen ist, gilt es als ausgemacht, dass in diesem Sektor zusätzliche staatliche Massnahmen zu treffen sind. Wie noch zu zeigen sein wird, sind indessen die Möglichkeiten für eine grundlegende Trendumkehr begrenzt. Zu beachten ist jedenfalls, dass bodenpolitische Grundsatzentscheide im Sektor des bäuerlichen Grundbesitzes nicht nur eine Angelegenheit der Landwirtschaft sind. Normiert wird hier nicht nur der Existenzraum für die Bauernfamilie, sondern mitbetroffen sind auch legitime Ansprüche der nichtbäuerlichen Bevölkerung.

Fazit: Die Bodenrechtsdiskussion fächert sich in verschiedene Schwergewichtsbereiche auf, wobei nicht allen aufgezeigten Problemkreisen die gleiche Tragweite zukommt. Wesentlich ist es, dass der Bodenmarkt funktioniert und so die mannigfaltigen Bedürfnisse gedeckt werden können. Schon nach geltendem Recht hat es das Gemeinwesen in der Hand, besonders schutzwürdigen Bedürfnissen Flankenschutz vor konkurrierenden Ansprüchen zu gewähren. Erforderlich ist daher primär eine bessere, widerspruchsfreie Handhabung der vorhandenen Instrumente, nicht deren kontraproduktiv wirkende Verschärfung.

III. Reformvorschläge — und was davon zu halten ist

Zurzeit stehen an konkreten bodenrechtspolitischen Vorschlägen die Stadt-Land-Initiative gegen die Bodenspekulation und die Neuordnung des bäuerlichen Bodenrechts sowie die Revision des Raumplanungsgesetzes zur Diskussion.
Weiterhin aktuell sind die Empfehlungen der Expertenkommission Masset für die Förderung des Wohneigentums. Etwas unverbindlicher erscheint der Bericht einer interdepartementalen Arbeitsgruppe über die Weiterentwicklung des Bodenrechts vom Dezember 1985. Die Analyse wäre indessen unvollständig, würden nicht auch die verschiedenen Reformbestrebungen der 70er Jahre in die Betrachtung einbezogen.

A. Rückblick auf die Bodenrechtsdiskussion der 70er Jahre

Die Rezession Mitte der 70er Jahre liess die Bodenfrage in den Hintergrund treten. Partielle Preisrückgänge zeigten, dass die Marktkräfte auch beim Boden spielen, und ein starkes Absinken der Bautätigkeit war mit einer Beruhigung des Nachfragedruckes verbunden. Dieser Klimaveränderung mag es mit zuzuschreiben sein, dass zwei gleichzeitig lancierte eidgenössische Bodenrechtsinitiativen bereits im Stadium der Unterschriftensammlung scheiterten. Auch andere Vorstösse gerieten in Vergessenheit. Trotzdem sollen sie hier erörtert werden.

Die einzelnen Vorschläge werden nachfolgend in vier Kategorien gegliedert. Da eine formelle Verstaatlichung des Bodens politisch ausser Diskussion steht, kaprizieren sich die auf eine grundsätzliche Umwälzung des geltenden Rechts zielenden Vorschläge meist auf Konstruktionen, die privates Grundeigentum der Form nach bestehen lassen, dieses jedoch weitgehend aushöhlen. In eine zweite Kategorie reihen wir jene Vorschläge ein, die punktuelle Eingriffe vorsehen. Eine dritte Kategorie bilden die Vorschläge steuerlicher Natur. Eine vierte Kategorie bilden die Vorschläge ausserhalb des steuerlichen Bereichs.

1) Aushöhlung des privaten Eigentums

Die radikalste Lösung propagiert ein Modell der Schweizerischen Gesellschaft für ein neues Bodenrecht (vgl. Kapitel III. B.). Danach soll das Eigentum an Grundstücken abgelöst werden durch ein «demokratisch verwaltetes und breit gestreutes Bodennutzungsrecht». Nach eigener Darstellung der SGNB soll damit die Verfügungsmacht über den Boden an den Staat übergehen. Im besonderen wendet sich die SGNB gegen die durch das heutige Bodenrecht gegebene «Möglichkeit arbeitslosen Einkommens durch private und öffentliche Grundeigentümer». In ähnlicher Richtung zielt eine Eigentumskonzeption, die von einer unter Leitung von Hans Christoph Binswanger stehenden Studiengruppe entwickelt worden ist und eine Aufspaltung des Eigentums in ein genossenschaftlich verwaltetes Bestandeseigentum (Patrimonium) und ein individuell genutztes Nutzungseigentum (Dominium) fordert. Eine Aufspaltung des Eigentums in Verfügungs- und Nutzungseigentum war auch Hauptelement eines Vorprojekts zur gescheiterten Bodenrechtsinitiative der SPS.

Die beiden nicht zustandegekommenen Bodenrechtsinitiativen zeichneten sich dadurch aus, dass sie private Eigentumsrechte an Grund und Boden grundsätzlich weiterhin zulassen, durch ein Bündel von Eingriffen und Beschränkungen jedoch massive Breschen in die traditionelle Eigentumsordnung schlagen wollten. Die Initiative der SPS zielte auf eine Beschränkung des Grundeigentums juristischer Personen, auf die staatliche Lenkung und Besteuerung der Bodennutzung und auf eine Senkung der Enteignungsentschädigungen. Die Initiative «für ein spekulationsfreies Grundeigentum» forderte eine Limitierung der Preise für unüberbauten Boden, für landwirtschaftliche Bauten und für bestimmte Wohngebäude, verbunden mit der Begünstigung der Selbstbewirtschafter und mit einer Entschuldungsaktion auf landwirtschaftlichen Grundstücken. Der Wortlaut der beiden Initiativen und eine damals aus aktuellem Anlass verfasste Würdigung finden sich im Anhang.

2) Punktuelle Eingriffe

Neben die Forderung nach umfassender Beseitigung beziehungsweise nach weitreichenden Einschränkungen des privaten Eigentums an Grund und Boden traten die Vorschläge auf punktuelle Eingriffe in den Bodenmarkt. Gemeint sind dabei Interventionen herkömmlichen Stils wie Preiskontrollen, Rationierungen, Bedürfnisnachweise.

Beat Kappeler forderte im Jahrbuch 1973 der Neuen Helvetischen Gesellschaft ein Verbot freistehender Einfamilienhäuser, einen Bedürfnisnachweis für überdurchschnittlichen Raumbedarf und eine Gesamtplanung der Baukapazität.

Eine 1973 als Postulat überwiesene Motion Broger wollte in berechtigter Sorge um die Weiterexistenz der Landwirtschaft in Erholungsgebieten den Selbstbewirtschaftern gewisse gesetzliche Vorrechte einräumen, weil Selbstbewirtschafter preislich mit der aus den Ballungszentren einströmenden Nachfrage nach Liebhaber- und Anlageobjekten nicht konkurrieren könnten.

Der Landesring wollte nebst der Abschöpfung der Grundrente auch — wie seinerzeit die erste sozialdemokratische Bodenrechtsinitiative — das Enteignungs- und Vorkaufsrecht der öffentlichen Hand ausbauen.

Von den Professoren Würgler und Schürmann wurden die Instrumente einer Zukaufssperre beziehungsweise eines Bedürfnisnachweises für den Eigentumserwerb zur Diskussion gestellt. Das recht problematische Modell einer Ertragsbegrenzung, das im Schosse einer freisinnigen Projektgruppe entwickelt wurde, ist als faktische Mietzinskontrolle zu verstehen. Die sogenannte «Grundrente» sollte danach vollumfänglich in die Hand der Allgemeinheit überführt werden.

3) Steuerliche Vorkehren

Stark diskutiert wurden im Hinblick auf eine Revision des Bodenrechts auch steuerliche Vorkehren, die sich zum Teil auf eine Umgestaltung der zahlreichen bestehenden Grundsteuern bezogen, zum Teil aber auch neue Abschöpfungsformen darstellten. Der Charakter und insbesondere die praktische Tragweite dieser Vorschläge waren sehr unterschiedlich. Von bescheidenen Lenkungsmassnahmen bis zu substanzzerstörenden Eingriffen waren alle Stufen vertreten. Aus der Vielzahl von Vorschlägen seien folgende Forderungen hervorgehoben:

Übergang zur konsequenten Verkehrswertbesteuerung: Hinsichtlich der Forderung nach einem Übergang zur konsequenten Verkehrswertbesteuerung lassen sich zwei Varianten auseinanderhalten: Eine massvollere Variante beschränkt sich auf baureife Grundstücke und zielt auf eine Bekämpfung der Baulandhortung ab. Dagegen will eine andere, an moderne finanzwirtschaftliche Theorien anknüpfend, alle Vermögensobjekte nach dem gleichen Grundsatz behandelt wissen.

Umgestaltung der Grundstückgewinnsteuer: Um den Liegenschaftenmarkt flüssiger zu gestalten, wurde empfohlen, die Besitzesdauerabzüge bei der Grundstückgewinnsteuer zu reduzieren oder ganz fallen zu lassen, wie das heute in den Kantonen Basel-Stadt, Basel-Landschaft und Waadt praktiziert wird.

Baulandsteuer: Verschiedene Gruppierungen forderten eine verschärfte Vermögenssteuer oder eine separate Baulandsteuer.

Bodenwertzuwachssteuer: Auch in der Schweiz hat die von der SPD propagierte periodische Besteuerung der buchmässigen Liegenschaftsgewinne prominente Anhänger gefunden, so unter anderen Professor Hans Würgler und die Gesellschaftspolitische Kommission der CVP. Danach werden alle Liegenschaften jährlich oder zweijährlich eingeschätzt, wobei die Wertdifferenz als Einkommen besteuert wird. Eine bescheidenere Variante beschränkt die Bodenwertzuwachssteuer auf Bauland, wie das etwa eine vom Aargauischen Grossen Rat überwiesene Motion tat.

Besteuerung fiktiver Bodenerträge: Schon 1972 ist von Terenzio Angelini postuliert worden, die gemäss Nutzungszonen theoretisch erzielbaren Erträge als Einkommen zu besteuern, unabhängig davon, ob sie auch tatsächlich erzielt worden sind oder nicht. Die Gesellschaftspolitische Kommission der CVP scheint diesen Vorschlag für den Bereich der baureifen Grundstücke ebenfalls in Erwägung gezogen zu haben.

Mehrwertabschöpfung: Die Forderung auf Abschöpfung planungsbedingter Mehrwerte hat in das 1976 verworfene Raumplanungsgesetz Eingang gefunden. Im geltenden Raumplanungsgesetz ist nurmehr eine Verpflichtung der Kantone auf Ausgleich planungsbedingter Vor- und Nachteile enthalten. Auf kantonaler Ebene haben einzig Basel-Stadt und Neuenburg eine Mehrwertabgabe eingeführt.

4) Marktkonforme nichtsteuerliche Massnahmen

Auch im nichtsteuerlichen Bereich wurde eine Vielzahl von Vorschlägen für mehr oder weniger marktkonforme Massnahmen zur Bodenfrage vorgelegt. Eine bereits Mitte der 60er Jahre vom Verfasser der vorliegenden Publikation veröffentlichte Zusammenstellung enthielt unter dem Titel «Grundzüge einer freiheitlichen Lösung» neben einigen fiskalischen Postulaten über fünfzig weitere Anregungen. Im Vordergrund standen dabei Massnahmen zur Herbeiführung eines Marktgleichgewichts und zur stärkeren Streuung des Grundeigentums. Empfohlen wurden sodann Vorkehren zur Erhaltung erwünschter Nutzungen, die allerdings rasch an die Grenzen der Marktkonformität stossen.

B. Konzept der Schweizerischen Gesellschaft für ein neues Bodenrecht

Die Schweizerische Gesellschaft für ein neues Bodenrecht hat am 12. Mai 1978 ihre «Modellvorstellungen zur Bodenrechtsreform» der Öffentlichkeit vorgestellt. In dieser vom sozialdemokratischen Theologieprofessor Heinrich Ott (Münchenstein) präsidierten Gesellschaft haben sich namentlich Linkssozialisten, denen die gescheiterte Bodenrechtsinitiative der SPS zu wenig weit ging, und sogenannte Freiwirtschafter, die von jeher für die Überführung des Bodens in den Besitz der Allgemeinheit eintraten, zusammengefunden. Ein «Tages-Anzeiger»-Redaktor, der bereits von amtlichen und kirchlichen Planungs- und Bodenrechtsstudien volkstümliche Kurzfassungen produziert hatte, stellte sich auch diesmal wieder zur Verfügung, die komplizierten Gedankengänge in eine werbewirksame Sprache zu übersetzen (wobei er allerdings nicht nur die Ausdrucksweise, sondern auch die Probleme in einer geradezu erstaunlichen Art vereinfacht hat). Auch wenn man nicht anzunehmen braucht, dass dem Modell der SGNB eine grosse Zukunft beschert sein wird, rechtfertigt es sich doch, die Tragweite der vorgeschlagenen Bodenrechtsreform gründlich auszuleuchten. Das ist um so nötiger, als es die sich biedermännisch gebenden Exponenten der Gesellschaft offenkundig darauf abgesehen haben, jeden Anschein von revolutionärem Gehabe zu vermeiden, um so auch gutgläubige Idealisten des bürgerlichen Lagers vor ihren Karren spannen zu können.

In einer Übersicht sind die Grundsätze des SGNB-Modells wie folgt formuliert worden:

1. Grundsätze bodenrechtlicher Art:
1.1. Bodeneigentum wird übergeführt in ein hoheitliches Bodenregal des Gemeinwesens und wohlerworbene Bodennutzungsrechte öffentlicher und privater Nutzer.
Das Bodennutzungsrecht wird dem Nutzer vom Gemeinwesen durch Konzessionsvertrag verliehen.
1.2. Die Nutzungsart des Bodens wird generell durch demokratisch legitimierte Raumplanung bestimmt.
1.3. Über die Zuteilung von Bodennutzungsrechten an private und öffentliche Nutzungsanwärter entscheidet ein in der Regel kommunaler Bodenrat als Konzessionsbehörde.
1.4. Hiezu werden der Konzessionsbehörde durch Bundesrecht verbindliche Richtlinien gesetzt. Daneben werden ihr Ermessensspielräume vorbehalten, bei deren Wahrnehmung die Grundsätze eines demokratischen Verfahrens einzuhalten sind.
1.5. Die Bodennutzungskonzession ist ein befristetes, persönliches und unübertragbares Recht auf Nutzung bestimmten Bodens im Rahmen öffentlich-rechtlicher Planungs- und Nutzungsnormen. Sie ist in bestimmten Fällen «quasivererblich».
1.6. Die Bodennutzungskonzession wird gegen eine jährlich zu entrichtende Konzessionsgebühr erteilt, welche so zu bemessen ist, dass dem Nutzungsberechtigten keine Grundrente zufliesst.
1.7. Der jeweilige Konzessionsinhaber erwirbt einen Anspruch auf Eigentumserwerb am Überbau.
2. Grundsätze bodenökonomischer Art:
2.1. Die Grundrente wird zugunsten der Allgemeinheit abgeschöpft. Das Entgelt für die Bodennutzungskonzession entspricht grundsätzlich der Grundrente (siehe Ziff. 3.6 des Verwaltungsmodells).
2.2. Die bisherigen Grundeigentümer erhalten für den Entzug der Grundrente eine sozial gerechte Entschädigung in der Form von Bodenablösungsobligationen.
2.3. Die Bodenhypothek wird abgeschafft.
Der Bund übernimmt alle Boden-Hypotheken. Die bisherigen Hypothekargläubiger erhalten dafür Hypothekarablösungsobligationen.
2.4. Die Gemeinwesen erstellen im Rahmen von bundesrechtlichen Grundsätzen Bodenbudgets für die Entschuldungsaktion.

Die SGNB bestreitet zwar, dass ihr Modell einer Verstaatlichung des Bodens gleichkomme. Es sei kein vom Einzelnen entfremdetes Wesen «Staat», das die

Nutzungsrechte verleihe.[1] Das Gemeinwesen könne nicht frei über den Boden verfügen wie ein heutiger Grundeigentümer.[2] Es werde auch keine sachfremde Bürokratie geschaffen.[3] Diese Beteuerungen sind unbehelflich. Das Modell bringt unzweideutig den Boden in die Verfügungsgewalt der öffentlichen Hand; über die Zuteilung der Nutzungsmöglichkeiten entscheidet eine Behörde — und nicht mehr ein Vertrag zwischen altem und neuem Eigentümer. Dass diese Behörde nicht in Bern zentralisiert ist, sondern eine Gemeinde- oder Quartierbehörde darstellt, und dass sie nicht willkürlich, sondern nach gesetzlich geregelten Grundsätzen zu funktionieren hat, ändert selbstverständlich nichts am Tatbestand, dass wir es mit einer waschechten Kollektivierung oder eben Verstaatlichung des Bodens zu tun haben.

Was aber bedeutet die Verstaatlichung des Bodens? Die Fragestellung ist nicht neu; die Konsequenzen sind allgemein bekannt. Es dürfte deshalb genügen, sie in aller Kürze in Erinnerung zu rufen:

● Dem Staat wächst eine übergrosse **Machtfülle** zu, denn er entscheidet über die Zuteilung des Bodens.

● Eine zusätzliche **Bürokratie** ist unausweichlich, denn die Anwärter müssen eingehend geprüft und die Bedingungen für die Nutzungsverleihung sorgfältig festgelegt werden.

● Es ist **keine freie Übertragung** an einen selbst ausgewählten Erwerber mehr möglich, denn über die Zuteilung entscheidet der Bodenrat.

● Es ist **kein vertraglicher Erwerb** mehr möglich, sondern nur noch eine Bewerbung beim Bodenrat mit ungewissem Ausgang.

● Der Gebäudeeigentümer gerät in eine untragbare **Abhängigkeit vom Staat**, und zwar sowohl in bezug auf die Höhe der Konzessionsgebühr als auch in bezug auf die Nutzung und auf die Verfügung über das Gebäude.

● Der **Wohnungsbau** wird **gefährdet**, weil das Investitionsrisiko wegen der Abhängigkeit von behördlichen Entscheidungen zu gross wird.

● Die Ersetzung des Marktes durch politische Kriterien für die Zuteilung des Bodens führt zu **volkswirtschaftlichen Verlusten**.

● Das unbeweglichere Zuteilungssystem führt zu **Flexibilitätsverlusten** bei der Nutzung und damit zu überalterten, den aktuellen Bedürfnissen nicht mehr angepassten Strukturen.

Die Modellvorstellungen der SGNB weisen einige Besonderheiten auf, die nicht notwendigerweise zur Verstaatlichung gehören, die aber ein bezeichnendes Licht auf die Geisteshaltung der Autoren werfen.

---

[1] Modellvorstellungen zur Bodenrechtsreform, S. 31
[2] Modellvorstellungen zur Bodenrechtsreform, S. 5
[3] Modellvorstellungen zur Bodenrechtsreform, S. 31

Raubzug auf die heutigen Eigentümer: Nach Meinung der SGNB erfüllt der Entzug der Grundrente keinen Enteignungstatbestand, so dass an sich auch keine Entschädigung geschuldet wäre![1] Trotzdem wollen die Autoren grosszügigerweise (und aus abstimmungstaktischen Gründen) den bisherigen Eigentümern eine Entschädigung gewähren. Wie aber soll diese aussehen?

Entschädigt wird bloss der Steuerwert des Bodens (der nach den Annahmen der Autoren sogar niedriger als der Ertragswert liegt). Die Entschädigung wird nicht bar ausbezahlt, sondern in Ablösungsobligationen, wobei der Zins etwas niedriger angesetzt ist als der Marktzins für normale Obligationen und deutlich niedriger angesetzt ist als die Konzessionsgebühr.

Wer sein Grundstück weiterhin nutzen will, soll künftig 6 Prozent des Ertragswertes als Konzessionsgebühr zahlen, erhält aber auf seinen Zwangsobligationen nur durchschnittlich 3,7 Prozent Zins (und das erst noch auf dem niedrigeren Steuerwert). Der Eigentümer verliert also nicht nur seine Rechte am Boden, sondern darf obendrein jährlich rund 2,5 Prozent des Ertragswertes draufzahlen. Wen wundert es da, wenn die SGNB stolz erklärt, dass die öffentliche Hand innerhalb einer Generation sämtliche Ablösungsschulden abzahlen könne? Das ist kein Kunststück, wenn man jährlich aus dem Grundeigentum kurzerhand 2,5 Milliarden Franken mehr absaugt.

Wer aber die Nutzung seines Grundstücks abgeben will (oder muss!), der wird gleich doppelt geschädigt. Zunächst erhält er nur den Steuerwert und nicht etwa den Verkehrswert vergütet, sodann wird er mit niedrig verzinslichen Obligationen (Durchschnitt zwischen Sparheftzins und Obligationenzins — trotz Laufzeiten von teilweise über zwanzig Jahren!) abgespiesen, so dass er bei deren Veräusserung nochmals mit einem Einschlag rechnen muss.

Klassenkampf — Modell für Planung und Bodenräte: Das Planungsverfahren und die Zusammensetzung der Bodenräte sollen nicht mehr nach den traditionellen demokratischen Gepflogenheiten organisiert werden. Bei der Planung sollen bestimmte Interessenkategorien diskriminiert und ihre Mitsprachemöglichkeiten beschränkt werden. Bezeichnend ist die Forderung, dass die mächtigen Bodenräte nicht im normalen Wahlverfahren gewählt werden sollen, sondern nach dem Klassenprinzip ihrer ständischen Zugehörigkeit. Praktisch läuft dies auf eine absolute Herrschaft der Mieterverbände hinaus; die politischen Parteien wären ausgeschaltet.

Zurückdrängung der Eigentümerwohnungen: Bei der Zuteilung von Bauland und von überbautem Boden haben in Mehrfamilienhauszonen Genossenschaften absolute Priorität. Wer für sich eine Eigentumswohnung erstellen oder ein bestehendes Mehrfamilienhaus erwerben und dort einziehen möchte, kann nur zum Zuge kommen, wenn sich keine Genossenschaft für die Konzession interessiert. Damit wird die Verbreitung des Wohnungseigentums stark behindert.

---

[1] Vgl. Modellvorstellungen zur Bodenrechtsreform, S. 17

Erzwingung der Mietermitbestimmung: Die Bodenräte sollen bezüglich «Nettomietpreis, Wohnqualität und Mietermitbestimmung einen bestimmten Standard» festsetzen. Nur wer diesen Standard erfüllt, kann sich in der Prioritätskategorie für Mehrfamilienhausnutzungen bewerben. Damit erwächst den Bodenräten ein riesiges Ermessens- und Machtpotential; das ordentliche, demokratisch gesetzte Mietrecht wird glatt überspielt.

Wachsender Staatsbesitz an Gebäuden und Bauland: Unter dem neuen Regime ist keineswegs sichergestellt, dass sich für offene Konzessionen (freiwillige oder erzwungene Rückgabe, Todesfall) immer Nachfrager finden. Dann bleibt im Falle überbauter Grundstücke der Gemeinde nichts anderes übrig, als die Gebäude selber zu übernehmen. Die Gemeinde wird damit zum unfreiwilligen Liegenschafteneigentümer mit einem möglicherweise nicht zu deckenden Kapitalbedarf. (Oder sollen auch für Gebäude Zwangsobligationen abgegeben werden?) Dasselbe passiert mit dem Bauland, weil ja bekanntermassen viel mehr Bauland vorhanden ist, als laufend überbaut werden kann. Dann bleibt die Gemeinde auf dem praktisch ertragslosen Bauland sitzen und muss dafür den ursprünglichen Eigentümern Zinsen entsprechend dem Baulandwert zahlen.

Untauglichkeit in der Praxis: Das SGNB-Modell ist nicht nur aus staatspolitischen Gründen abzulehnen. Es ist auch schlechterdings untauglich für die Praxis. Vor allem die Trennung der Verfügungsrechte über Boden und Gebäude, aber ebenso der vorgeschlagene Zuteilungsmechanismus bringen Probleme und Schwierigkeiten, die das Modell ganz einfach unpraktikabel machen. (Es wird auch nirgends in der Welt praktiziert.)

Prekäre Position des Nachfragers: Wer heute ein Einfamilienhaus sucht, kann ein Inserat aufgeben und zwischen verschiedenen Angeboten wählen. Nach dem SGNB-Modell muss er die Ausschreibungen der Bodenräte studieren, sich mit einem der betreffenden Gebäudeeigentümer provisorisch arrangieren, sich hernach beim Bodenrat anmelden und dann hoffen, die Konzession ersteigern zu können. Kommt ihm in der Zwischenzeit ein geeigneteres Objekt zu Gesicht, weiss er nicht, ob er beim ersten aussteigen soll, weil ja der Zuschlag für das zweite keineswegs sicher ist. Noch viel komplexer ist die Situation für denjenigen, der ein Mehrfamilienhaus sucht, weil hier noch verschiedene Prioritätskategorien mitspielen.

Erschwerung von Arrondierungen: Die meisten Bodenrechtsreformen gehen von gleichbleibenden Parzellen aus. Die Wirklichkeit ist viel komplizierter, weil Grundstücke auch geteilt und zusammengelegt werden, weil kleine Streifen abgetauscht oder Näherbaurechte oder Bauverbote vereinbart werden. Solche Arrondierungen und Veränderungen sind erschwert, weil nicht mehr bilateral abgeschlossen werden kann. Wer zusätzlich das Nachbarhaus erwerben möchte, weiss nicht, ob er die Konzession erhalten wird. Das weiss auch der Verkäufer nicht; wenn er auf gut Glück die Konzession zurückgibt, riskiert er, dass sie ein anderer erwirbt, der dann für das Gebäude vielleicht nur einen unbefriedigenden Preis offeriert, worauf das Gebäude zum amtlich geschätzten Wert übergeben werden muss. Arrondierungen sind auch dann erschwert, wenn der Erwerber nicht der obersten Prioritätsklasse angehört.

Verlust jeglicher Flexibilität: Die Wirklichkeit ist vielfältiger, als die Reformer meinen. Wenn durch Todesfall ein Einfamilienhaus frei wird und es wahrscheinlich ist, dass in einigen Jahren ein Nachkomme einziehen möchte, so lässt sich das Haus nach der heutigen Ordnung für die Zwischenzeit vermieten. Nicht so nach den Vorstellungen der SGNB. Die Konzession fällt zurück an das Gemeinwesen und muss neu vergeben werden.

Würdigung

Man darf den Autoren des SGNB-Modells wenigstens für eines dankbar sein: Sie haben ihre Vorstellungen mit soviel Akribie bis ins Detail fixiert, dass erstens die Schwächen des Modells unbarmherzig blossgelegt werden und zweitens offenkundig wird, was für Probleme uns heute der Marktmechanismus abnimmt. Wer nachliest, was alles von den Bodenräten geregelt, bewilligt oder verboten werden sollte, der erkennt, wieviel ein funktionierender Markt tagtäglich leistet.

Das SGNB-Modell ist ein geistiger Rückfall ins Mittelalter und missachtet die Bedürfnisse unserer schnellebigen Zeit nach anpassungsfähigen Ordnungen. Der geplante Raubzug auf die Eigentümer (30 Milliarden Franken Bodenwerte sollen zum vornherein nicht entschädigt werden) und die in Bodensachen postulierte proletarische Rätedemokratie sind nur das Tüpfchen auf das «i».

C. «Stadt-Land-Initiative gegen die Bodenspekulation»

Die am 24. Mai 1983 mit 112 340 gültigen Unterschriften eingereichte «Stadt-Land-Initiative gegen die Bodenspekulation» ist genau anderthalb Jahre zuvor, am 24. November 1981, lanciert worden. Laut POCH-Zeitung vom 9.7.81 war 1980 an einer «Vollversammlung» beschlossen worden, möglichst rasch nach dem Scheitern der Initiative für ein spekulationsfreies Grundeigentum einen neuen Initiativtext auszuarbeiten und zu lancieren. Rückgrat bildete der 1978 gegründete Verein für ein spekulationsfreies Grundeigentum mit einer Schar von rund 700 Sympathisanten («Basler Zeitung» vom 20.5.81). An einer von etwa zwei Dutzend Personen besuchten Vollversammlung vom 23.5.81 («Basler Zeitung» vom 25.5.81) wurde der Text für die im Herbst 1981 zu lancierende Initiative bereinigt; der definitive Startbeschluss wurde an einer weiteren Versammlung vom 10.10.81 gefasst. Wie in der POCH-Zeitung vom 9.7.81 dargelegt wird, sollen mit der Initiative sowohl die ländliche wie die städtische Bevölkerung angesprochen werden. Ein Vorschlag, mit der neuen Initiative eine radikale Bodenreform — entsprechend den Vorstellungen der «Schweizerischen Gesellschaft für ein neues Bodenrecht» — anzugehen, blieb in Minderheit. Als rückzugsberechtigte Urheber figurieren auf der am 27.10.81 eingereichten Unterschriftenliste 76 Personen. Das Sekretariat führt — wie schon in der Endphase der gescheiterten Initiative für ein spekulationsfreies Grundeigentum — Luzius Theiler, Bern.

Wortlaut der Initiative

I

Artikel 22ter der Bundesverfassung wird wie folgt geändert:

1 Eigentum ist gewährleistet.

2 Grundstücke dürfen nur zum Eigengebrauch bei nachgewiesenem Bedarf oder zur Bereitstellung preisgünstiger Wohnungen erworben werden. Der Grundstückerwerb zu Zwecken reiner Kapitalanlage oder zur kurzfristigen Weiterveräusserung ist ausgeschlossen. Handänderungen sind öffentlich bekanntzumachen.

3 Nicht als Bauland erschlossene landwirtschaftliche Grundstücke unterliegen einer Preiskontrolle. Der Preis darf den doppelten Ertragswert nicht übersteigen. An diesen Grundstücken kann Eigengebrauch nur geltend machen, wer die landwirtschaftliche Nutzung als Selbstbewirtschafter gewährleistet.

4 Bisheriger Absatz 2

5 Bei Enteignung und Eigentumsbeschränkungen, die einer Enteignung gleichkommen, ist Entschädigung zu leisten, soweit eine bereits realisierte Nutzung der Sache aufgehoben oder eingeschränkt wird. Bei Enteignung landwirtschaftlicher Grundstücke ist Realersatz zu leisten.

II

Artikel 22quater der Bundesverfassung wird durch folgenden Absatz 4 ergänzt:

4 Wertsteigerungen von Grundstücken infolge Raumplanungsmassnahmen oder Erschliessungsleistungen des Gemeinwesens werden von den Kantonen abgeschöpft.

III

Übergangsbestimmung

Sofern die Gesetzgebung binnen sechs Jahren seit der Annahme von Artikel 22ter durch Volk und Stände diesen Bestimmungen nicht angepasst ist, werden die ordentlichen Zivilgerichte ermächtigt, diese auf Klage hin unmittelbar anzuwenden. Klageberechtigt werden in diesem Fall auch der Grundbuchverwalter und die Gemeinde am Ort der gelegenen Sache.

Hauptbegehren

Die Hauptforderungen der Initiative lassen sich wie folgt charakterisieren:

Einführung eines Bedarfsnachweises: Grundeigentum soll nicht mehr voraussetzungslos erworben werden können. Nachzuweisen ist entweder Eigenbedarf oder die Absicht der Erstellung preisgünstiger Wohnungen.

Einführung einer Preiskontrolle für landwirtschaftliche Grundstücke: Nicht als Bauland erschlossene landwirtschaftliche Grundstücke sollen zu höchstens dem doppelten Ertragswert gehandelt werden dürfen.

Abbau der Enteignungsentschädigung: Bei einer Enteignung sollen nur noch bereits realisierte und nicht auch künftig mögliche Nutzungen entschädigt werden.

Realersatzverpflichtung bei Enteignung landwirtschaftlicher Grundstücke: Bei Enteignung landwirtschaftlicher Grundstücke muss Realersatz geleistet werden.

Mehrwertabschöpfung: Planungs- oder erschliessungsbedingte Wertsteigerungen sollen von den Kantonen abgeschöpft werden müssen.

Interpretationen der Initianten

In Heft 9 (August 1981) der von der Schweizerischen Gesellschaft für ein neues Bodenrecht herausgegebenen «Blätter für ein neues Bodenrecht» wird die Initiative unter verschiedenen Gesichtspunkten gewürdigt, so aus juristischer Sicht von Fürsprecher Christian Wyss. Die Gesellschaft hat sich an ihrer Generalversammlung 1981 für die Unterstützung der Initiative ausgesprochen, obwohl diese — gemessen an den Modellvorstellungen der Gesellschaft — einen «kompromissreichen und nicht überaus konsistenten Zwischenschritt» darstelle. Vom Januar 1982 datiert ist eine vom Sekretariat des Initiativkomitees herausgegebene Broschüre, in welcher die Initiative begründet und erläutert wird.[1] Die nachfolgenden Interpretationen sind diesen beiden Publikationen entnommen.

Art. 22ter Abs. 1 Gewährleistung des Eigentums:

Im Unterschied zur geltenden Verfassung soll es nur noch heissen: «Eigentum ist gewährleistet.» Der Verzicht auf das Wort «das» wird als Absage an die Institutsgarantie gewertet. Anerkannt wird nur der Bestand und die aktuelle Verteilung des Grundeigentums, nicht aber das Privateigentum «als fundamentale Einrichtung der schweizerischen Rechtsordnung». Mit dieser Verkürzung des Garantiegehalts korrespondiert die Erwartung, dass verfassungskonform nur eine Ausführung ist, «die wesentliche Änderungen in Richtung Nutzungseigentum sicherstellt».

Im Hinblick auf die Einschränkung des Zugangs zu Grundstücken wird mit einer zunehmenden Angleichung der Verkehrswerte an die Ertragswerte gerechnet.

---

[1] Die Stadt-Land-Initiative, Texte/Argumente, 1.A. Bern 1982, 2.A. Bern 1985

Art. 22ter Abs. 2 Bedarfsnachweis:

Für die Handhabung des Bedarfsnachweises orientieren sich die Initianten in verschiedener Hinsicht an der Regelung, wie sie für den Grundstückerwerb von Personen im Ausland gilt, so namentlich hinsichtlich des Begriffs des Eigengebrauchs, der Kapitalanlage und der kurzfristigen Weiterveräusserung.

Umfassend wird der Begriff des Erwerbs interpretiert; nicht nur der Kauf, sondern jegliche Handänderung — unter Einschluss der Schenkung und insbesondere des Erbganges — soll erfasst werden.[2] Die Initianten befürchten allerdings, dass der Gesetzgeber für direkte Nachkommen eine Ausnahme von der Voraussetzung des Eigengebrauchs machen wird.

Nach der Interpretation von Christian Wyss lässt der Initiativtext offen, ob die vorgeschlagenen Verfügungsbeschränkungen durch ein Einsprache- oder Bewilligungsverfahren durchgesetzt werden sollen. Allerdings fällt es schwer, die Möglichkeit des Einspracheverfahrens mit dem restriktiven Wortlaut des ersten Satzes («dürfen nur», «bei nachgewiesenem Bedarf») in Übereinstimmung zu bringen. Diese Variante wird denn auch in der Broschüre des Initiativkomitees nicht erwähnt.

Der zweite Satz des ersten Absatzes stellt eine negative Umschreibung der zulässigen Erwerbstitel dar, womit der Ausführungsgesetzgebung eine weitere Schranke gesetzt werden soll.

Das Gebot der öffentlichen Bekanntmachung von Handänderungen soll der Verbesserung der Transparenz des Grundstückmarktes dienen; es bildete auch Bestandteil der Initiative für ein spekulationsfreies Grundeigentum.

Art. 22ter Abs. 3 Preiskontrolle auf landwirtschaftlichen Grundstücken:

Absatz 3 ist als Spezialbestimmung zu Absatz 2 zu verstehen und gilt für landwirtschaftlich beworbene Grundstücke. Der Geltungsbereich wird hier weiter gezogen als in den «baufreundlichen Bestimmungen» des Raumplanungsgesetzes. Es werden ausdrücklich auch in der Bauzone eingezonte Grundstücke erfasst, soweit sie noch nicht als Bauland erschlossen sind. Immerhin ist damit der Geltungsbereich etwas enger als in der Initiative für ein spekulationsfreies Grundeigentum umschrieben, wonach auch erschlossene Baugrundstücke dem Sonderrecht unterstanden, soweit noch keine Baubewilligung vorhanden war.

---

[2] Mit dem Einbezug des Erbganges haben die Initianten den Ball offensichtlich zu hoch gespielt. In der von ihrem Sekretariat herausgegebenen Broschüre «Texte/Argumente» hiess es in der ersten Auflage vom Januar 1982 auf S. 19 noch wörtlich: «Als **Erwerb von Grundstücken** gilt nicht nur der Kauf, sondern jegliche Handänderung, also auch Schenkung, Begründung von Miteigentum, Einbringen in eine Gesellschaft und vor allem der Erbgang.» In der zweiten Auflage vom Mai 1985 (S. 34) fehlen im entsprechenden Satz die letzten fünf Worte. Wie dieser Rückzieher auch zu deuten sein mag, jedenfalls ist der Einbezug des Erbgangs von den Initianten gewollt. Regula Mader schreibt in ihrem Beitrag «Zur Interpretation der Stadt-Land-Initiative» im Heft 36 der «Blätter für ein neues Bodenrecht» auf Seite 10: «Die Initiantinnen sind der Meinung, dass auch der Erbgang zum Erwerb gezählt werden muss.» (Allerdings sind sie bereit, Übergangsregelungen zuzugestehen.)

Nach den Initianten dient die Preiskontrolle dazu, den Vorkaufsberechtigten die Ausübung ihres Vorkaufsrechtes «zu einem den Produktionsverhältnissen angemessenen Preis» zu ermöglichen. Dabei wird im Blick auf die Revision des bäuerlichen Bodenrechts ein bereits erweiterter Kreis von Vorkaufsberechtigten anvisiert, der auch Pächter und langjährige Arbeitnehmer umfasst. Die Preisbeschränkung bezieht sich allerdings nicht nur auf den Fall der Ausübung des Vorkaufsrechts, sondern auf jede Handänderung. Der doppelte Ertragswert wird «als höchste noch tragbare Limite» bezeichnet; die Festlegung auf diese Höhe soll vor allem von bäuerlichen Kreisen als angemessen erachtet werden. In der Initiative für ein spekulationsfreies Grundeigentum war als Obergrenze noch der einfache Ertragswert fixiert worden.

Die Spezialbestimmung umschreibt im weiteren den Kreis der zum Erwerb landwirtschaftlicher Grundstücke Berechtigten. Zugelassen wird nur, wer die landwirtschaftliche Nutzung weiterhin aufrechterhält, wer zu landwirtschaftlicher Nutzung fähig ist beziehungsweise das Metier kennt und «den Betrieb im wesentlichen selber leitet». Offenkundig soll der Verwalterbetrieb ausgeschlossen werden. Als notwendig wird die Festlegung maximal zulässiger Betriebsgrössen erachtet.

Art. 22ter Abs. 4 Enteignung und Eigentumsbeschränkungen:

Dieser Absatz entspricht dem bisherigen Absatz 2 von Art. 22ter.

Art. 22ter Abs. 5 Entschädigung und Realersatz:

Die vorgeschlagene Bestimmung soll Ab- und Rückzonungen erleichtern; sie wird zur Erhaltung von günstigem Altwohnraum wie der Landwirtschaft als notwendig bezeichnet. Nach Meinung der Initianten soll dieser Text nicht ausschliessen, dass «in guten Treuen gestützt auf kompetente Behördenauskunft getätigte Aufwendungen, etwa für Planung und Erschliessung, im Fall von Rückzonung entschädigt werden müssen».

Im zweiten Satz wird die Pflicht zum Realersatz statuiert bei der Enteignung landwirtschaftlicher Grundstücke. Damit soll die Erstellung landraubender Werke wie Autobahnen und Waffenplätze erschwert werden und zudem die öffentliche Hand zu einer entsprechend offensiven Bodenpolitik verpflichtet werden.

Art. 22quater Abs. 4 Mehrwertabschöpfung:

Die Verpflichtung zur Mehrwertabschöpfung soll den Kantonen überbunden werden, weil diese mit den bestehenden kantonalen Steuern und Abgaben gekoppelt werden müsse. Ein zusätzliches Motiv für die Mehrwertabschöpfung wird darin erblickt, dass die Preiskontrolle für landwirtschaftliche Grundstücke die Spekulation mit unerschlossenem Bauerwartungsland erleichtert.

Übergangsbestimmung Anwendbarkeit durch Zivilgerichte:

Mit der Übergangsbestimmung soll dem Bundesgesetzgeber Druck aufgesetzt werden, und zwar einerseits in zeitlicher, andererseits in materieller Hinsicht. Sie soll nämlich ermöglichen, «eine zu wässrige Ausführungsgesetzgebung» auch mit dem Referendum zu bekämpfen. Die Initianten gehen davon aus, dass «Gerichte, die nicht dem unmittelbaren politischen Druck ausgesetzt sind, in der Verfassungsauslegung zu fortschrittlicheren Lösungen neigen als die Bundesversammlung».

Vergleich mit der Initiative Delafontaine

Die angekündigte Initiative befasst sich – im Unterschied zur Initiative Delafontaine – generell auch mit dem überbauten Boden. Sie verlangt aber – gleich wie die Initiative Delafontaine – eine Sonderregelung für landwirtschaftlichen Boden, den sie indessen anders abgrenzt; ausgenommen sind «als Bauland erschlossene» Grundstücke statt Flächen, «auf welchen keine Baubewilligung besteht». Sie operiert ebenfalls mit dem Instrument der Preislimitierung für landwirtschaftlichen Boden, wobei sie die Preisgrenze etwas höher ansetzt (doppelter statt einfacher Ertragswert). Anstelle einer öffentlichen Ausschreibung und einer Grundstückzuteilung gemäss Prioritätskriterien wird lediglich die öffentliche Bekanntmachung von Handänderungen vorgeschrieben. Vorschriften über Baulandpreise und Entschuldungsoperationen entfallen, dafür sind Bestimmungen über Bedarfsnachweis, Enteignungsentschädigung, Realersatzverpflichtung und Mehrwertabschöpfung eingebaut. Die angekündigte Initiative privilegiert den bäuerlichen Selbstbewirtschafter in verschiedener Hinsicht, vermeidet aber sowohl die einseitige agrarpolitische Optik der Initiative Delafontaine wie deren eher als skurril zu bezeichnendes Schnörkelwerk von Detailbestimmungen. Sie bedient sich in weit ausgeprägterem Masse als die Initiative Delafontaine herkömmlicherweise diskutierter Instrumente und Definitionen.

Vergleich mit der SPS-Initiative

Die angekündigte Initiative hat – trotz der Rücksichtnahme auf die (in Opposition zu den offiziellen Organisationen der Landwirtschaft stehenden) bäuerlichen Vertreter innerhalb der Trägerschaft – weit engere Verwandtschaft mit der nicht zustandegekommenen Initiative der SPS als mit der Initiative Delafontaine. Sie beschränkt in ähnlicher Weise den Zugang zum Grundeigentum, wobei sie bei den natürlichen Personen restriktiver, bei den juristischen Personen weniger restriktiv ist als die sozialdemokratische Bodenrechtsinitiative. Sie reduziert gleichfalls die Entschädigungsansprüche bei Enteignung, wobei sie – wenigstens auf den ersten Blick – weniger willkürliche Kriterien nennt. Sie verzichtet auf eine ausdrückliche Einschränkung der Eigentumsgarantie und auf zusätzliche Kompetenzen der öffentlichen Hand im Bereich der Grundeigentumsnutzung; sie enthält dafür Sonderbestimmungen für den landwirtschaftlichen Boden und über die Mehrwertabschöpfung.

Von spezifischem Interesse ist die unterschiedliche Behandlung der institutionellen Anleger (Pensionskassen, Versicherungsgesellschaften, Anlagefonds). Nach der sozialdemokratischen Initiative hätten höchstens noch Pensionskassen — nach Umstrukturierung auf «gemeinnützige Zwecke» — Grundeigentum halten können; die übrigen institutionellen Anleger wären aus dem Bodenmarkt hinausgedrängt worden. Nach der neu angekündigten Initiative werden die institutionellen Anleger unterschiedslos zugelassen, soweit sie «preisgünstigen Wohnungsbau» betreiben. Diese Konzession ist den Initianten offensichtlich schwergefallen, doch liessen sie sich von folgender Überlegung leiten: «Angesichts der wachsenden Wohnungsnot und der Tatsache, dass der Grossteil der Bevölkerung Altersvorsorgegelder indirekt über Pensionskassen in Grundstücke investiert habe, wäre eine Initiative von vornherein aussichtslos, welche die Pensionskassen vom Bodenerwerb ausschliesse oder den sozialen Wohnungsbau hemme.»[1]

Analyse der Initiative

Die angekündigte Initiative vermeidet die am leichtesten anfechtbaren Elemente der beiden nicht zustandegekommenen Initiativen. Sie beschränkt sich auf Postulate, die den Anschein erwecken, als wären nur «Spekulanten» von ihnen betroffen und als hätten «normale» Grundeigentümer nur Vorteile von der Initiative zu erwarten. Dieser Schein trügt:

Bedarfsnachweis:
In der Theorie hat der Bedarfsnachweis die Aufgabe, die «richtigen» Bedürfnisse von «falschen» Bedürfnissen zu trennen und die erstgenannten prioritär zum Zuge kommen zu lassen. In der Praxis stellt man fest, dass regelmässig eine gegenteilige Wirkung eintritt: Die Bedarfsdeckung wird erschwert, die Bedürfnisse werden schlechter befriedigt als vorher.

In der Marktwirtschaft wird deshalb auf das Instrument des Bedarfsnachweises verzichtet. Jedermann kann investieren, produzieren und anbieten, ohne staatlichen Instanzen vorgängig ein Bedürfnis nachweisen zu müssen. Abgesehen von Sondersituationen, in denen Rationierungen unerlässlich erscheinen, sorgt erfahrungsgemäss der Markt für die beste und reibungsloseste Versorgung.

Die Initianten wollen diese Erkenntnis für den Grundstückmarkt nicht gelten lassen. Den Beweis, dass sie mit staatlichen Reglementierungen zu einem besseren Leistungsangebot kommen, werden sie freilich schuldig bleiben müssen. Mit der Betonung des Umstandes, dass der Boden ein besonderes Gut darstellt, ist der Beweis noch nicht erbracht. Tatsache ist jedenfalls, dass mit dem relativ

---

[1] Basler Zeitung vom 25.5.81

freiheitlichen Wohnungsmarkt in der Schweiz eine vergleichsweise hervorragende Wohnungsversorgung einhergeht.

Die Initianten übersehen die positive Funktion der sogenannten Spekulation. Schliesst man den Grundstückerwerb zur kurzfristigen Weiterveräusserung aus, so zerstört man ein notwendiges Ventil, das den Markt funktionstüchtig erhält. Der Markt würde starrer, unbeweglicher und nicht mehr leistungsfähig.

Ebenso gravierend wäre die bürokratische Erschwerung des Grundstückmarktes. Bei jedem Grundstückerwerb wäre eine staatliche Bewilligung einzuholen oder aber die Einsprache einer Amtsstelle zu gewärtigen. Bei der Berufung auf Eigenbedarf wäre in jedem Falle abzuklären, ob dieser Eigenbedarf genügend ausgewiesen ist. Wäre ein vorsorglicher Hauskauf für die alten Tage oder für die Kinder noch erlaubt oder nicht? Wieviel Reserven dürfte ein Gewerbebetrieb für künftige Erweiterungen oder Verlegungen erwerben? Nicht weniger problematisch wären die Abklärungen bei der Berufung auf den Bewilligungsgrund der Bereitstellung preisgünstiger Wohnungen. Müssten bestimmte Preislimiten garantiert werden? Dürfte kein Land mehr erworben werden für die Erstellung von Wohnungen für gehobene Ansprüche? Was geschieht mit bestehenden Mietwohnungen? Wer kann solche noch erwerben?
Der Mietwohnungsbau würde entscheidend beeinträchtigt. Die als Ausnahme vom Prinzip des Eigengebrauchs zugelassenen Mietwohnungen wären einer Mietzinskontrolle unterworfen, was erfahrungsgemäss die Wohnungsproduktion hemmt. Bekanntlich wird nur ein sehr geringer Teil der Wohnungen nach Massgabe des Wohnbauförderungsgesetzes erstellt. Würden nun dessen Vorschriften auf alle Mietwohnungen ausgedehnt, wäre mit einer erheblichen Blockierung des Wohnungsbaues zu rechnen. Insbesondere bestünde auch die Gefahr, dass sich die Pensionskassen aus diesem Anlagesektor zurückziehen müssten, da eine hinreichende Rendite der Vorsorgegelder nicht mehr gewährleistet wäre.

Die Initianten übersehen auch grosszügig die Bedürfnisse im Nichtwohnungssektor. Zahllose Produktions- und Dienstleistungsbetriebe sind auf Mietliegenschaften angewiesen, weil ihnen — man denke speziell an städtische Verhältnisse — das Kapital für eigene Gebäudekomplexe fehlt. Wer soll solche Geschäftsräume noch anbieten können, wenn der Boden dafür nicht mehr erworben werden kann?

Die Verpflichtung zum Bedarfsnachweis zwingt den Grundstückmarkt derart in ein staatliches Korsett, dass er den vielfältigen Bedürfnissen nicht mehr gerecht werden kann.

Preiskontrolle für landwirtschaftliche Grundstücke:
Markt und freie Preisbildung gehören zusammen. Jede Preislimitierung hat zur Folge, dass der Markt nicht mehr richtig spielen kann. An die Stelle des Preises müssen dann andere Regulatoren treten, die über die Zuteilung des Gutes entscheiden.

Die Initianten wollen alle nicht als Bauland erschlossenen landwirtschaftlichen Grundstücke einer Preislimitierung unterwerfen. Darunter fallen also auch Grundstücke, die in eine Bauzone eingeteilt, aber noch nicht erschlossen sind. Deren Preise liegen heute weit über dem doppelten landwirtschaftlichen Ertragswert. Sollen wirklich nur Landwirte zu den Glücklichen gehören dürfen, die zum limitierten Preis ein solches Grundstück erwerben können? Ist nicht anzunehmen, dass solche Grundstücke überhaupt nicht mehr angeboten werden — in der sicheren Annahme, dass eine derartige Vorschrift über kurz oder lang aufgehoben werden muss?

Die Preiskontrolle für landwirtschaftliche Grundstücke verzerrt den Markt, verkleinert das Angebot und zwingt den Staat zu flankierenden Eingriffen.

Abbau der Enteignungsentschädigung:
Anstelle der «vollen Entschädigung» bei formellen und materiellen Enteignungen soll künftig nur noch die Aufhebung oder Beschränkung einer bereits realisierten Nutzung entschädigt werden. Die Initianten interpretieren dies laut POCH-Zeitung vom 21.7.81 dahin, dass künftig nur noch bei formeller, nicht aber bei materieller Enteignung entschädigt werden soll. Diese Auslegung ist irrig. Die Frage, welcher Wert — ob aufgrund einer bisherigen oder auch aufgrund einer künftig möglichen Nutzung — entschädigt werden soll, hat nichts damit zu tun, ob es sich um eine formelle Enteignung oder um Eigentumsbeschränkungen handelt, die einer Enteignung gleichkommen.

Der Initiativtext bedeutet, dass nicht mehr der effektive Schaden, das heisst der Verkehrswert beziehungsweise die Minderung des Verkehrswertes, vergütet werden soll. Der Preis eines überbauten oder nicht überbauten Grundstückes orientiert sich nicht nur an der bestehenden Nutzung, sondern in meist stärkerem Masse an einer möglichen künftigen Nutzung. Wird nun nur aufgrund der bisherigen Nutzung entschädigt, so erleiden alle Grundeigentümer, die von einer Enteignung betroffen werden, einen ungerechtfertigten und mit der Rechtsgleichheit nicht zu vereinbarenden Vermögensverlust.

Realersatzverpflichtung bei Enteignung landwirtschaftlicher Grundstücke:
Die Verpflichtung der öffentlichen Hand, bei Enteignungen Realersatz zu leisten, ist eine durchaus denkbare Ergänzung des Grundeigentumsrechts. Allerdings wäre damit der Staat um eine Verantwortung reicher, die ihn nötigen könnte, noch stärker als bisher als Käufer auf dem Grundstückmarkt aufzutreten. Deshalb ist es wohl zweckmässiger, auf eine starre Verpflichtung zu verzichten. Vor allem aber ist nicht einzusehen, weshalb einer bestimmten Kategorie von Grundeigentümern allein ein Realersatzprivileg zukommen sollte. Auch in dieser Beziehung verträgt sich mithin die Initiative mit dem Grundsatz der Rechtsgleichheit kaum.

Mehrwertabschöpfung:
Die Initiative postuliert erneut ein bereits in der ersten, vom Volk verworfenen

Raumplanungsvorlage heftig umstrittenes Instrument, und zwar in einer massiv brutaleren Ausgestaltung. Die damalige Vorlage kannte immerhin drei Einschränkungen: Nur «realisierte» Mehrwerte waren abzuschöpfen, nur «erhebliche» Mehrwerte waren abzuschöpfen, und solche Mehrwerte waren nur «in angemessener Weise» abzuschöpfen. Von allen diesen Einschränkungen nennt die Initiative keine einzige. Und ebensowenig ist die Rede von einer abschöpfungsfreien Ersatzbeschaffung oder von einer Zweckbindung der abgeschöpften Mittel.

Die Mehrwertabschöpfung gemäss Initiative unterscheidet sich in noch stärkerem Masse von der Regelung gemäss geltendem Raumplanungsgesetz. Nach dessen Art. 5 regelt das kantonale Recht «einen angemessenen Ausgleich für erhebliche Vor- und Nachteile, die durch Planungen nach diesem Gesetz entstehen».

Eine generelle, einseitig fiskalisch orientierte Mehrwertabschöpfung ist aus grundsätzlichen und praktischen Erwägungen heraus strikte abzulehnen. Mit dem Gebot der Rechtsgleichheit lässt sich einzig ein Ausgleichssystem aber nicht eine einseitige Abschöpfung rechtfertigen. Zudem sind die bisher diskutierten Mehrwertabschöpfungssysteme mit erheblichen Mängeln behaftet; sie verstossen gegen verschiedene Grundregeln einer sachgerechten Steuerordnung.

Übergangsbestimmung:
Etwas rätselhaft wirkt die Übergangsbestimmung, wonach sechs Jahre nach Annahme der Initiative die ordentlichen Zivilgerichte ermächtigt sein sollen, die neuen Verfassungsbestimmungen unmittelbar anzuwenden. Offenbar soll dann der Zivilrichter die geforderten Kontrollfunktionen übernehmen und — auf Klage hin — die Erwerbsberechtigung überprüfen und gegebenenfalls Kaufverträge nichtig erklären sowie Preisvereinbarungen kontrollieren und gegebenenfalls abändern. Ob der Zivilrichter auch Ersatzgrundstücke vermitteln und Mehrwerte abschöpfen soll, haben die Initianten bis anhin nicht bekanntgegeben. So oder so mutet die Übergangsbestimmung wenig durchdacht an und würde in unserer Rechtsordnung mehr als nur einen Fremdkörper darstellen.

Zusammenfassende Würdigung

Die Initiative ist ihrem Gehalt nach eine Kombination zwischen den beiden nicht zustandegekommenen Bodenrechtsinitiativen der SPS und «für ein spekulationsfreies Grundeigentum». Sie erweckt den Anschein, als ob sie den Grundsatz der Eigentumsgarantie unangetastet lassen wolle. Ihr sind indessen im Kern die gleichen Einwände entgegenzuhalten wie den beiden gescheiterten Initiativen:

— Sie beschränkt den Einzelnen in seiner Eigentumsfähigkeit
— sie überbürdet dem Staat untragbare Verantwortungen im Bereich des Grundeigentums und des Wohnungsbaues

— sie provoziert eine Lähmung des Bodenmarkts und eine Erschwerung des Wohnungsbaues
— sie führt zu einer Bürokratisierung des Grundstückverkehrs
— sie verstösst gegen das Gebot der Rechtsgleichheit und benachteiligt einzelne Kategorien von Grundeigentümern
— sie bringt einen Teil der Haus- und Grundeigentümer um legitime Vermögensansprüche
— sie führt unpraktikable Abschöpfungssysteme ein.

Damit wird deutlich, dass die sehr individualistisch formulierte generelle Zielsetzung der Initiative (gemäss «Basler Zeitung» vom 25.5.81 eine sich an konkreten menschlichen Bedürfnissen orientierende Grundeigentumsverfassung) mit dem vorgesehenen Instrumentarium nicht erreicht werden kann; im Gegenteil ist mit kontraproduktiven Wirkungen zu rechnen. Im Ergebnis führt die Initiative zu mehr Staat, zu mehr Bürokratie und zu mehr Steuern und dafür zu weniger Wohnungen, zu weniger Bodenangebot und zu weniger individuellem Handlungsspielraum.

D. Bäuerliches Bodenrecht

Die im Zivilgesetzbuch, im Obligationenrecht und verschiedenen Spezialgesetzen verstreuten Bestimmungen über das landwirtschaftliche Grundeigentum sollen in einem einzigen Erlass zusammengefasst werden. Ein entsprechender **Vorentwurf**, ausgearbeitet von einer 1980 eingesetzten und von Professor Ulrich Zimmerli präsidierten Expertenkommission, wurde im Sommer 1986 Kantonen, Parteien und interessierten Organisationen zur Vernehmlassung unterbreitet. Er stützt sich auf drei Verfassungsbestimmungen, nämlich die allgemeine Zivilrechtskompetenz des Art. 64, auf den Vorbehalt zur Eigentumsgarantie in Art. 22ter und auf den Vorbehalt zur Handels- und Gewerbefreiheit in Art. 31bis Absatz 3 Buchstabe b. Von zentraler Bedeutung ist die letztgenannte Verfassungsbestimmung, die den Bund zu Vorschriften «zur Erhaltung eines gesunden Bauernstandes und einer leistungsfähigen Landwirtschaft sowie zur Festigung des bäuerlichen Grundbesitzes» ermächtigt. Demgegenüber vermag Art. 22ter keine zusätzliche Legitimation zu Eigentumsbeschränkungen zu verleihen.

Die Vorlage enthält **drei Gruppen von Schutzvorkehren** zugunsten des bäuerlichen Grundeigentums:

1. Besondere privatrechtliche Bestimmungen (sie treten an die Stelle der Bestimmungen über das bäuerliche Erbrecht und den Gewinnbeteiligungsanspruch im Zivilgesetzbuch und der Bestimmungen über das Vorkaufsrecht an landwirtschaftlichen Gewerben im Bundesgesetz über die Erhaltung des bäuerlichen Grundbesitzes)

2. Beschränkungen des Verkehrs mit landwirtschaftlichen Gewerben und Grundstücken (sie treten an die Stelle der Bestimmungen über die Sperrfrist bei der Veräusserung landwirtschaftlicher Grundstücke im Obligationenrecht und der Bestimmungen über das Einspruchsverfahren beim Erwerb landwirtschaftlicher Gewerbe und Grundstücke)
3. Vorschriften betreffend Belastungsgrenze (sie treten an die Stelle des Bundesgesetzes über die Entschuldung landwirtschaftlicher Heimwesen).

Die entscheidenden materiellen Neuerungen des Vorentwurfs konzentrieren sich auf die zweitgenannte Gruppe. Sie betreffen nicht die innerfamiliären Eigentumsübertragungen, sondern regeln den Zugang zum landwirtschaftlichen Grundeigentum sowohl für Landwirte wie für Nichtlandwirte.

Der **Geltungsbereich** unterscheidet sich im einzelnen je nach Rechtsinstitut. In der Tat kann es sich beispielsweise aufdrängen, den Geltungsbereich der Beschränkungen des Grundstückverkehrs enger zu ziehen als jenen der privatrechtlichen Bestimmungen.

Problematisch erscheint der vorgeschlagene Geltungsbereich vor allem in zwei Beziehungen. Zum einen werden Einzelparzellen nur ausgenommen, wenn sie in der Bauzone liegen. Hier drängt sich auf, zumindest auch die in Baureservezonen gelegenen Grundstücke auszunehmen. Zum andern will der Entwurf nicht auf die effektiven Nutzungspläne der Kantone und Gemeinden abstellen, sondern auf die allgemeine Begriffsumschreibung des Raumplanungsgesetzes. Diese Differenzierung dürfte im Zeitpunkt des Inkrafttretens des Bundesgesetzes sachlich weitgehend überholt sein, vor allem aber schafft sie eine untragbare Rechtsunsicherheit, indem bei jeder Übertragung von Bauzonenparzellen geltend gemacht werden könnte, dass es sich um ein nach Bundesrecht in die Landwirtschaftszone gehörendes Grundstück handle.

Fraglich ist auch, wie weit das Gesetz auf einzelne Grundstücke, die nicht zu einem landwirtschaftlichen Gewerbe gehören, Anwendung finden soll. Gegenüber dem geltenden Recht bringt hier der Vorentwurf eine entscheidende Ausweitung, bezogen sich doch bisher das bäuerliche Erbrecht und das Vorkaufsrecht nur auf ganze Gewerbe, das bäuerliche Erbrecht sogar nur auf solche, welche eine ausreichende Existenz bieten. Datenmaterial zur Frage, welchen Umfang die nicht zu einem landwirtschaftlichen Gewerbe gehörenden Einzelparzellen ausmachen, hat die Expertenkommission nicht beigebracht.

Das Institut des **Vorkaufsrechtes** soll wesentlich ausgebaut werden. Bereits erwähnt wurde die Ausdehnung auf einzelne, nicht zu einem landwirtschaftlichen Gewerbe gehörende Grundstücke. Sodann sollen die Vorkaufsfälle erweitert werden auf die unentgeltliche Veräusserung und auf die Veräusserung an Verwandte und Ehegatten. Im weiteren soll der Selbstbewirtschafter stärker als bisher zum Zuge kommen: Das Vorkaufsrecht der nichtselbstbewirtschaftenden Verwandten und des nichtselbstbewirtschaftenden Ehegatten entfällt, das Vorkaufsrecht steht nur noch Selbstbewirtschaftern zu. Schliesslich wird neu ein Vorkaufsrecht des Pächters und der Meliorationsgenossenschaften vorgesehen; die Kantone sollen zudem weitere Vorkaufsrechte zugunsten von Nachbarn und öffentlichrechtlichen Körperschaften einführen können.

Die recht weitgehenden Neuerungen sind unterschiedlich zu bewerten. Die Ausweitung der Vorkaufsfälle und der Abbau der Vorkaufsrechte von nicht-selbstbewirtschaftenden Familienangehörigen mögen angezeigt sein. Die Zuerkennung von Vorkaufsrechten an Pächter, Meliorationsgenossenschaften und öffentlichrechtliche Körperschaften ist indessen fragwürdig; sie kommt im Zusammenhang mit der vorgesehenen Preislimitierung einer eigentlichen Depossedierung der heutigen Eigentümer gleich. Dies gilt in ganz besonderem Masse für das Vorkaufsrecht Dritter an einzelnen Parzellen, die in der Regel häufiger gehandelt werden als ganze Gewerbe.

Am bäuerlichen **Erbrecht**, das sich über Jahrzehnte hinweg bewährt hat, soll nichts Grundlegendes geändert werden. Der Anspruch auf ungeteilte Zuweisung bleibt bestehen; er wird allerdings primär auf Selbstbewirtschafter beschränkt. Im Unterschied zum geltenden Recht erstreckt er sich auch auf Nebenerwerbsbetriebe; die Kantone können hier allerdings Realteilung zulassen. Neu kann sich der Anspruch auf ungeteilte Zuweisung zum Ertragswert nach gewissen Voraussetzungen auch auf einzelne Grundstücke erstrecken, was hier kaum zu Schwierigkeiten führen dürfte, weil es sich erstens um seltene Fälle und zweitens nicht um Ansprüche Dritter handelt.

Parallel zur Verstärkung der Stellung des Selbstbewirtschafters soll auch das **Gewinnanspruchsrecht** der Miterben beziehungsweise Verwandten erweitert werden. Neu soll der Anspruch auch entstehen, wenn das Grundstück der landwirtschaftlichen Nutzung entzogen wird oder wenn ein Grundstück 15 Jahre lang der Bauzone zugewiesen war.

Neu soll ein bundesrechtliches **Zerstückelungsverbot** statuiert werden. Dies erscheint grundsätzlich zweckmässig, da sonst das Gesetz umgangen werden könnte, das Einzelparzellen unterhalb einer bestimmten Grösse nicht erfasst. Es stellt sich indessen die Frage, ob hier nicht ausdrücklich — über das den kantonalen Behörden eingeräumte Recht auf Bewilligung von Ausnahmen hinaus — bestimmte Ausnahmen vorzusehen wären, so beispielsweise die Ausgliederung von kleineren Parzellen zum Zwecke der Arrondierung oder der Trennung von Land und Hof.

Eine der zwei zentralen Neuerungen des Vorentwurfs ist die Einführung eines **Bewilligungsverfahrens** für den Erwerb von landwirtschaftlichem Grundeigentum. Dieses soll an die Stelle des Einspruchsverfahrens treten, das heute die Kantone fakultativ anwenden können — eine Kompetenz, von der 17 Kantone Gebrauch gemacht haben.

Die Neuerung ist eine dreifache. Zum einen soll die Regelung verbindlich für alle Kantone gelten, zum zweiten soll das Einspruchsverfahren durch das griffigere Bewilligungsverfahren ersetzt werden, und zum dritten soll inhaltlich eine grundlegend schärfere Ordnung Platz greifen. Das Schwergewicht der Auseinandersetzung wird zweifellos dieser inhaltlichen Ausgestaltung gelten. Der Erwerb von landwirtschaftlichem Grundeigentum soll nur noch unter drei Erwerbstiteln möglich sein: als Selbstbewirtschafter, als Erbe oder — zu Lebzeiten des Eigentümers — als Nachkomme oder Ehegatte des Veräusserers. Für Dritte ist mithin keinerlei Zugang zum landwirtschaftlichen Boden mehr offen. Selbst für Landwirte ist der Erwerb von Grundeigentum in drei Fällen ausgeschlossen: wenn sie bereits über einen Hof mit überdurchschnittlich guter landwirtschaftlicher Existenz verfügen, wenn das Kaufobjekt vom eigenen Hof erheblich entfernt ist und wenn das Kaufobjekt zu einem erhaltungswürdigen landwirtschaftlichen Gewerbe gehört. Diese rigorose Regelung soll nur bei Vorliegen eines wichtigen Grundes durchbrochen werden können. Der Vorentwurf nennt für Nichtselbstbewirtschafter keine solchen Gründe; der Begleitbericht erwähnt drei Beispiele für eine Ausnahmebewilligung: Forschungsanstalt, Gemeinwesen zum Zwecke des Realersatzes, Genossenschaft zum Zwecke der Führung eines landwirtschaftlichen Betriebes.

Eine derartige Regelung schiesst über das Ziel hinaus. Sie negiert zentrale Bedürfnisse sowohl der nichtbäuerlichen als auch der bäuerlichen Bevölkerung. Ein grundsätzlicher Ausschluss des Nichtselbstbewirtschafters führt zu einer untragbaren Diskriminierung eines Grossteils der Bevölkerung. Die Ausnahmeregelung überlässt den Behörden einen weit überspannten Ermessensspielraum, der dem Bürger jeglichen Rechtsanspruch verweigert. Der Gesetzgeber hat sich darüber Rechenschaft abzulegen, dass über die drei im Begleitbericht genannten Beispiele hinaus sehr mannigfaltige Bedürfnisse vorliegen. Insbesondere kann der Erwerb von Landwirtschaftsland in direktem Zusammenhang mit der geschäftlichen Tätigkeit eines Nichtlandwirts stehen (Gartenbau, Versuchsbetrieb eines Nahrungsmittelproduzenten oder einer Chemiefirma, Kiesabbau, Lehmgewinnung, Reitstall, Tierheim). Im weiteren kann der Erwerber in einem besonderen persönlichen Verhältnis zum Veräusserer oder zum Erwerbsgegenstand stehen. Im Rahmen einer Zwangsversteigerung müsste der Hypothekargläubiger das Pfandobjekt an sich ziehen können. Der Veräusserer kann auf eine Eigentumsübertragung dringend angewiesen sein. Der Erwerb ist allenfalls bedeutsam im Hinblick auf einen Abtausch mit anderen Grundstücken. Eventuell dient er der Arrondierung eines bestehenden Pächter- oder Verwalterbetriebs. Unter Umständen liegt seitens eines Selbstbewirtschafters überhaupt kein ernsthaftes Interesse vor, besonders dann vielleicht nicht, wenn — wie in Schutzzonen — die landwirtschaftliche Nutzung besonderen Beschränkungen unterworfen ist. Ein genereller Ausschluss des Nichtselbstbewirtschafters erscheint mithin in keiner Weise sachgerecht.

Auch der Übergang zum Einspruchsverfahren zum Bewilligungsverfahren ist keineswegs zwingend. Es ist grundsätzlich unsympathisch, wenn so ein zentraler

Akt wie der Eigentumserwerb von einer staatlichen Bewilligung abhängig gemacht wird. Die rechtliche Möglichkeit des freien Zugangs zum Eigentum gehört zu den unveräusserlichen Grundrechten des Menschen. Das Einspruchsverfahren bei Vorliegen effektiver Missstände erscheint daher sachgerechter. Es wäre denkbar, die heutigen Einspruchsgründe dergestalt auszuweiten, dass die Kantone befugt wären, bei einem Absinken des Anteils der Eigentümerbetriebe unter einen bestimmten Prozentsatz den Erwerb von landwirtschaftlichem Grundeigentum durch Nichtselbstbewirtschafter zu unterbinden, sofern der Erwerber oder Veräusserer nicht ein besonderes Interesse an der Eigentumsübertragung geltend machen kann.

Der Vorentwurf sieht für den Erwerb landwirtschaftlichen Grundeigentums **Preislimiten** vor. Der zulässige Preis soll bei ganzen Gewerben den dreifachen Ertragswert, bei nicht zu einem Gewerbe gehörenden Grundstücken den achtfachen Ertragswert nicht übersteigen dürfen. Diese Plafonds liegen weit unter den heutigen Marktwerten. Sie bedeuten eine Wertvernichtung in der Höhe von Dutzenden von Milliarden Franken, beziehen sie sich doch auf ein Areal von über zehn Milliarden Quadratmetern. Sie verleiten darüber hinaus zu Schwarzzahlungen und Koppelgeschäften, was zu rechtsstaatlich unhaltbaren Zuständen führen müsste. Sie führen schliesslich zu einer höchst unerwünschten Erstarrung des Bodenmarktes, weil unter derartigen Bedingungen eine Veräusserung nicht mehr interessant wäre.

Aus dem bestehenden Recht sollen die Bestimmungen zur Verhütung einer **Überschuldung** übernommen werden. Als Pfandbelastungsgrenze werden 125 Prozent des Ertragswertes bezeichnet, während das geltende Recht den Zuschlag zum Ertragswert nur als Eventualität vorsieht. Dieser Neuordnung dürfte kaum Opposition erwachsen.

Der Vorentwurf sieht in den Schlussbestimmungen eine Ergänzung des Landwirtschaftsgesetzes vor, «um eine unzweifelhafte Gesetzesgrundlage für den Schutz der **Fruchtfolgeflächen** und der Vorrangflächen für den Futterbau zu schaffen», wie es in der Kurzfassung des Begleitberichts heisst.

Die vorgeschlagene Bestimmung ist ein Eingeständnis dafür, dass der Bund heute nicht zuständig ist, den Kantonen bestimmte Anteile an Fruchtfolgeflächen vorzuschreiben. Materiell neu wäre die Fixierung von Vorrangflächen für den Futterbau, ein Anliegen, dem unter der Bedingung beigepflichtet werden kann, dass diese Vorrangflächen die erforderliche Flexibilität der Nutzungsplanung nicht beeinträchtigen.

Der Vorentwurf für ein Bundesgesetz über das bäuerliche Bodenrecht bringt ausserordentlich weittragende Neuerungen, die sowohl für die bäuerliche wie für die nichtbäuerliche Bevölkerung von zentraler Bedeutung sind. Der nicht überbaute Boden würde einem Sonderregime unterstellt, das in einem markanten Gegensatz zur übrigen Rechtsordnung stünde. Im Unterschied zur «Stadt-Land-Initiative gegen die Bodenspekulation» wäre zwar nach wie vor eine erbrechtliche Eigentumsübertragung an Nichtselbstbewirtschafter und eine obligationen-rechtliche Eigentumsübertragung an nichtselbstbewirtschaftende Nachkommen sowie an den Ehegatten möglich, wäre zweitens der örtliche Geltungsbereich leicht restriktiver umschrieben und wäre drittens der zulässige Preis etwas höher; für die gesamte nichtbäuerliche Bevölkerung und Wirtschaft wäre indessen eine ebenso gravierende Diskriminierung die Folge. Mit der Zugangssperre zum bäuerlichen Boden könnten zahlreiche legitime Bedürfnisse nicht mehr befriedigt werden. Die vorgeschlagene Preislimitierung würde riesige Vermögenswerte vernichten und umgekehrt bei späteren Umzonungen unverdiente Wertzuwächse zuschwemmen. Der agrarpolitisch unverzichtbare Strukturwandel würde in untragbarer Weise blockiert. Dem bestehenden, unbestrittenen Verfassungsauftrag zur Festigung des bäuerlichen Grundbesitzes kann und darf nicht in derart eindimensionaler und radikaler Art nachgelebt werden; diese lässt letztlich den Selbstbewirtschafter zum Staatspächter verkommen, denn das dank staatlichem Preisdiktat weit unter dem Marktpreis erworbene Grundeigentum kann nicht zum echten Volleigentum werden.

Für die für schweizerische Verhältnisse aussergewöhnlich weitgehenden Neuerungen werden im Expertenbericht keinerlei statistische Daten beigebracht, welche die Notwendigkeit solch massiver Eigentumsbeschränkungen belegen würden. Ebenso werden keinerlei Alternativmöglichkeiten erörtert, obwohl solche immerhin denkbar wären.

Es kann daher nicht überraschen, dass im Vernehmlassungsverfahren, über dessen Ergebnisse am 4. Juli 1988 orientiert wurde, gegenüber dem Vorentwurf erhebliche Vorbehalte geltend gemacht wurden. Es wird sich zeigen müssen, in welchem Umfang der Bundesrat in der für den Herbst 1988 in Aussicht gestellten Gesetzesvorlage den begründeten Bedenken Rechnung trägt.

E. Mehrwertabschöpfung

Über die Abschöpfung von planungsbedingten Mehrwerten ist in der Mitte der 70er Jahre eine intensive Diskussion geführt worden. Unter dem Einfluss der Rezession ist die Auseinandersetzung in der Folge stark abgeflacht. Sie wurde auch kaum belebt durch die in das Raumplanungsgesetz von 1979 aufgenommene Verpflichtung der Kantone, für den Ausgleich von planungsbedingten Vor- und Nachteilen zu sorgen. Im folgenden soll zunächst auf die grundsätzlichen Aspekte einer eigentlichen Mehrwertabschöpfung und hernach auf den konkreten Auftrag in Art. 5 des Raumplanungsgesetzes eingetreten werden.

Das Postulat der Mehrwertabschöpfung bedarf vorweg der **Differenzierung**. Die Analyse der Vorschläge zu Mehrwertabschöpfungsregelungen hat davon auszugehen, dass solche Regelungen unterschiedlich motiviert und unterschiedlich ausgestaltet werden können.

Zugunsten der Mehrwertabschöpfung werden in der Regel Gerechtigkeitsargumente, bodenordnungspolitische Argumente und fiskalische Argumente angeführt.[1] Die Durchschlagskraft der verschiedenen Motivationen ist sorgfältig zu prüfen.

Im weiteren kann der Grundgedanke einer Abschöpfung planerisch oder infrastrukturell bedingter Mehrwerte in sehr unterschiedlicher Weise verwirklicht werden wollen: Abgesehen von der wichtigen Entscheidung, ob erst realisierte oder bereits realisierbare Mehrwerte abgeschöpft werden sollen, lassen sich folgende drei Haupttypen herausschälen:

— Abschöpfung konkret festgestellter Mehrwerte
— pauschalierte Abgeltungen für erhöhte Nutzungsmöglichkeiten
— Erfassung von Mehrwerten über speziell konstruierte Grundstückgewinnsteuern.

Schliesslich erscheint nicht ohne Belang, ob die Abschöpfung sich auf Mehrwerte bezieht, die bloss auf Nutzungsplanungen oder aber auf konkrete Infrastrukturmassnahmen zurückgehen.

Zu unterscheiden ist insbesondere zwischen generellen Abschöpfungssystemen und geographisch begrenzten Wertausgleichsregelungen. Gegen einen Wertausgleich zwischen Grundeigentümern, die von einer lokalen Planungsmassnahme unterschiedlich betroffen werden, ist grundsätzlich nichts einzuwenden. Wenn im Zuge einer Orts- oder Quartierplanung auf gleichwertigem Land der eine Eigentümer bauen und der andere nicht bauen kann, beziehungsweise der eine ausnahmsweise höher und der andere dafür um so weniger hoch bauen darf, dann erscheint ein Wertausgleich als durchaus billig. In diesem Sinne äussern sich auch grundsätzliche Gegner der Mehrwertabschöpfung.[2]

Einen solchen Interessenausgleich unter Nachbarn regelt das neue bernische Baugesetz in Artikel 30 unter dem Titel «Lastenausgleich». Danach hat der Grundeigentümer beziehungsweise Baurechtsinhaber, der einen Sondervorteil nutzt, der ihm durch eine Ausnahmebewilligung, eine Überbauungsordnung oder sonstwie in wesentlicher Abweichung von den örtlichen Bauvorschriften zulasten eines Nachbarn eingeräumt ist, den Nachbarn im Falle einer erheblichen Beeinträchtigung zu entschädigen.

Gegen die Mehrwertabschöpfung lassen sich zunächst mehrere **grundsätzliche Einwände** geltend machen:

— **Keine Legitimation des Gemeinwesens**

Der direkteste Einwand gegen die Mehrwertabschöpfung geht dahin, dass die bauliche Nutzung Bestandteil des Eigentums ist. Das Recht zum Bauen wird von

---

[1] Vgl. die Zusammenstellung und kritische Würdigung bei Markus Wirth, Grundlagen und Ausgestaltung der Mehrwertabschöpfung, Zürich 1976

[2] Pascal Simonius, Eigentum und Raumplanung, S. 30; Klaas Engelken, Zum Planungswertausgleich; in: DÖV 1974, S. 365

der Öffentlichkeit nicht verliehen;[3] mit dem Zonenplan wird nicht etwas gewährt, sondern es wird lediglich zugelassen, dass präexistente Eigentumsbefugnisse ausgeübt werden können.[4] Mit der Ein- oder Aufzonung wird also bloss bestätigt, dass einer entsprechenden baulichen Nutzung keine öffentlichen Interessen entgegenstehen. Es besteht kein stichhaltiger Grund, diese Bestätigung zum Anlass einer Wertabschöpfung zu machen. Die Mehrwertabschöpfung fusst auf der unrichtigen Annahme, dass es eine Baufreiheit als Bestandteil des Grundeigentums nicht gibt.[5] Die Mehrwertabgabe würde bedeuten, dass das Recht zum Bauen extra bezahlt werden müsste.[6]

Dass es dem Gemeinwesen an einer eigentlichen Legitimation zur einseitigen Abschöpfung von planungsbedingten Mehrwerten fehlt, ergibt sich aber auch dann, wenn die gesamtwirtschaftlichen Auswirkungen der Planung mit in Betracht gezogen werden. Planung schafft an sich keine neuen Bodenwerte, sondern sie führt lediglich durch Lenkung der Nachfrage zu einer Umverteilung der Bodenwerte. Der Aufwertung bestimmter Grundstücke steht also immer eine entsprechende indirekte Entwertung anderer Grundstücke gegenüber.[7] Planung legitimiert somit in dieser Sicht keine fiskalische Abschöpfung durch das Gemeinwesen, sondern höchstens einen echten Interessenausgleich unter den betroffenen Grundeigentümern.

— Keine Symmetrie mit der Entschädigung für materielle Enteignung
Die Wegnahme eines Wertes in Form der materiellen Enteignung macht den Staat auf Grund der Eigentumsgarantie ersatzpflichtig. «Eine umgekehrte Regel, welche die Wegnahme von dem Bürger zugefallenen Vorteilen rechtfertigen würde, lässt sich **daraus** nicht ableiten.»[8] Wenn schon eine Symmetrie konstruiert werden soll, müssten die Voraussetzungen für die Anerkennung einer materiellen Enteignung wesentlich umgestaltet werden.

Von einer Symmetrie zwischen Mehrwertabgabe und Minderwertentschädigung kann beispielsweise bei der Basler Regelung keine Rede sein. Dort wird die Entschädigungsordnung durch Ansetzung einer unerhört kurzen Verwirklichungsfrist sogar eingeengt; die Entschädigungsvoraussetzungen werden in keiner Weise gemildert. Ein echter Minderwertausgleich — und nur ein solcher wäre eine gültige Parallele zur Mehrwertabgabe — müsste auch dann zum Spielen kommen, wenn eine Eigentumsbeschränkung nicht die Intensität einer Enteignung erreicht.

[3] Klaas Engelken, Ist der Planungswertausgleich verfassungswidrig? in: DÖV 1976, S. 19f.
[4] Pascal Simonius, a.a.O., S. 27
[5] Walter Leisner, zit. von K.P. Krause in FAZ vom 20.9.76
[6] Klaas Engelken, in: FAZ vom 18.10.76
[7] Vgl. Klaas Engelken, Zum Planungswertausgleich; DÖV 1974, S. 363
[8] Pascal Simonius, a.a.O., S. 26

— Kein Gebot der Rechtsgleichheit

Mit der Mehrwertabschöpfung wird nicht ein Zustand vollkommener Rechts-gleichheit erreicht. Es wird lediglich eine bestimmte Gewinnkategorie erfasst, während andere Gewinnquellen nicht in gleicher Weise behandelt werden. Statt Rechtsgleichheit wird somit zusätzliche Rechtsungleichheit begründet.

Noch entscheidender aber als die Unmöglichkeit, umfassende Rechtsgleich-heit herbeizuführen, ist indessen der Sachverhalt, dass die These, wonach die Abschöpfung von Planungsmehrwerten ein Gebot der Rechtsgleichheit darstel-le, an sich zweifelhaft ist. Sie unterstellt, dass die Planung gewissermassen ein Zufallsprodukt, eine Lotterie ist.[9] Die Planer nehmen indessen für sich in An-spruch, dass sie genau jenes Land einer bestimmten baulichen Nutzung zufüh-ren, das hierzu besonders prädestiniert ist. Soweit es sich wirklich so verhält, liegt mithin die zugelassene Nutzung in der Natur des Grundstücks — im Unterschied zu anderen Grundstücken, die anscheinend nicht im selben Masse hierzu geeig-net wären. Dann aber wäre es geradezu ein Verstoss gegen die Rechtsgleichheit, das höherwertige Grundstück mit einer Sonderabgabe zu belasten.

Man kann alllerdings mit guten Gründen in Zweifel ziehen, dass die Zonenpla-nung nur gerade die natürlichen Verhältnisse reflektiert. Nach aller Erfahrung bedeutet Planung auch gewollte Entscheidung und Ermessensentscheidung, mit anderen Worten gewillkürte (nicht willkürliche) Entscheidung. Soweit es sich aber um solche Planung handelt, wäre zwingendes Gebot der Rechtsgleichheit die Entschädigung der durch die Planung nachteilig Betroffenen.

Es ergibt sich daraus, dass mit dem Argument der Rechtsgleichheit höchstens ein echter Planungswertausgleich unter den Grundeigentümern, niemals aber eine einseitige fiskalische Abschöpfungsmassnahme begründet werden kann.

— Verstoss gegen rechtsstaatliche Grundsätze der Besteuerung

Theoretisch wäre zwar eine Konstruktion der Mehrwertabschöpfung denkbar, die den rechtsstaatlichen Anforderungen an eine Fiskalabgabe genügen könnte. Praktisch ist diese Qualität jedoch nicht zu erreichen. Es ist denn auch sympto-matisch, dass — wie noch zu zeigen sein wird — die in der Schweiz diskutierten Mehrwertabschöpfungssysteme samt und sonders schwere methodische Män-gel aufweisen, nämlich Elemente einer Doppelbesteuerung, einer rückwirkenden Steuer oder einer Steuer auf nicht vorhandenen Gewinnen.

— Abschöpfung eines nicht liquiden Vermögenszuwachses

Auch dann, wenn Mehrwerte erst bei ihrer Realisierung abgeschöpft werden, kann es sich um eine Abschöpfung eines nicht liquiden Vermögenszuwachses handeln. Dies tritt ein, wenn — ohne Handänderung — ein Eigentümer von den erhöhten Nutzungsmöglichkeiten selber Gebrauch macht. Dann wird der Mehr-wertabgabe ein zwar buchmässig, aber nicht liquiditätsmässig entstandener

---

[9] Klaas Engelken, Ist der Planungswertausgleich verfassungswidrig? in: DÖV 1976, S. 20

Vermögenszuwachs zugrundegelegt. «Eine solche Abgabe geht an die Wertsubstanz.»[10] Der Unterschied zur Abschöpfung effektiv realisierter, das heisst bei einer Veräusserung erzielter Gewinne ist evident. Nicht nur wird der Besteuerte gezwungen, die Steuer aus anderweitigen Vermögensmitteln oder durch Kreditaufnahme zu finanzieren, sondern es wird ein Vermögenszuwachs besteuert, der geschätzt werden muss und der nicht unbedingt endgültiger Natur ist. Wohl hat der Besteuerte momentan einen gesteigerten Ertrag, aber dieser Ertrag kann schon im nächsten Jahr rückläufig sein, was bedeutet, dass der Vermögenszuwachs eben doch nicht so gross war wie vermutet.

Derartige «Substanzsteuern» kommen zwar vereinzelt auch im übrigen Abgaberecht vor. Beispiele dafür sind die Grundstückgewinnsteuern bei Tausch und bei Reinvestition, die Erbschaftssteuern oder die Einkommenssteuern auf dem Mietwert der eigenen Liegenschaft. Das ändert aber nichts an der grundsätzlichen Problematik, wie denn auch in diesen verwandten Fällen sehr unbillige Wirkungen resultieren können (Beschränkung der Mobilität, Gefährdung von Familienunternehmen, Verdrängung einkommensschwacher Personen aus ihrem Wohneigentum).

— Verteuerung der Nutzung

Die Überwälzbarkeit der Mehrwertabgabe ist umstritten. Diese steht jedoch in so engem Zusammenhang mit einer baulichen Nutzung, dass sie viel stärker auf Kostenrechnungen durchschlagen dürfte als beispielsweise die Grundstückgewinnsteuer, die vom Veräusserer nach Massgabe seiner persönlichen Verhältnisse (Besitzesdauer) entrichtet werden muss. Demgegenüber ist die Mehrwertabgabe in vielen Fällen vom Bauherrn, und zwar in unmittelbarer Relation zum Bauvolumen, zu entrichten. Gewiss kann argumentiert werden, der Preis der Nutzung werde durch den Markt bestimmt, so dass es auf diese Unterschiede nicht ankomme. Der Marktpreis ist indessen nicht etwas fest Vorgegebenes; er wird laufend verändert durch das durch die Steuern beeinflusste Verhalten der Anbieter. Zudem aber sind auf dem Liegenschaftssektor keineswegs so einheitliche Preise üblich wie auf anderen Märkten; die Mehrbelastung des Anbieters kann deshalb in den einzelnen Fällen durchaus auf den Mieter durchschlagen.

— Missbrauchsgefahr

Die Möglichkeit der Mehrwertabschöpfung kann das Gemeinwesen dazu verleiten, die Planung zu fiskalischen Zwecken zu missbrauchen. Es bestünde zweifellos ein Anreiz zu grosszügigeren Um- und Aufzonungen. Diese Versuchung mit gesetzlichen Vorschriften steuern zu wollen, dürfte mit Sicherheit nicht so ein-

---

[10] Klaas Engelken, Ist der Planungsausgleich verfassungswidrig? in: DÖV 1976, S. 12

fach und wirksam sein, wie sich das etwa Markus Wirth vorstellt.[11] Noch viel problematischer wäre jedoch die Verlockung, zunächst möglichst viel Land entschädigungslos rückzuzonen, um später — in schicklichem Abstand —unter Abschöpfung der Mehrwerte erneut um- und aufzuzonen. Derartige Praktiken sind nicht Hirngespinste; sie sind in Basel bereits Realität, indem die Nutzung der Hinterhöfe entschädigungslos eingeschränkt, die Erhöhung der Geschosszahl dagegen abgabepflichtig erklärt wird.

Dass Missbräuche möglich sind, wenn ohne Gegenleistung Abgaben eingetrieben werden können, liegt zunächst in der Natur der Sache. Die Ausschöpfung dieser Möglichkeiten wird aus ideologischen Gründen unter dem Motto der Rückführung der Grundrente an das Gemeinwesen aber auch ausdrücklich gefordert werden. Und ob bei knappen Staatskassen die Resistenz der anderen Gruppen ausreichen dürfte, muss eher bezweifelt werden.

— Technische Schwierigkeiten

Die Erhebung der Mehrwertabgabe bietet technische Schwierigkeiten, die nicht unterschätzt werden dürfen und die unvergleichlich viel grösser sind als beispielsweise bei der Grundstückgewinnsteuer. Diese Schwierigkeiten sind so ausgeprägt, dass die Gemeinwesen auf Ersatzformen ausweichen, die indessen — wie noch zu zeigen sein wird — ihrerseits höchst problematisch sein können.[12]

Die Hauptschwierigkeit liegt in der Bezifferung des «Mehrwertes», jenes Gewinnteils oder Vermögenszuwachses also, der auf bestimmte Planungs- oder Investitionsmassnahmen zurückgeht. Wie die kantonalzürcherische Kommission für Mehrwertabschöpfung und Minderwertausgleich in ihrem Bericht an den Regierungsrat vom April 1977 festhält, ist die Trennung von planungs- und nichtplanungsbedingten Mehrwerten in der Praxis kaum möglich, weil eben die Bildung des Bodenwertes verschiedensten Einflüssen unterliege.[13] Sie folgert daher abschliessend:
«Darum ist jeder Versuch problematisch, der aus diesem einheitlichen, komplexen Vorgang und den sich dabei bildenden Preisen und Werten bestimmte Wertbestandteile als ‹planungsbedingt› abspalten und abschöpfen will.»[14]

Eine Bezifferung des Mehrwertes wird umso schwieriger, wenn der Staat mit Komplementäreingriffen (Preiskontrollen, limitierte Vorkaufsrechte) in die Preisbildung eingreift und damit der Markt keine echten Vergleichspreise mehr liefern kann.[15]

[11] Markus Wirth, S. 88
[12] Vgl. die Ausführungen zur Basler und zur Zürcher Lösung
[13] S. 82f.
[14] Bericht der Kommission für Mehrwertabschöpfung und Minderwertausgleich, Zürich 1977, S. 84
[15] Vgl. dazu insbesondere Klaas Engelken, Zur Rollenverteilung zwischen Planung und Markt in der Bodenordnung; in: Ordo 1976, S. 285

Zu diesen grundsätzlichen Einwänden gesellen sich im weiteren **spezielle Einwände** gegen bestimmte Formen der Mehrwertabgabe.

— Untragbarkeit der Abschöpfung noch nicht realisierter Mehrwerte

Eine generelle Abschöpfung im Zeitpunkt der Entstehung von Mehrwerten ist absolut undiskutabel. In aller Regel können planungsbedingte Mehrwerte nicht in ihrer Gesamtheit sofort realisiert werden. Eine Auf- oder Einzonung soll ja für eine längere Zeitperiode Baumöglichkeiten schaffen — es sei denn, eine Gemeinde würde ihren Zonenplan jedes Jahr ändern und nur bruchstückweise im Angesicht konkreter Bauvorhaben ein- und aufzonen. Kleineigentümer würden mithin dazu veranlasst, ihr Grundeigentum zu veräussern, da sie die Mehrwertabgabe nicht aufbringen könnten und eine Hypothezierung der Lasten keineswegs immer möglich oder willkommen wäre. Ob der Verkaufsdruck anderen Kleineigentümern den Erwerb erleichtern würde, darf füglich bezweifelt werden. Da sich ja die Realisierung der Nutzung auf eine längere Zeitspanne verteilt, würden die höherwertigen Grundstücke vorzugsweise von Käufern erworben, die es sich leisten können, mit der Realisierung der Nutzung auch zuwarten zu können. Vor allem aber bedeutet die Erhebung noch nicht realisierter Mehrwerte, dass stets die theoretisch mögliche Maximalnutzung der Abgabe zugrunde gelegt wird. Ändern später die Marktverhältnisse, so dass beispielsweise nur eine Teilausnutzung zweckmässig erscheint, so ist ein Wertzuwachs besteuert worden, der nie realisiert werden kann.

— Unzumutbarkeit der Doppelbelastung durch Mehrwertabgabe und Grundstückgewinnsteuer

Alle schweizerischen Kantone kennen bereits heute die Besteuerung von Grundstückgewinnen. Wird nun zusätzlich eine Mehrwertabgabe eingeführt, so stellt sich die Frage des Zusammenspiels dieser beiden Abgaben. Soll bei der Grundstückgewinnsteuer nur gerade die effektiv entrichtete Mehrwertabgabe angerechnet werden, oder ist der ganze, durch die Mehrwertabgabe bereits erfasste Planungsmehrwert vom steuerpflichtigen Gewinn in Abzug zu bringen?

Die erstgenannte Lösung führt zu einer stärkeren fiskalischen Belastung, bedeutet sie doch nichts anderes als eine zweimalige Besteuerung des gleichen Gewinnteils. Der planungsbedingte Mehrwert wird zunächst durch die Mehrwertabgabe belastet; soweit er nicht vollständig abgeschöpft wird, unterliegt der dem Eigentümer verbleibende Teil dann noch zusätzlich der Grundstückgewinnsteuer. Eine derartige Kumulierung ist mit steuerrechtlichen Grundsätzen nicht vereinbar. Sie widerspricht — so auch nach Markus Wirth[16] — dem Grundgedanken der Mehrwertabgabe: Von den Grundstückgewinnen sollen jene Gewinnteile

---

[16] Markus Wirth, S. 210

herausgegriffen und einer Sonderabgabe unterworfen werden, die auf spezifische Vorkehren der öffentlichen Hand zurückzuführen sind.

Erstaunlicherweise hat sich die von der Bau-Sekretärenkonferenz eingesetzte Arbeitsgruppe für das System der Doppelbelastung ausgesprochen.[17] Auch nach der Basler Regelung scheint eine Kumulierung von Mehrwertabgabe und Kapitalgewinnsteuer ohne weiteres hingenommen zu werden. Dasselbe gilt für die Neuenburger Regelung.

— Problematik pauschalierter Mehrwertabgaben (Basler Lösung)

Nach der Basler Regelung werden pro Quadratmeter zusätzlich erstellter Bruttogeschossfläche Abgaben erhoben, die 40 Prozent des auf Grund durchschnittlicher Bodenpreise bezifferten Mehrwertes betragen sollen. Die Bezifferung des Mehrwertes erfolgt schematisch durch eine Ertrags-, Kosten- und Kapitalisierungsrechnung, indem die kapitalisierten möglichen Erträge des Grundstücks vor und nach der Planungsmassnahme verglichen werden. Schon allein diese Rechnung führt zu Ergebnissen, die von den Verhältnissen im konkreten Einzelfall spürbar abweichen können. Vor allem aber ist keineswegs sicher, ob der Belastete auch tatsächlich in den Genuss eines Mehrwertes kommt. Es ist durchaus möglich, dass er für sein Grundstück einen Preis bezahlt hat, in welchem künftige Mehrnutzungen bereits eskomptiert waren. In einem solchen Fall, der zumindest in den ersten Jahrzehnten nach Inkrafttreten der Neuregelung keineswegs selten zu sein braucht, zahlt er Steuern von einem Mehrwert, den er gar nicht hat. Diese Problematik würde insbesondere dann akut, wenn das Basler System in ländlichen Verhältnissen angewendet werden müsste.

— Problematik der Ausweitung der Grundstückgewinnsteuer (Zürcher Modell)

In Anbetracht der Schwierigkeit, Planungsmehrwerte zu ermitteln, hat die vom Zürcher Regierungsrat eingesetzte Kommission in ihrem Bericht vom April 1977[18] empfohlen, die bestehende Grundstückgewinnsteuer so auszubauen, dass dem Grundgedanken der Mehrwertabschöpfung Rechnung getragen werden kann.

Dieser Ausbau sollte in zwei Richtungen erfolgen. Zum einen soll der Grundstückgewinnsteuertarif **zusätzlich auf den relativen Gewinn**[19] abstellen, weil prozentual hohe Gewinne ein Indiz für planungsbedingte Gewinne darstellen. Zum anderen soll neu eine Planungsgewinnsteuer erhoben werden, wenn auf Grund von Ein- oder Umzonungen möglich gewordene Nutzungen ohne Hand-

[17] Vgl. Pius Meyer, Die Planungsmehrwertabschöpfung gemäss Art. 45 des Entwurfes zum Raumplanungsgesetz; in: Zbl 1974, S. 1ff
[18] Bericht der Kommission für Mehrwertabschöpfung und Minderwertausgleich vom April 1977
[19] Gewinn im Verhältnis zu den Aufwendungen

änderung baulich realisiert werden. In einem ergänzenden Bericht vom März 1985 wird (neben einem Minderwertausgleich) nur noch eine «Planungsmehrwertsteuer» vorgeschlagen.[20]

Die erstgenannte Änderung ist unproblematisch. Sie erlaubt übrigens, im Unterschied zur Basler Lösung, auch die Besteuerung früher entstandener Wertsteigerungen und ist insofern fiskalisch nicht uninteressant. Die zweitgenannte Änderung stellt eine Ausweitung der Grundstückgewinnsteuer von erheblicher materieller und grundsätzlicher Bedeutung dar. Das neue Element ist die Erhebung der Steuer in jenem Falle, in dem ein Grundstück nicht veräussert, sondern ohne Handänderung zur baulichen Nutzung beziehungsweise baulichen Mehrnutzung geschritten wird. Wie bei der Mehrwertabgabe wird mithin eine Abgabe erhoben auf einen Wertzuwachs, der sich als solcher, zumindest liquiditätsmässig, nicht realisiert hat, sondern nur durch Veräusserung realisierbar wäre. (Im Unterschied zur Mehrwertabgabe auf baulich noch nicht ausgeschöpften Nutzungsmöglichkeiten steht hier wenigstens ein erhöhter Nutzungsertrag in Aussicht, so dass eine Kreditaufnahme im Umfang der Steuer eher möglich ist.) In diesem Punkt unterscheidet sich die Zürcher Lösung nicht von der Problematik der Mehrwertabgabe im allgemeinen und der Basler Lösung im besonderen.

In bezug auf die Ermittlung des Mehrwertes umgeht die Zürcher Lösung die Schwierigkeit der Herauslösung des planungsbedingten Mehrwerts, indem sie einfach die gesamte Wertvermehrung der Steuer unterwirft. Sie kommt aber nicht um Wertschätzungen herum, und zwar um Wertschätzungen, die bei den vorgesehenen Gewinnsteuersätzen wesentlich problematischer sind als die im Rahmen der Vermögenssteuer erforderlichen Katasterschätzungen. (Dass bereits nach dem geltenden Grundstückgewinnsteuerrecht bei Altbesitz Verkehrswertschätzungen gemacht werden mussten, ändert nichts daran, dass solche Schätzungen nun in weit grösserer Zahl nötig würden.) Die Kehrseite des Verzichts auf eine Bezifferung des planerisch bedingten Mehrwerts besteht darin, dass der Eigentümer auch für anderweitig bedingte Wertzuwächse besteuert wird. Diesem Umstand muss durch eine entsprechende Ausgestaltung des Tarifs Rechnung getragen werden, indem zumindest die bloss nominellen Gewinne von der Besteuerung auszunehmen sind. Ebenso müsste dafür gesorgt werden, dass bei persönlich genutztem Grundeigentum die Sondersteuer nicht erhoben wird. Es wäre mit den Bemühungen um eine Streuung des Grundeigentums schlechterdings unvereinbar, vom Besitzer einer Kleinparzelle eine zusätzliche Sonderabgabe zu erheben, wenn er zum Bau des Eigenheims schreitet.

Die Hauptproblematik des Zürcher Modells besteht darin, dass es weit weniger eine Planungsmehrwertsteuer als vielmehr eine Bausteuer bringt. Diese Steuer soll auch dann erhoben werden, wenn der Eigentümer eines Grundstücks überhaupt keinen Planungsmehrwert erzielt hat, sondern ein solcher vollum-

---

[20] Bericht der Kommission für Mehrwertabschöpfung und Minderwertausgleich vom März 1985

fänglich von einem früheren Eigentümer eingestrichen und im Rahmen der Grundstückgewinnsteuer bereits versteuert worden ist. Diese Konsequenz ergibt sich aus der vorgeschlagenen Schlussbestimmung, wonach die Planungsmehrwerte dann zu belasten seien, wenn die den Mehrwert auslösende Einzonung oder Umzonung nicht weiter als zwanzig Jahre zurückliegt. Wenn also beispielsweise im Jahre 1970 unmittelbar vor oder nach (!) einer Einzonung ein Grundstück zu Baulandpreisen erworben worden ist und 1988 der Eigentümer ein Einfamilienhaus darauf erstellt, so müsste er eine Planungsmehrwertsteuer entrichten. Abgesehen davon, dass die Grenzziehung höchst willkürlich erscheint, weil je nach dem seinerzeitigen Stichtag der Einzonung eine Steuerpflicht entsteht oder nicht, müsste sie ja auch dazu führen, dass mit einer baulichen Ausnützung eines steuerpflichtigen Grundstücks zugewartet würde, bis die Zwanzigjahrfrist abgelaufen wäre — eine Auswirkung, die bodenmarktpolitisch völlig unerwünscht wäre.

Erstaunlich erscheint übrigens, dass die Planungsmehrwerte zum gleichen Satz wie Grundstückgewinne besteuert werden sollen. Damit würden die Planungswerte, die nach gewissen Theorien völlig unverdient angeschwemmt werden, gleich belastet wie blosse nominelle Wertzuwächse. Die Gleichschaltung der Steuersätze schafft zwar Probleme der Koordination zwischen Planungsmehrwerten und Grundstückgewinnsteuer aus der Welt, steht aber kaum in Übereinstimmung mit der Grundidee der Mehrwertabschöpfung.

Umgekehrt ändert der vorgeschlagene Satz nichts an der rechtspolitischen Problematik des Zürcher Modells, das — entgegen den Darlegungen der Kommission — eben doch eine Rückwirkungskomponente enthält. Zwar löst an sich nur eine künftige Überbauung die Abgabepflicht aus, sie tut es aber gestützt auf den in der Vergangenheit liegenden Tatbestand einer Ein- oder Aufzonung. Jedenfalls wäre es nach dem Basler System nie in Frage gekommen, eine Mehrwertabgabe für eine in den 60er Jahren vorgenommene Aufzonung einzufordern. Jeder Erwerber einer solchen Parzelle müsste es als Verstoss gegen Treu und Glauben empfinden, wenn er nun bei der Realisierung einer ihm seit langem zugestandenen Nutzungsmöglichkeit plötzlich einer Sondersteuer unterworfen würde. Das Abstellen auf eine vor Inkrafttreten der Neuordnung getroffene Ein- oder Aufzonung erscheint deshalb unhaltbar.

— Begrenzte Problematik beitragsrechtlicher Mehrwertabschöpfung

Neben der Einführung einer Planungsgewinnsteuer schlug die Zürcher Expertenkommission im Jahre 1977 auch die Neuordnung des Beitragswesens vor. Im speziellen empfahl sie die Erhebung von Mehrwertbeiträgen bei Grundstükken, die von Groberschliessungen, von Erschliessungen durch öffentliche Verkehrsmittel und von benachbarten Bauverbotszonen profitieren. Diesen Mehrwertsbeiträgen stehen konkrete Aufwendungen des Gemeinwesens gegenüber:

Insofern ähneln sie den bereits bekannten und als unproblematisch empfundenen Erschliessungsbeiträgen, und insofern stehen ihnen auch nicht die gleichen grundsätzlichen Bedenken entgegen wie den kostenungebundenen Mehrwertabgaben.

Für Grossprojekte (Untergrundbahnen, Schnellbahnen) erscheinen derartige Mehrwertbeitragssysteme plausibel; hingegen stellt sich die Frage, ob jedes künftige Strassenbauwerk und jede noch so bescheidene Grünzone die Ingangsetzung des komplizierten Kostenüberwälzungsmechanismus rechtfertigt. Besonders im Fall der Erlangung von Vorteilen durch Bauverbotszonen erscheint es zweifelhaft, ob bei unveränderter Nutzung die Erhebung von Mehrwertbeiträgen zumutbar ist. Sollen von Einfamilienhausbesitzern Beitragsleistungen eingefordert werden können, wenn ein bisher im übrigen Gemeindegebiet gelegenes Nachbargrundstück in die (entschädigungspflichtige) Freihaltezone umgezont wird? Das Beispiel macht sichtbar, dass sich die vorgeschlagenen Systeme keineswegs auf einen sogenannten «Spitzenausgleich» beschränken — wie gern jeweils bei der skeptischen Beurteilung der Forderungen auf Minderwertausgleich behauptet wird.[21] Im Gegenteil präsentieren sie sich als ausgesprochen perfektionistisch; sie überspannen das Grundeigentum mit einem immer unübersichtlicheren Netz von Fiskalabgaben, Kostenbeiträgen und Gebühren, wobei sich diese vielfach überschneiden.

Zusammenfassung

Ein generelles Mehrwertabschöpfungssystem ist aus grundsätzlichen und praktischen Erwägungen heraus abzulehnen.Denkbar sind allenfalls folgende Spezialformen:

— Partielle Ausgleichsvorkehren im Falle klarer planerischer Begünstigung einzelner Gebiete zulasten anderer
— Spezielle Kostenüberwälzungsregelungen im Falle grosser Infrastrukturaufwendung
— Umbau der Grundstückgewinnsteuer mit erhöhten Belastungssätzen für prozentual ausgesprochen hohe Gewinne.

Im übrigen soll sich das Gemeinwesen darauf beschränken, Mehrwerte anlässlich von Handänderungen steuerlich zu erfassen, also dann, wenn sich ein effektiv realisierter Mehrwert einwandfrei beziffern lässt und beim Steuerpflichtigen auch konkret angefallen ist.

Bei Mehrwerten, die sich auf Grundstücken bilden, die nicht veräussert werden, soll sich das Gemeinwesen mit den höheren Einkommens-, Vermögens- und Erbschaftssteuern beziehungsweise den höheren Ertrags- und Kapitalsteuern begnügen.

---

[21] Vgl. kantonalzürcherische Kommission für Mehrwertabschöpfung und Minderwertausgleich, Bericht an den Regierungsrat, April 1977, S. 172

Ausgleich planungsbedingter Vor- und Nachteile

Wie bereits angemerkt worden ist, verzichtet das geltende Raumplanungsgesetz
darauf, eine bundesrechtliche Mehrwertabschöpfung einzuführen. Es begnügt
sich mit der Verpflichtung der Kantone, einen angemessenen Ausgleich für erhebliche planungsbedingte Vor- und Nachteile zu regeln. Eine Arbeitsgruppe
unter dem Vorsitz des Direktors der Schweizerischen Vereinigung für Landesplanung hat zuhanden der Kantone Empfehlungen[22] formuliert, wie sie diesen Ge-
setzgebungsauftrag erfüllen könnten. Der vom Bundesamt für Raumplanung
veröffentlichte Bericht fordert in manchen Punkten entschiedene Kritik heraus.
Im Unterschied zur Regelung der Mehrwertabschöpfung in der verworfenen
Raumplanungsvorlage verlangt der Bund nur einen Ausgleich von Vor- und
Nachteilen, nicht die einseitige Abschöpfung von Mehrwerten. Dabei ist dieser
Ausgleich nicht etwa das Gegenstück zur vollen Entschädigung bei materieller
Enteignung. Ein Nachteilsausgleich soll eben auch dann erfolgen können, wenn
der Eingriff nicht die Intensität einer materiellen Enteignung erreicht. Diese Auffassung vertritt gleicherweise die Arbeitsgruppe. Positiv zu würdigen ist im weiteren deren Aussage, dass — entgegen einer Argumentation des Bundesgerichts
— ein solcher zusätzlicher Nachteilsausgleich auch dann rechtens ist, wenn kein
spezieller Vorteilsausgleich eingeführt wird; erforderlich ist einzig eine besondere gesetzliche Grundlage. Beizupflichten ist sodann der Feststellung, dass zwischen dem Vorteilsausgleich und dem Nachteilsausgleich keine genaue Symmetrie hergestellt zu werden brauche. Nicht verantwortlich ist die Arbeitsgruppe
schliesslich für die Beschränkung ihrer Untersuchung auf den Vorteilsausgleich;
es wäre von nicht geringerem Interesse gewesen, wenn sich die Arbeitsgruppe
auch über den Nachteilsausgleich Gedanken gemacht hätte. Mit dem Hinweis
auf die Waadtländer Lösung (aus einem Fonds, der durch eine Grundstückge-
winnsteuererhöhung gespiesen wird, werden Subventionen für Strukturverbes-
serungen in der Landwirtschaft ausgerichtet) sowie auf Finanzierungen von
Massnahmen des Natur- und Heimatschutzes werden nur bruchstückhaft einige
eher marginale Formen der Nachteilsabgeltung erwähnt.

Die Arbeitsgruppe untersucht im besonderen zwei Instrumente des Vorteilsausgleichs. Im Vordergrund steht eine Abgabe auf dem planungsbedingten
Wertzuwachs; in zweiter Linie wird an eine spezielle Ausgestaltung der Vermögenssteuer gedacht.

Formuliert werden zunächst idealtypische Anforderungen an diese Instrumente. Dabei wird der Bogen reichlich weit gespannt. Die Abgabe beziehungsweise die höhere Vermögenssteuer soll bereits beim Eintritt der theoretischen
Realisierbarkeit, nicht etwa erst bei der vollzogenen Realisierung des Planungs-
vorteils geschuldet sein. Umfangmässig soll die Abgabe einen Drittel bis zwei

---

[22] Empfehlungen zur Gestaltung des Vorteilsausgleichs nach Artikel 5 Absatz 1 des Bundesgesetzes über die
Raumplanung, hrsg. vom Bundesamt für Raumplanung, Bern, November 1986

Drittel des teuerungsbereinigten Mehrwertes ausmachen. Erfasst werden sollen alle Arten von Realisationsmöglichkeiten, erstaunlicherweise selbst die Aufnahme von Hypothekardarlehen!

Das Anknüpfen sowohl an einen bloss theoretischen Vorteil als auch an eine bauliche Realisation (ohne Veräusserung) bringt gewichtige Probleme mit sich, wie auch die Arbeitsgruppe nicht bestreiten kann. Der finanzschwächere Grundeigentümer wird dadurch zur Veräusserung getrieben oder aber ausgerechnet im Zeitpunkt der Überbauung mit zusätzlichen Forderungen belastet. Sodann ist in diesen Fällen, in denen keine liquiden Mittel aus dem Planungsvorteil vorhanden sind, der Umstand, dass der Vorteil ja nur theoretisch bezifferbar ist, von besonderem Gewicht. Eine Vorteilsabgabe ist deshalb grundsätzlich auf den Fall der Veräusserung zu beschränken.

Von der Arbeitsgruppe werden drei Modelle empfohlen, nämlich

1. die Sonderabgabe bei Entstehung des Vorteils (Modelle Basel-Stadt und Schaffhausen)
2. die Planungsmehrwertsteuer im Rahmen der Grundstückgewinnsteuer (Modell Zürich)
3. die umgestaltete Grundstückgewinnsteuer in Verbindung mit einer verkehrswertorientierten Vermögenssteuer (Modell Bern).

Zunächst ist darauf hinzuweisen, dass für die Kantone Schaffhausen und Zürich solche Modelle tatsächlich erwogen, aber bis heute nie eingeführt worden sind. In beiden Kantonen hat man die mit diesen Vorschlägen verbundene Problematik erkannt und deshalb auf die Realisierung verzichtet. Es berührt daher eigenartig, sie im Bericht als empfohlene Modelle aufgeführt zu sehen.

Das Modell des Kantons Basel-Stadt — eine veritable Mehrwertabschöpfung rein fiskalischer Ausprägung und daher den Anforderungen von Art. 5 RPG auch nach Auffassung der Arbeitsgruppe (S. 26) nicht genügend — kann nur im Rahmen eines ausgesprochenen und praktisch weitgehend überbauten Stadtkantons funktionieren. Dieses Modell eignet sich für andere Kantone in keiner Weise.

Das Modell Bern erscheint demgegenüber noch am ehesten vertretbar. Es besteht in einem Verzicht auf den Besitzesdauerabzug bei der Grundstückgewinnsteuer, der ersetzt wird durch eine hälftige Indexierung der Anlagekosten. Ferner soll unüberbautes Land in der Bauzone verkehrsorientiert besteuert werden. Auch dieses Modell ist nicht realisiert, sondern im Jahre 1984 mit der damaligen Steuergesetzrevision verworfen worden.

Die Kommission hat sich mithin begnügt, ausschliesslich Modelle zu empfehlen, die sich — ausser im Spezialfall Basel-Stadt — nirgends durchgesetzt haben. (Nicht behandelt wird die in Art. 19 bis 28 des neuenburgischen Raumplanungsgesetzes vom 24. Juni 1986 getroffene Regelung, die freilich den Anforderungen eines echten Ausgleichs auch nicht gerecht wird.) Eine Vorteilsabgabe im Rahmen der herkömmlichen Grundstückgewinnsteuer erscheint ihr «als weniger empfehlenswerte Minimallösung». Diese Wertung ist entschieden zurückzuweisen.

Durch eine einfache Umgestaltung der Grundstückgewinnsteuer lässt sich nämlich eine Art Vorteilsabgabe erheben, welche die oben festgestellten Mängel konsequent vermeidet. Ein klares Indiz für planungsbedingte Vorteile ist die relative Höhe des Gewinns im Verhältnis zu den (teuerungsbereinigten) Anlagekosten. Es könnte mithin zur ordentlichen Grundstückgewinnsteuer ein Zuschlag nach Massgabe des relativen Gewinnes erhoben werden. Zur Kasse kämen damit nur jene Grundeigentümer, die einen effektiven (und überdurchschnittlichen) Gewinn erzielt hätten und über entsprechende liquide Mittel verfügten. Damit wäre dem Gerechtigkeitspostulat, das dem Art. 5 zugrundeliegt, vollauf Rechnung getragen. Wer eine Mehrausnützung nur baulich realisiert und nicht veräussert, kommt mit der höheren Einkommenssteuer genügend zum Zuge.

F. Baulandsteuer

Ähnlich wie die Mehrwertabschöpfung soll die Baulandsteuer einen Angebotsdruck innerhalb der Bauzone ausüben und den baureifen Boden so seiner vorgesehenen Nutzung zuführen. Mit der Einführung einer Baulandsteuer will man der Hortung von Bauland entgegenwirken und der Preissteigerung von Bauland begegnen. Der Zweck der Baulandsteuer ist daher nicht in erster Linie fiskalischer Natur; im Vordergrund steht vielmehr die Ausübung eines Druckes zur Überbauung der baureifen Grundstücke. Man ergreift also mit dieser Steuer Massnahmen, die eine Überführung des Bodens von einer Nutzungsart in eine andere erzwingen oder zumindest beschleunigen helfen.

Die Grundidee einer Baulandsteuer ist verschiedenen Ausprägungen zugänglich. Denkbar ist eine eigentliche Lenkungssteuer in der Form einer Sonderabgabe. Eine abgeschwächte Spielart besteht in der konsequenten Besteuerung von baureifem Land zum Verkehrswert. Je nach Ausmass der Steuerverschärfung sind indessen deren sachliche Rechtfertigung und deren konkrete Auswirkungen besonders sorgfältig zu überprüfen.

Grundeigentum wird in der Regel und mit guten Gründen nicht zum Verkehrswert besteuert, sondern zu einem Mischwert zwischen Verkehrswert und Ertragswert. Wenn der Eigentümer von baureifem Land aus nichtfiskalischen Gründen stärker besteuert werden soll, so genügt die Wünschbarkeit einer Verflüssigung des Baulandmarktes noch nicht zur Rechtfertigung. Der Baulandbesitzer, der mit der Überbauung seines Grundstücks zuwartet und sein Bauland auch nicht veräussert, wird zusätzlich belastet, als ob sein Verhalten einem verwerflichen Tun gleichkäme. Dabei ist aber — ganz abgesehen davon, dass er möglicherweise sehr legitime Gründe für sein Verhalten anführen könnte — zu bedenken, dass im Verhältnis zu den vorhandenen Baugrundstücken nur jeweils ein Bruchteil sofort überbaut werden kann. Die Mehrbelastung würde also eine Aktivität erzwingen wollen, die vom Grossteil der Betroffenen gar nicht erbracht werden kann.

Zu bedenken ist im weiteren die konzentrationsfördernde Wirkung einer derartigen Verschärfung der Steuerbelastung. Eine eigentliche Substanzsteuer führt dazu, dass vor allem die kleineren Landbesitzer zum Verkaufe ihres Baulandes gezwungen werden, weil sie die zusätzlichen Steuern nicht aufbringen können. Die Wirkungen einer solchen Steuer sind deshalb problematisch.

Anderseits zeigt sich, dass die mit zunehmender Besitzesdauer abnehmende Grundstückgewinnsteuer tendenziell der Hortung von Boden im allgemeinen und baureifem Land im besonderen Vorschub leistet und so den Verkauf von Bauland zu Überbauungszwecken eher verzögert. Richtiger als die Einführung einer neuen Sondersteuer wäre es daher, die Grundstückgewinnsteuer so auszugestalten, dass sie keinen Anreiz zur Hortung bildet. Dies wäre dadurch zu bewerkstelligen, dass je nach der Dauer des Besitzes von baureifem Bauland Zuschläge zur Grundstückgewinnsteuer erhoben werden.

G. Vorkaufsrechte

Bei den Vorkaufsrechten ist zwischen den gesetzlichen und den vertraglichen genau zu unterscheiden. Das vertragliche Vorkaufsrecht ist ein privatrechtliches Instrument, dem durch die grundbuchliche Vormerkung verstärkte Wirkung zukommt, die allerdings nach Ablauf von zehn Jahren erlischt. Diese Art des Vorkaufsrechts ist weitgehend unbestritten.

In verschiedenen Reformvorschlägen findet sich ein gesetzliches Vorkaufsrecht, das dem Bund und den Kantonen das Recht zugesteht, bei Verkäufen von Grundstücken als vorkaufsberechtigter Käufer zwischen die privaten Vertragspartner zu treten. Vielfach wird verharmlosend argumentiert, dass damit nur der verkaufswillige Eigentümer in seiner Freiheit der Wahl des Vertragspartners eingeschränkt werde. Ganz abgesehen davon, dass die Entscheidung darüber, wem man sein Grundstück überträgt, zu den wesentlichen Eigentümerbefugnissen gehört, verkennt diese Auffassung die langfristigen Folgen einer derartigen Regelung: Da die öffentliche Hand mit dem gesetzlichen Vorkaufsrecht jedem beliebigen Käufer jedes Grundstück entziehen kann, werden auch Nachfrager nachteilig betroffen. Eigentum erwerben zu können ist ein ebenso schützenswertes Recht wie dasjenige, Eigentum behalten zu können. Mit einem gesetzlichen Vorkaufsrecht wäre es für ein Gemeinwesen möglich, den öffentlichen Grundbesitz massiv zu vermehren und so zu einer unvergleichlichen Machtstellung zu gelangen. Ein umfassendes gesetzliches Vorkaufsrecht der öffentlichen Hand muss daher eindeutig abgelehnt werden.

Aber auch ein beschränktes gesetzliches Vorkaufsrecht hat seine Tücken. So ist ein gesetzliches Vorkaufsrecht für Grundstücke, die nach einem Zonenplan für öffentliche Bedürfnisse benötigt werden, fragwürdig; Zonenpläne werden nach dem politischen Ermessen des Kollektivs errichtet. Der Ausweitung des Gemeineigentums wären daher kaum wirksame Schranken gesetzt. Soll das gesetzliche Vorkaufsrecht für Grundbesitzer wenigstens dort gelten, wo die Voraussetzungen für eine Enteignung vorliegen, mit der Begründung, das Vorkaufsrecht stelle gegenüber der Expropriation einen milderen Eingriff dar? Zu bedenken ist indessen, dass gerade deshalb, weil es sich um einen milderen Eingriff handelt, die Gemeinwesen dazu verleitet werden könnten, dieses Vorrecht um so häufiger anzuwenden. Am ehesten vertretbar wäre allenfalls die Gewährung eines Vorkaufsrechtes an Güterzusammenlegungsgenossenschaften und ähnliche Körperschaften zum Zwecke der Bodenverbesserung und -arrondierung. Aber selbst hier dürften die grundsätzlichen Bedenken gewichtiger sein.

Ein generelles Vorkaufsrecht Dritter ist ebensowenig tragbar. Das gilt gleicherweise für gesetzliche Vorkaufsrechte des Mieters oder Pächters wie für gesetzliche Vorkaufsrechte von Selbstbewirtschaftern bei landwirtschaftlichen Grundstücken. Nicht massgeblich ist der Umstand, ob es sich um ein unlimitiertes oder ein limitiertes gesetzliches Vorkaufsrecht handelt. In beiden Fällen ist der Eingriff sowohl aus der Sicht des Veräusserers wie des Erwerbers zu einschneidend. Für den Fall von Übertragungen an Personen, die zum Veräusserer in einem besonderen Verhältnis stehen, müsste der Gesetzgeber ohnehin Ausnahmen zugestehen. Es ist indessen für den Eigentümer unzumutbar, sich vor einer Behörde für die Wahl des Vertragspartners rechtfertigen zu müssen. Wenn ein unlimitiertes Vorkaufsrecht ein unbedeutender, von der Verfassung gedeckter Eingriff wäre, wie man das im Bundeshaus anzunehmen scheint, so wäre es offenkundig für den Mieter und Pächter auch einfach, auf vertraglichem Wege zu einem solchen Vorkaufsrecht zu gelangen. Die keineswegs starke Verbreitung dieses Instituts deutet aber darauf hin, dass ein Vorkaufsrecht, und zwar auch ein unlimitiertes, als durchaus spürbare Beschneidung der Eigentumsrechte empfunden wird.

Der Zuerkennung von gesetzlichen Vorkaufsrechten an Private steht noch eine weitere Überlegung entgegen: Es darf nicht übersehen werden, dass ein solches «Geschenk» des Gesetzgebers zur Erlangung finanzieller Vorteile missbraucht werden kann, indem sich der Berechtigte sein Vorrecht gegen Entgelt abkaufen lässt.

Fazit: An Reformvorschlägen zum Bodenrecht besteht kein Mangel. Nur wenige von ihnen halten indessen einer Zweckmässigkeitsprüfung stand. Den meisten haftet der Nachteil an, dass sich ihre Wirkung nicht darauf beschränkt, ungefreute Erscheinungen und Entwicklungen zu korrigieren, sondern dass sie auch normale und notwendige Vorgänge beeinträchtigen. Bislang musste zuviel Energie auf die Abwehr radikaler Vorstösse verwendet werden. Eine bewusst Eigentum und Bodenmarkt respektierende Reformstrategie wäre erfolgversprechender.

IV. Umrisse einer freiheitlichen Eigentumsordnung

Den Anforderungen einer modernen Gesellschaft ist nur eine freiheitliche Eigentumsordnung gewachsen. Damit ist keineswegs jeglichen Veränderungsbegehren der Kampf angesagt, im Gegenteil. Die historisch gewachsene Ordnung ist nicht per se gut und schon gar kein Tabu. Eine freiheitliche Eigentumsordnung ist nicht eine statische Einrichtung, sondern dauernd den aktuellen Erfordernissen entsprechend zu erkämpfen. Aufzuzeigen sind hier nicht Detailvorschläge, sondern Stossrichtungen, die abschliessend in Thesen ausmünden sollen.

A. Merkmale einer freiheitlichen Eigentumsordnung

Kernpunkt einer freiheitlichen Eigentumsordnung ist zweifellos die Gewährleistung der **Eigentumsgarantie** als eines vollwertigen Grundrechts. Vollwertigkeit bedeutet, dass Einschränkungen dieses Grundrechts sich auf eine ausdrückliche Verfassungsgrundlage stützen müssen. Die Eingriffe dürfen nicht dem Belieben des Gesetzgebers anheimgestellt werden.

Merkmal einer freiheitlichen Eigentumsordnung ist sodann eine richtige Zuordnung von Eigentumsrecht und Eigentumsschranke. Die aus dem Eigentum fliessenden Befugnisse sind das Primäre, die Beschränkungen des Eigentümers das Sekundäre.

Das heisst nicht, dass die Beschränkungen als systemwidrig zu empfinden wären, denn es liegt auf der Hand, dass es kein schrankenloses, kein absolutes Eigentum geben kann. Würden aber Eigentumsrechte und Eigentumspflichten als völlig gleichwertige, integrierende Bestandteile betrachtet, so würden sich die Konturen der Eigentumsgarantie auflösen. Der Umstand, dass zum Beispiel bauliche Nutzung immer auch Benutzung der Infrastruktur und Veränderung der Umwelt bedeutet, verlangt keine Änderung der traditionellen Rechtskonstruktion, die einfacher und plausibler ist.

Ausgangspunkt der Eigentumsgarantie ist ihr freiheitsrechtlicher Gehalt, und zwar für den Eigentumsträger selbst. Die Konstruktion, dass das Ausschliesslichkeitsrecht des Eigentümers eine Freiheitsbeschränkung des Nichteigentümers bedeutet, wirkt künstlich. Es ist normal, dass ein fremder Garten nicht unbefugt betreten werden kann. Soweit echte Freiheiten durch monopolistische Eigentumssituationen bedroht werden, genügt die Annahme eines Rechtsmissbrauchs. Es geht nicht an, hinter einer normalen Ausübung von Eigentümerrechten jedesmal eine Freiheitsbeschränkung des Nichteigentümers zu wittern.

Eine freiheitliche Eigentumsordnung gewährleistet wohlerworbene Rechte.

Das bedeutet, dass für Enteignungen volle Entschädigung geleistet werden muss. Denn nur eine volle Entschädigung ist eine angemessene Entschädigung, die vor dem Gebot der Rechtsgleichheit standhält.

Aus dem bisher Gesagten ergibt sich, dass für ein Abgehen vom geltenden Art. 22ter BV kein Anlass besteht.

Als zweites Element einer freiheitlichen Eigentumsordnung tritt neben die Eigentumsgarantie eine gezielte Politik der **Eigentumsstreuung**. Diese Stossrichtung bedarf eines entscheidenden Durchbruchs in der schweizerischen Praxis. Leider sind gegenwärtig die gegenteiligen Tendenzen stärker. Unser Steuersystem wirkt in mannigfaltiger Beziehung der Streuung des Wohneigentums entgegen, sei es durch die Besteuerung des Mietwerts der eigenen Wohnung, sei es durch unangemessen hohe Handänderungssteuern oder sei es durch die Besteuerung von Grundstückgewinnen im Falle der Ersatzbeschaffung. Staatliche Anlagevorschriften für Pensionskassen behindern eine Erleichterung der Eigenheimbeschaffung für Arbeitnehmer. Manche Gemeinden horten beträchtliche Landreserven, statt diese bewusst ihren Bürgern als Bauplatz zur Verfügung zu stellen. Ein weiteres Hindernis bildet die Zonierungs-, Erschliessungs- und Baubewilligungspolitik der Gemeinwesen, die viel zu wenig auf den Gedanken einer grösstmöglichen Streuung des Wohneigentums ausgerichtet ist.

Als drittes Element einer freiheitlichen Eigentumsordnung ist eine sachgerechte Gestaltung der **Bodennutzung** im weitesten Sinne zu nennen. In diesem Rahmen ist der Schutz der Umwelt, die Sorge für eine gesunde städtebauliche Entwicklung und die Sicherung genügender Flächen für die unterschiedlichen Bedürfnisse nach Boden zu sehen.

Viertes und durchaus zentrales Element einer freiheitlichen Eigentumsordnung ist das Sicherstellen eines **funktionierenden Bodenmarktes**. Dabei gilt es, nicht nur mit Verboten die Marktkräfte hemmen zu wollen, sondern konstruktiv mit offensiven und dynamischen Massnahmen diesen Marktkräften eine vernünftige Richtung zu geben.

B. Stossrichtungen einer freiheitlichen Grundeigentumsreform

Die nachstehend skizzierten wünschbaren Reformen des heutigen Bodenrechtes lassen sich ausnahmslos auf der Grundlage der geltenden Bundesverfassung bewerkstelligen. Allerdings können sie nicht einfach durch den Bundesgesetzgeber allein realisiert werden; sie setzen ein Mitziehen der Kantone und Gemeinden und auch privater Gesellschaften und Vereinigungen voraus.

Eine erste Massnahmengruppe bezieht sich auf die **Streuung des Grundeigentums**. Verwiesen werden darf hier auf die nach wie vor aktuellen Empfehlungen der vom damaligen Freiburger Baudirektor Ferdinand Masset präsidierten Expertenkommission Wohneigentumsförderung aus dem Jahre 1979. Die von dieser Kommission vorgeschlagenen Massnahmen betreffen die Steuerpolitik, die Finanzierungsfrage und den Bereich des Bau- und Planungsrechtes.

Allgemein lässt sich sagen, dass die Voraussetzungen für eine breitere Streuung des Grundeigentums dann verbessert werden, wenn es gelingt, die Preisentwicklung im Bodensektor zu dämpfen. Gleichzeitig ist indessen dafür zu sorgen, dass der Erwerb von Grundeigentum — zumindest zur Selbstnutzung — attraktiv bleibt; dies bedingt eine entsprechende Ausgestaltung der Steuerordnung. So ist namentlich bei Domizilwechsel und Wiederanlage des Verkaufserlöses in eine Ersatzliegenschaft ein Steueraufschub bei der Grundstückgewinnsteuer zu gewähren. Übersetzte Handänderungs- und Liegenschaftensteuern sind bei selbstgenutzten Liegenschaften zu senken oder ganz fallen zu lassen. Die Eigenmietwerte sind massvoll und unter Berücksichtigung der effektiven Nutzung anzusetzen. Für gezielte Massnahmen zugunsten des Erwerbs von Wohneigentum bieten sich insbesondere die Kapitalien der beruflichen Altersvorsorge an. Eine Selbstverständlichkeit ist die Gleichstellung des Wohnsparens mit anderen Sparformen im Rahmen der steuerbegünstigten Selbstvorsorge. Prüfenswert sind sodann spezielle Vorkehren zur Umwandlung von Mietwohnungen in Eigentumswohnungen. Hier geht es vorab darum, flankierende Massnahmen für jene Mieter zu treffen, die ihre Wohnung nicht erwerben können oder wollen. Von besonderer Bedeutung ist eine auf das Eigenheim ausgerichtete Zonierungs-, Erschliessungs- und Baubewilligungsordnung.

Eine zweite Gruppe von Vorkehren setzt sich die **Verflüssigung des Bodenmarktes** zum Ziel. Der öffentlichen Hand steht zur Bekämpfung der Baulandhortung ein beachtliches Instrumentarium zur Verfügung: Verkehrswertbesteuerung des Baulandes, sofortige Fälligkeit der Erschliessungsbeiträge, Baugebot gemäss Wohnbauförderungsgesetz. Denkbar ist weiter der Verzicht auf die Besitzesdauerabzüge bei der Grundstückgewinnsteuer, was allerdings nur zu empfehlen ist, wenn dafür als Kompensation die teuerungsbedingten Gewinne ausgeklammert werden (Indexierung der Anlagekosten). Zu überprüfen wäre — als Alternative zur Baulandsteuer — ob bei baureifem Land die Grundstückgewinnsteuer mit zunehmender Besitzesdauer nicht sogar zu erhöhen wäre. Zur Verflüssigung des Bodenmarktes könnte auch eine Beschleunigung der Baubewilligungsverfahren einen wesentlichen Beitrag leisten. Infolge übermässig langer Planungs-, Erschliessungs- und Bewilligungsverfahren verursacht gerade die öffentliche Hand in erheblichem Umfang eine unnötige Blockierung des Angebots.

Der Belebung des Bodenmarktes dient im weiteren eine offensive Bodenpolitik der Gemeinden; gemeint ist damit nicht etwa eine weitere Anhäufung von Landreserven, sondern eine gezielte Politik des Abtausches von bereits im Besitz der öffentlichen Hand stehendem Landwirtschaftsland mit Bauland, das hierauf an Bauinteressenten vermittelt werden kann.

Eine entscheidende Voraussetzung für einen funktionierenden Bodenmarkt bildet die Herstellung eines Gleichgewichtes zwischen Angebot und Nachfrage.

Zu den marktkonformen Massnahmen in diesem Bereich gehören die Vorkehren zur sinnvollen Nutzung der Bauzonen und der vorhandenen Bausubstanz ausserhalb der Bauzonen.[1]

Eine dritte Massnahmengruppe dient der **Erhaltung erwünschter Nutzungen in städtischen Gebieten.** Um der Gefahr einer allmählichen Verdrängung von Wohnungen und kleingewerblichen Betrieben aus der City und citynahen Gebieten entgegenzuwirken, lässt sich die Einführung verfeinerter Nutzungsbestimmungen denken. So könnten entweder unerwünschte Nutzungen anteilmässig begrenzt oder für eine gute Durchmischung erforderliche Nutzungen hinsichtlich der zulässigen Ausnützung begünstigt werden. Wichtig ist dabei eine möglichst flexible Regelung, was am ehesten durch Einbau von Marktelementen zu bewerkstelligen ist. So ist es ohne weiteres denkbar, die Anrechte auf gefragte Nichtwohnnutzungen handelbar zu machen. Mindestens so dringlich wie der Schutz von Wohn- und kleingewerblichen Nutzungen erscheint es indessen, auch für die übrigen baulichen Nutzungen genügend Ventile zu öffnen.

Eine vierte Massnahme umfasst die Vorkehren zur **Erhaltung erwünschter Nutzungen in ländlichen Gebieten.** Mit der bereits eingeleiteten Neuordnung des bäuerlichen Bodenrechts werden die sich hier stellenden Fragen einer Neubeurteilung durch den Gesetzgeber unterzogen. Im Vordergrund steht die Sicherung des bäuerlichen Familienbetriebes. Das Anliegen als solches ist unbestritten, doch ist es auch in Verbindung mit anderen Bedürfnissen und Zielsetzungen zu sehen. Schon die bestehenden Eingriffsinstrumente können legitime, ja existentielle Ansprüche nichtbäuerlicher Kreise massiv beeinträchtigen. Die

---

[1] Nachfolgende «Checklist» zur Überprüfung des Instrumentariums der Kantone und Gemeinden mag zur Abklärung der Frage dienen, ob seitens des Gemeinwesens wirklich alles zum haushälterischen Umgang mit dem Boden vorgekehrt wird:

> Erlauben die Ausnützungsziffern und Bauordnungen die Erstellung bodensparender Gruppenbauten?
> Erlauben die Bauordnungen die Ausnützung der vertikalen Dimension in die Tiefe (unterirdische Geschosse, Basements)?
> Erlauben die Bauordnungen geringfügige Überschreitungen der Ausnützungsziffern bei An- und Ausbauten von älteren Gebäuden?
> Erlauben die Bauordnungen in den gleichen Fällen auch das (mit dem Nachbarn vertraglich ausgehandelte) Unterschreiten von Gebäude- und Grenzabständen?
> Erlauben die Bauordnungen in den Industriezonen gemischte Nutzungen?
> Erlauben die Bauordnungen das Erstellen von reinen Quartiersträsschen von weniger als 5,5 Meter Breite?
> Ist die Gemeinde verpflichtet, auszuweisen, welche Teile der Bauzone als baureif gelten (erschlossen sind oder vom Privaten erschlossen werden dürfen)?
> Ist die Gemeinde gehalten, die Bauzone planmässig zu erschliessen?
> Haben Gemeinde und Kanton alles Nötige zur Beschleunigung und Vereinfachung des Baubewilligungsverfahrens — einschliesslich des Rechtsmittelverfahrens — getan?
> Ist die Gemeinde bereit, ihre Planungs- und Erschliessungstätigkeit mit der Überbauungsbereitschaft der privaten Grundeigentümer abzustimmen?
> Sind die öffentlich-rechtlichen Körperschaften bereit, ihre Bodenreserven nicht nur eingleisig zu erhöhen, sondern auch an Private abzutreten?
> Wird durch Ausschöpfung der bundesrechtlich umschriebenen Möglichkeiten die vorhandene Bausubstanz ausserhalb der Bauzonen sinnvoll genutzt?

vorgesehene Ausweitung und Verschärfung der geltenden Einspruchsregelung muss daher einhergehen mit einer besseren Berücksichtigung der nichtbäuerlichen Interessen am Landwirtschaftsland. Insbesondere ist dafür zu sorgen, dass wenigstens jene Massnahmen getroffen werden, die im beidseitigen Interesse der Landwirtschaft und der nichtbäuerlichen Bevölkerung liegen. Das gilt beispielsweise für das Anliegen, die Gebäulichkeiten eines auslaufenden Betriebes samt angemessenem Umschwung getrennt vom übrigen Boden auch an Nichtbauern veräussern zu dürfen. Hinsichtlich der beschränkten Möglichkeiten der Einflussnahme auf die Preisbildung wäre doch auch die Frage zu prüfen, wieweit nicht zugunsten der Selbstbewirtschafter ein Preisgefälle dadurch erzielt werden könnte, dass bei einer Veräusserung an Selbstbewirtschafter die Grundstückgewinnsteuer tiefer angesetzt wird. Da die Preise für Landwirtschaftsland nicht zuletzt durch Landwirte beeinflusst werden, die Bauland verkauft haben, stellt sich die Frage, ob die Ersatzbeschaffung bei der Grundstückgewinnsteuer weiterhin unbeschränkt oder doch nur bis zu einem bestimmten Preisniveau zugelassen werden soll. Mit diesen Beispielen soll aufgezeigt werden, dass neben Zugangssperren und Preislimiten auch noch mildere und marktkonformere Vorstufen denkbar sind. Zu bedenken bleibt, dass trotz den unumgänglichen Sonderbestimmungen zugunsten der Landwirtschaft eine völlige Abspaltung dieses weiteste Teile unseres Landes betreffenden Territoriums aus der allgemeinen Rechtsordnung nicht Platz greifen darf. Ein allzu rigoroser Schutzschirm würde fast zwangsläufig unerfreulichen Komplementärmassnahmen wie Enteignungsansprüchen bei Kiesland und Mehrwertabschöpfungen bei Umzonungen rufen. Die Grundanliegen einer freiheitlichen Eigentumsordnung beziehen sich mithin auch auf das Landwirtschaftsland.

C. Thesen für eine freiheitliche Bodenordnung

1. Das private Grundeigentum ist in seinem Kerngehalt unabdingbar
   — als Element individueller Selbstgestaltung
   — als Baustein für eine gedeihliche Entwicklung des Ganzen

2. Die Eigentumsgarantie muss — im Rahmen der traditionellen Beschränkungen — umfassend sein
   — in bezug auf die freie Verfügung über das Eigentum
   — in bezug auf die Nutzung des Eigentums
   — in bezug auf die Werterhaltung

3. Systemwidrige Eingriffe sind abzulehnen, so insbesondere
   — direkte und indirekte Kollektivierung des Bodens
   — Preiskontrollen
   — neue gesetzliche Vorkaufsrechte

- generelle Bewilligungspflichten
- Kontingentierungen

4. Das Grundeigentum ist möglichst breit zu streuen
   - durch steuerliche Massnahmen
     (niedrige Vermögenssteuer, massvolle Eigenmietwerte und Handänderungssteuern, Freistellung von der Grundstückgewinnsteuer bei der Ersatzbeschaffung, Begünstigung im Rahmen der dritten Säule)
   - durch gezielte Ausrichtung der öffentlichen Planungs-, Erschliessungs- und Landabgabepolitik
   - durch Einsatz der im Rahmen der beruflichen Altersvorsorge angesparten Mittel

5. Der Bodenmarkt ist funktionsfähig zu erhalten
   - durch angemessene steuerliche Massnahmen
   - durch Beschleunigung der Planungs-, Erschliessungs- und Baubewilligungsverfahren und sinnvolle Ausnützung der Bauzonen (einschliesslich der vorhandenen Bausubstanz ausserhalb der Bauzone)
   - nicht aber durch prohibitive, zur Aufgabe des Eigentums nötigende Steuermassnahmen

6. Die Erhaltung erwünschter Nutzungen in städtischen Gebieten ist zu sichern
   - durch verfeinerte Nutzungsbestimmungen
   - durch konstruktive Öffnung geeigneter Ventile im Citybildungsprozess
   - nicht aber durch statische Zweckentfremdungs- und Abbruchverbote

7. Die Erhaltung erwünschter Nutzungen in ländlichen Gebieten ist zu sichern
   - durch konstruktive Massnahmen zugunsten von Selbstbewirtschaftern
   - durch umsichtige Eindämmung allzu konzentriert auftretender oder unzureichend begründeter nichtlandwirtschaftlicher Nachfrage
   - nicht aber durch generelle gesetzliche Vorkaufsrechte oder gar Ausschliesslichkeitsansprüche für Selbstbewirtschafter.

ANHANG

Vorschläge von Parteien, Organisationen und Gremien aus den 70er Jahren

A. Christlich-demokratische Volkspartei der Schweiz
Bodenpolitische Thesen der Gesellschaftspolitischen Kommission

Innerhalb der CVP der Schweiz beschäftigte sich in den 70er Jahren insbesondere deren Gesellschaftspolitische Kommission (GK) mit Fragen einer Reform des Bodenrechts. Die von ihr als Diskussionsgrundlage im Hinblick auf das Aktionsprogramm 1975 erarbeiteten **bodenpolitischen Thesen** sind allerdings in der Folge nicht weiterentwickelt worden.

Als **hauptsächliche Probleme auf dem Bodenmarkt** nennt die GK die Bodenpreissteigerungen, eine unzweckmässige Nutzung des Bodens, die Entstehung leistungsloser Mehrwerte, die zunehmende Konzentration des Bodeneigentums, mangelnde Wirksamkeit und Flexibilität der Planung der öffentlichen Hände sowie eine erschwerte Deckung des Bedarfs an Boden für öffentliche Zwecke.

Die **Ursachen für diese Probleme** sieht die GK dabei in der Ballung von Wirtschaft und Bevölkerung, der Nachfragesteigerung durch Bevölkerungs- und Wohlstandszunahme, der Nachfrage nach Siedlungsfläche zur Bereitstellung neuer Arbeitsplätze bei gleichzeitiger Abwanderung aus der Landwirtschaft, der fiskalischen Begünstigung des Bodeneigentums, der Inflation und Funktionsunfähigkeit des Bodenmarktes sowie den limitierten und mit erheblichen Aufwendungen verbundenen Angebotserhöhungen.

In dem von der GK entwickelten Zielsystem werden als **gesellschaftspolitische Ziele der Bodenpolitik** die persönliche Freiheit, Gleichheit der Chancen, Gemeinwohl, Solidarität und Subsidiarität verstanden.

Als **raumplanerische Ziele** werden sodann definiert: die Erhaltung der natürlichen Grundlagen des menschlichen Lebens, die Schaffung der räumlichen Voraussetzungen für die Entfaltung des persönlichen, sozialen und wirtschaftlichen Lebens und die Förderung einer dezentralisierten Konzentration der Besiedlung bei Verzicht auf eine weitere Verdichtung und Vergrösserung bestehender Ballungsräume. Schliesslich wird die Begrenzung und zweckmässige Nutzung des für die künftige Entwicklung unserer Gesellschaft notwendigen Siedlungsgebietes und die Förderung des volkswirtschaftlichen Ausgleichs zwischen wirtschaftlich starken und schwachen Gebieten angestrebt.

Folgende **bodenpolitische Ziele** stehen für die GK im Vordergrund (wobei sich diese den gesellschaftspolitischen und raumplanerischen Zielen unterzuordnen haben): zweckmässige Nutzung des Bodens nach einem raumplanerischen Leitbild, angemessene Verbesserung der Funktionsfähigkeit des Bodenmarktes und Gewährleistung ertragsgerechter Bodenpreise sowie Sicherung der Nutzungsansprüche der Nicht-Eigentümer. Sodann: ein Lastenausgleich nach dem Mass der Leistungen an die Gemeinschaft, die Erleichterung des Zugangs zu Bodeneigentum für breite Bevölkerungsschichten und die Verhinderung einer übermässigen Konzentration von Bodeneigentum in der Hand weniger Eigentümer.

Das von der GK **vorgeschlagene Massnahmenbündel** umfasst eine Beschränkung der Baufreiheit, fiskalische sowie planerische Massnahmen.

Die These, wonach die **Beschränkung der Baufreiheit** einer Beschränkung der Eigentumsfreiheit gleichkomme, die nach Art. 22ter BV allenfalls entschädigungspflichtig sei, muss nach Meinung der GK aufgegeben werden. Bauland sei nichts Vorgegebenes, in das der Staat hineinpfusche, sondern entstehe durch Rechts- und Tathandlungen des Gemeinwesens. Somit ergebe sich aus der Eigentumsgarantie kein Rechtsanspruch auf Zuweisung eines Grundstücks zum Baugebiet. Diese in der Natur der Sache liegende Einschränkung stelle keine materielle Enteignung dar.

Die GK postuliert, dass sich die Nutzung des Bodens nach der Ordnung zu richten habe, die das Gemeinwesen im Interesse der zweckmässigen Nutzung des Bodens und der geordneten Besiedlung des Landes trifft. Aus der Zuweisung einer bestimmten Nutzung entstehe kein Anspruch auf Entschädigung. Vorbehalten bleibe die Entschädigung in jenen Fällen, in denen bestimmte Eigentümer im Vergleich zu anderen Eigentümern in ähnlichen Verhältnissen unverhältnismässig stark benachteiligt werden.

Hinsichtlich der **Besteuerung von Grund und Boden** fordert die GK, dass der Bund die Kompetenz erhalten soll (auf dem Wege der Rahmengesetzgebung), die Besteuerung von Grund und Boden zu vereinheitlichen und materiell zu harmonisieren. Der Ertrag soll dabei im wesentlichen den Kantonen verbleiben, ein Teil soll zum Zwecke der Durchführung des volkswirtschaftlichen Ausgleichs an den Bund abgeführt werden.

Bei den **fiskalischen Massnahmen** strebt die GK eine Beseitigung der steuerlichen Privilegierung des Eigentums an Grund und Boden an. Postuliert wird die Einführung einer Mehrwertabgabe zur Abschöpfung von planungs- und erschliessungsbedingten Mehrwerten, wobei die Abgabe unmittelbar im Anschluss an die Planungs- oder Erschliessungsmassnahmen fällig wäre. Die Entrichtung der Abgabe kann in Form von Barzahlung, öffentlichem Miteigentum oder Flächenabtretung zugunsten des Gemeinwesens (nach Landumlegung) erfolgen.

Sodann spricht sich die GK für eine Besteuerung von Grund und Boden innerhalb der Bauzone bei Vermögens-, Erbschafts- und Schenkungssteuer zum Verkehrswert aus. Periodisch soll der Verkehrswert entsprechend den tatsächlichen Verhältnissen neu festgesetzt werden.

Was schliesslich die Besteuerung des Bodenertrages anbelangt, so sollen wie bis anhin die effektiven Erträge steuerbar sein. Im Falle baureifen, aber nicht innert nützlicher Frist überbauten und nicht dem Eigenbedarf dienenden Baubodens soll künftig der gemäss Verkehrswert ermittelte realisierbare (fiktive) Ertrag als Einkommen versteuert werden. Hierzu sei allerdings die Aufgabe des Grundsatzes, dass nur realisierte Einkommen der Besteuerung unterworfen werden, notwendig.

An **planerischen Massnahmen** schlägt die GK vor, die Standorte von grossen Industriezonen zentral festzulegen.

B. Freisinnig-demokratische Partei der Schweiz

Modell Projektgruppe Grünig
(Vorschlag vom 4. April 1973 der Projektgruppe der FDP)

I. Zielvorstellungen
1.
Breite Streuung des individuellen Grundeigentums (inkl. Wohnungseigentum) zum Eigengebrauch.
2.
Schaffung eines funktionsfähigen und transparenten Baulandmarktes.
3.
Verhinderung von übersetzten Gewinnen und Erträgen aus Grundeigentum.
4.
Eindämmung der inflatorischen Wirkung der Bodenpreise und Grundstücksgewinne.

II. Massnahmen (generell)
1.
Kompetenz des Bundes zum Erlass einer Rahmengesetzgebung
a) über Abgaben aus Grundeigentum und seinen Erträgen
b) über die Begrenzung der Erträge aus Grundeigentum
2.
Die Abgaben verbleiben den Kantonen.
3.
Schaffung von Steuerfreibeträgen in angemessenem Umfang für Grundeigentum im Eigengebrauch und für dessen Wiederbeschaffung.
4.
Transparenz der Bodenpreise, der Erstellungskosten und der Verkaufspreise.
5.
Förderung der Planungsgrundlagen, der Erschliessung und Beschleunigung des Baubewilligungsverfahrens.

III. Vorschlag zur Ergänzung von Art. 22ter BV

neu Abs. 4: Der Bund erlässt auf dem Wege der Gesetzgebung Vorschriften über die Belastung des Grundeigentums durch Abgaben. Der Ertrag aus den Abgaben fliesst den Kantonen oder den nach der kantonalen Gesetzgebung Berechtigten zu.

neu Abs. 5: Der Bund erlässt auf dem Wege der Gesetzgebung Vorschriften über das Verhältnis des Ertrages aus Miete und Pacht zum Wert des Grundeigentums.

IV. Vorschlag für den Inhalt eines Bundesgesetzes

1.
Sämtliches Grundeigentum wird geschätzt.
Ausnahme: Landwirtschaftliches Grundeigentum im Landwirtschaftsgebiet und im übrigen Gebiet, das keine oder nur der Landwirtschaft direkt dienende Bauten aufweist, sowie Grundeigentum im Baugebiet, für das unentgeltlich ein langfristiges Bauverbot abgeschlossen wurde.

2.
Massgebender Zeitpunkt für die Schätzung ist . . . (der Zeitpunkt muss rückwirkend festgesetzt werden).

3.
Die Schätzung hat den im massgeblichen Zeitpunkt geltenden Verkehrswert des Grundeigentums anzugeben. Sie erfolgt durch den Grundeigentümer selber. Weist die Schätzung des Grundeigentümers zum tatsächlichen Verkehrswert eine Differenz von mehr als 10 Prozent auf, so wird sie im amtlichen Schätzungsverfahren korrigiert.

4.
Ist ein Grundstück überbaut und weist es mehrere Wohnungen oder getrennt vermietbare gewerbliche Räume auf, so ist die Schätzung für das ganze Grundstück auf die verschiedenen Wohnungen und die getrennt vermietbaren Räume aufzuteilen.

5.
Der geschätzte Verkehrswert erhöht sich nach der ersten Schätzung jährlich um die Hälfte der behördlich ausgewiesenen Teuerung (Lebenskostenindex).

6.
Die geschätzten Verkehrswerte werden von den Kantonen in amtlichen, jedermann zugänglichen Registern eingetragen. Die Kantone bezeichnen die für die Führung der Register zuständigen Stellen.

7.
Die Grundstücke gemäss Ziff. 1 sind als Vermögen zu dem nach Ziff. 3 resp. Ziff. 5 geschätzten Verkehrswert zu versteuern. Dies gilt auch für juristische Personen, die daneben wie bisher gesondert ihre üblichen Steuern zu entrichten haben. Die Vermögenssteuer auf dem Grundeigentum juristischer Personen kann in dem Masse an die Kapitalsteuer angerechnet werden, als im Objekt der Kapitalsteuer Abschreibungen auf Liegenschaften enthalten sind.

8.
Wer auf seinem eigenen Grundstück eine Wohnung selber als Domizil nutzt, kann von dem für die Vermögenssteuer massgeblichen Verkehrswert 100 000 Franken abziehen (eventuell ein Drittel des Verkehrswertes, höchstens aber 100 000 Franken). Dieser Abzug erhöht sich nach dem Datum der Schätzung jährlich um die Hälfte der behördlich ausgewiesenen Teuerung (Lebenskostenindex).

9.
Nicht überbaute, aber erschlossene Grundstücke sind als Vermögen zu dem nach Ziff. 3 resp. Ziff. 5 geschätzten Verkehrswert zu versteuern. Nach dem Ablauf von (fünf) Jahren seit der Einführung dieses Gesetzes bzw. der späteren Erschliessung des Grundstückes wird der Steueransatz progressiv erhöht. Für solche Grundstücke bis zu . . . m² pro natürliche Person (Differenzierung nach ländlichen und städtischen Verhältnissen sowie nach Ausnützungsmöglichkeit) und für den ausgewiesenen Eigenbedarf von Unternehmen natürlicher und juristischer Personen darf aber der Steueransatz nicht progressiv heraufgesetzt werden.

10.

Wenn ein geschätztes Grundstück überbaut oder neu überbaut wird, so erhöht sich der massgebliche Verkehrswert um die Anlagekosten; diese sind in einer Vollzugsverordnung zu definieren.

11.

Werden nicht überbaute Grundstücke umgezont, so erfolgt eine neue Schatzung zu dem im Zeitpunkt der Umzonung massgeblichen Verkehrswert.

Für landwirtschaftlich genutzte, bisher nicht nach dem Verkehrswert geschätzte Grundstücke gilt für die Vermögensbesteuerung folgende Regelung:

a) Der Selbstbewirtschafter kann seine Grundstücke bis zum Verkauf oder zur Überbauung durch ihn selbst, längstens aber während fünf Jahren wie bisher zum Ertragswert versteuern. Vorbehalten bleibt im Einverständnis mit dem zuständigen Gemeinwesen der Abschluss eines unentgeltlichen, langfristigen Bauverbotes des Grundstückes. In diesem Falle gilt die Besteuerung zum Ertragswert weiter.

b) Der Eigentümer verpachteter Grundstücke kann diese bis zum Verkauf oder durch Überbauung durch ihn selbst, längstens aber während drei Jahren, wie bisher zum Ertragswert versteuern.

Eine neue Schätzung erfolgt auch für Grundstücke im Landwirtschaftsgebiet oder im übrigen Gebiet, für die ausnahmsweise ein nicht direkt der Landwirtschaft dienender Bau erstellt werden darf. Der massgebliche Zeitpunkt für den Verkehrswert richtet sich nach dem Datum der Baubewilligung.

12.

Werden überbaute Grundstücke umgezont, so erfolgt eine neue Schatzung zu dem im Zeitpunkt der Umzonung massgeblichen Verkehrswert. Der bisher massgebliche Verkehrswert für Bauten darf aber dadurch nicht erhöht werden.

13.

Die Miete oder Pacht der geschätzten Liegenschaften darf einen Ertrag abwerfen, der den Zinssatz der 1. Hypothek der Kantonalbank im betreffenden Kanton um höchstens einen vom Bundesrat zu bestimmenden Prozentsatz übersteigt. Der Bundesrat wird diesen Prozentsatz unter Berücksichtigung der Unterhalts- und Amortisationskosten und weiterer vom Grundeigentümer zu tragenden Lasten nicht unter 1½ Prozent und nicht über 3 Prozent festsetzen; er wird allgemeinen Veränderungen in den Verhältnissen Rechnung tragen. Die Ertragsbegrenzung gilt für Wohnungen und andere Räume, die nicht länger als drei Monate dem gleichen Mieter oder Pächter vermietet werden, nicht.

14.

Die Bestimmung gemäss Ziff. 13 gilt auch für Eigentumswohnungen, die vermietet werden.

15.

Es gelten für den massgeblichen Verkehrswert von Eigentumswohnungen folgende Regeln:

a) Wird ein überbautes Grundstück neu in Eigentumswohnungen unterteilt, darf der massgebliche Verkehrswert sämtlicher Eigentumswohnungen den bisher massgeblichen Verkehrswert (von höchstens 5 Prozent) des gesamten Grundstückes nicht übersteigen.

b) Wird ein Grundstück neu mit Eigentumswohnungen überbaut, so wird der massgebliche Verkehrswert (um höchstens 5 Prozent) höher geschätzt als für eine gleichwertige Mietwohnung.

c) Übersteigt der Kaufpreis der Eigentumswohnung den massgeblichen Verkehrswert, so erfolgt bei der Vermögenssteuer entsprechend dem höheren Verkaufspreis kein Abzug gemäss Ziff. 8.

16.

Der Ertrag aus Miet- und Pachtverträgen geschätzter Grundstücke wird amtlich nicht kontrolliert. Miet- und Pachtverträge gelten in dem Umfang als nichtig, als sie den gemäss Ziff. 13 zulässigen Höchstbetrag überschreiten. Der Mieter oder Pächter kann die Rückforderung jeder über den zulässigen Höchstbetrag bezahlten Entschädigung innert einer Verjährungsfrist von fünf Jahren verlangen, auch wenn er nicht irrtümlich gehandelt hat.

17.

Der Verkaufspreis von Grundstücken bleibt frei.

18.

Die Ausgestaltung der Grundstückgewinnsteuer ist unter Berücksichtigung der Mehrwertabschöpfung den neuen Verhältnissen anzupassen. Die Höhe der Grundstückgewinnsteuer soll unabhängig von der zeitlichen Dauer des Besitzes sein. Der Steueransatz ist nach der Höhe des Gewinnes zu staffeln.

Für juristische Personen ist eine Sonderregelung vorzusehen, die zu einem ähnlichen Ergebnis wie für die natürlichen Personen führt.

19.

Wer ein Grundstück im Eigengebrauch verkauft und für den Eigengebrauch innert drei Jahren ein neues Grundstück erwirbt, hat für die ersten 100 000 Franken Gewinn keine Grundstückgewinnsteuer zu entrichten. Dieser Betrag erhöht sich im vollen Masse um die behördlich ausgewiesene Teuerung.

20.

Die Erschliessungsbeiträge für Strassen, Abwasser- und Wasserversorgungsanlagen richten sich nach dem vorgesehenen Bundesgesetz über Wohnbau- und Eigentumsförderung.

21.

Die Förderung des individuellen Grundeigentums, soweit sie sich nicht direkt oder indirekt aus den bisherigen Massnahmen ergibt, hat durch das vorgesehene Bundesgesetz über Wohnbau- und Eigentumsförderung zu erfolgen.

22.

In dem in Ziff. 6 erwähnten Register sind neben den geschätzten Verkehrswerten die Verkaufspreise einzutragen. In einem zusätzlichen Register sind zudem die für die verschiedenen Arten von Bauten im Verlaufe der Jahre massgebenden durchschnittlichen Erstellungskosten pro Kubikmeter umbauten Raumes aufzuführen.

V. Bemerkungen zum Vorschlag für den Inhalt eines Bundesgesetzes

Die Angaben über den Inhalt eines Bundesgesetzes, das sich auf die neu vorgeschlagenen Abs. 4 und 5 von Art. 22ter der Bundesverfassung stützt, können nicht umfassend sein. Sie sollen aber deutlich machen, welche Regelungen voraussichtlich zur Lösung des Bodenproblems führen.

Nach der Ergänzung von Art. 22ter BV durch Abs. 4 und 5 ist es Aufgabe des Bundesgesetzgebers, ein möglichst alle Belange umfassendes Bundesgesetz aufzustellen. Er soll dabei die Vorschläge unter Ziff. IV verwirklichen.

Alternativmodell zum Vorschlag der Projektgruppe FDP vom 4. Mai 1973

(von Dr. Rudolf Rohr, Würenlos)

1. Streuung des Grundeigentums

— Fiskalische Schonung des selbstgenutzten Wohneigentums und des selbstgenutzten gewerblichen Eigentums im Rahmen der Vermögens- und Einkommenssteuer sowie der Grundsteuern. Insbesondere sind bei den Grundstückgewinnsteuern eine freie Ersatzbeschaffung zu gewährleisten und nur reale Gewinne der Besteuerung zu unterwerfen.

— Einsatz der Anlagekapitalien der beruflichen Altersvorsorge.

Die Versicherten sollen von der Vorsorgeeinrichtung verlangen dürfen, dass die von ihnen angesparten Mittel für die (bis zum Erreichen der Altersgrenze aufzuschiebende) Amortisation von Hypothekardarlehen verwendet werden. Gleichzeitig sind die Vorsorgeeinrichtungen zu veranlassen, bis zu einer bestimmten Quote auf Wunsch ihrer Versicherten Hypothekardarlehen für selbstgenutztes Wohneigentum abzugeben.

— Aufbau geeigneter Träger zur Erstellung preisgünstiger Eigentumswohnungen. Als Gegenpol zur Logis Suisse S.A. sind eine oder mehrere Organisationen aufzubauen, die unter Ausschöpfung der

Möglichkeiten des Wohnbau- und Eigentumsförderungsgesetzes und in engster Kooperation mit Gemeinden, Banken und Bauunternehmen in breitem Umfange preisgünstige Eigentumswohnungen erstellen.

— Aktion zur Umwandlung von Mietwohnungen in Eigentumswohnungen. Durch geeignete Massnahmen (Appelle an juristische Personen, die über zahlreiche Wohnungen verfügen, Gewährung von einmaligen steuerlichen Anreizen — Erlasse oder Reduktion der Grundstückgewinnsteuern —, Hilfestellung für Mieter, denen ihre Wohnung zum Kauf angeboten wird) ist zu bewerkstelligen, dass jedes Jahr eine bestimmte Anzahl Mietwohnungen umgewandelt wird.

2. Abschöpfung ungerechtfertigter Gewinne und Erträge

Grundstückgewinne und Grundstückerträge, die ein bestimmtes Mass (im Verhältnis zu den indexierten Anlagekosten) übersteigen, sollen schärfer als bisher besteuert werden.

3. Schaffung eines funktionsfähigen Baulandmarktes / Erleichterung der Wohnbauproduktion

— Transparenz des Baulandangebotes. Die Gemeinden sind zu verpflichten, die Grundstücke zu bezeichnen, die baureif sind oder auf Veranlassung des Eigentümers sofort überbaubar gemacht werden können.

— Zuschlag zu Grundstückgewinnsteuer auf baureifem Land.
Die Kantone sind zu verpflichten, in ihren Grundstückgewinnsteuergesetzen Steuerzuschläge für Gewinne vorzusehen, die auf seit mehreren Jahren baureifem Land erzielt werden. Die Zuschläge steigen mit der Anzahl Jahre, die seit der Überbaubarkeit des Grundstückes verstrichen sind.

— Beschleunigung des Baubewilligungsverfahrens.
Die Kantone sind zu verpflichten, die Voraussetzungen für ein rasches Entscheidungsverfahren zu schaffen und für Fälle unbegründeter Verschleppung Entschädigungsleistungen vorzusehen.

— Vereinheitlichung der Baupolizeivorschriften.
Der Bund erlässt Normalbauvorschriften. Die Kantone sind gehalten, Bauten, die diesen Vorschriften entsprechen, zuzulassen.

Anmerkungen zum FDP-Modell

Die Begrenzung der Erträge aus Grundeigentum bedeutet, dass der Preis für die Bodennutzung (das heisst die Grundrente) nach oben limitiert wird. Da aber die Grundrente als entscheidender Faktor in die Bestimmung der Bodenpreise eingeht, wird damit automatisch auch der Entwicklung der Bodenpreise eine Obergrenze gesetzt. Daher verliert der Bodenmarkt das Element, das als einziger Steuermechanismus den angebotenen Boden auf die verschiedenen Nachfrager effizient aufteilen kann. Das knappe Gut Boden wird dann weniger sparsam verwendet, und der Ruf nach andern Zuteilungsmechanismen wird laut.

Die Festsetzung von Obergrenzen für Gewinne und Erträge kommt einer faktischen Preiskontrolle gleich. Dass derartige Kontrollen nicht in unsere marktwirtschaftliche Ordnung passen und daher systemwidrig sind, versteht sich von selbst. Neben die ordnungspolitische Problematik treten praktische Schwierigkeiten. Nach dem Konzept müsste in jedem Einzelfall der zulässige Ertrag fixiert werden. Angesichts der Vielfalt der einzelnen Liegenschaften wäre die Anwendung genereller Formeln wenig hilfreich.

Die Bindung der Ertragsentwicklung eines Grundstückes an einen amtlichen Schätzwert stellt nichts anderes als eine Mietzinsbewirtschaftung dar und entspricht einer Mietzinskontrolle. Wie bei der Missbrauchsgesetzgebung im Mietwesen, mit der übersetzte Erträge verhindert werden sollen, handelt es sich bei der Ertragsbegrenzung um eine den Markt ausschaltende staatliche Bewirtschaftungsmassnahme.

C. Schweizerische Volkspartei

(Oktober 1974)

Die von der SVP eingesetzte Arbeitsgruppe Bodenrecht, die zuhanden der SVP-Parteitagung ein Arbeitspapier mit Vorschlägen und Anregungen zur Bodenfrage auszuarbeiten hatte, sieht als Zielsetzung einer Bodenordnung:

1. Erhaltung des privaten Grundeigentums
2. Förderung einer möglichst breiten Streuung des Grundbesitzes
3. Unterstützung von geeigneten Massnahmen zur Förderung des persönlichkeitsbezogenen Eigentums zur Eigennutzung, sowohl in der Landwirtschaftszone wie im Baugebiet.

Um eine Normalisierung im Grundstückverkehr und damit die Zielsetzung einer breiten Streuung von privatem Grundeigentum überhaupt zu ermöglichen, muss vorerst Angebot und Nachfrage von **Bauland** in ein ausgewogenes Verhältnis gebracht werden.

Insbesondere gilt es, das Instrument des **Baurechtvertrages** zu überprüfen, ebenso wie die Frage, ob als Baurechtgeber eventuell nur noch die öffentliche Hand und öffentlich-rechtliche Körperschaften im Dienste allgemeiner Interessen zugelassen werden sollen. Das Baurecht läuft in seiner Grundtendenz einer breiten Streuung von Grundeigentum zuwider.

Zur **Kapitalbildung zur Beschaffung von Grundeigentum** stellt die Arbeitsgruppe fest, dass wesentliche Teile von Spargeldern durch das Zwangssparen den Pensionskassen und Versicherungen zufliessen und diesen Institutionen zur Beschaffung von Grundeigentum dienen. Es sei deshalb zu prüfen, ob diese Institutionen nicht gesetzlich verpflichtet werden sollten, einen die Bedürfnisse deckenden Teil dieses Kapitals in der Form von Hypothekardarlehen zu marktkonformen Bedingungen an Private zum Erwerb von Grundeigentum im wohn- und gewerblichen Sektor zur Verfügung zu stellen.

Zur Bekämpfung von **Missbräuchen im Grundstückhandel** sei die Besteuerung übermässiger Gewinne aus Grundstückverkäufen zu verschärfen.

Zu prüfen sei ferner, ob nicht auch ausserhalb der Landwirtschaftszone dem persönlichkeitsbezogenen Grundeigentum für die Selbstnutzung aber auch dem privaten Sparer, wie kleineren und mittleren Anlegern, eine Vorzugsstellung einzuräumen sei. In diesem Zusammenhang wird auch festgestellt, dass das Wohneigentum seinem ursprünglichen Zweck teilweise entfremdet worden sei und heute vermehrt auch als Anlageeigentum diene. Allenfalls müsse das Wohneigentum der Kapitalanlage ohne Eigennutzung entzogen werden.

Die Zielsetzung des Baugebietes gilt nach Meinung der Arbeitsgruppe auch für die Landwirtschaftszone. Ihre Auffassung zum Ausbau des Bodenrechtes in der Landwirtschaftszone wird in folgenden Punkten zusammengefasst:

1. Abstützung auf die bestehende verfassungsrechtliche Grundlage
2. Abstützung auf das Bundesgesetz über die Raumplanung als wesentliches Element für die Abgrenzung des Geltungsbereiches
3. Ausbau des Vorkaufsrechtes zu Gunsten des Selbstbewirtschafters innerhalb der Verwandtschaft
4. Einführung des Vorkaufsrechtes zu Gunsten des Selbstbewirtschafters unter Dritten
5. Pachtlandarrondierung zur Stärkung von Eigenbetrieben

D. Sozialdemokratische Partei der Schweiz
18 Bodenrechts-Grundsätze

(Genehmigt am Parteitag vom 24./25. Mai 1974 in Luzern)

1. Eigentum ist im Rahmen der Sozialpflichtigkeit gewährleistet.
2. Eigentum an Boden (Grundeigentum) ist unterteilt in Verfügungs- und Nutzungseigentum.
3. Verfügungseigentum (-recht) an Boden beinhaltet das Recht
   — Art und Grad der Nutzung zu bestimmen

— Nutzungseigentum an Boden zu verleihen oder selber auszuüben
— Konzessionsgebühren für die Nutzungsrechte zu erheben.

4. Das Nutzungseigentum (-recht) an Boden beinhaltet das Recht, den Boden im Rahmen der Nutzungsbestimmungen zu nutzen.

5. Das Nutzungseigentum an Boden und das Nutzungseigentum an Gebäuden und Gebäudeteilen sowie Zugehör ist getrennt und kann verschiedene Nutzungseigentümer haben.

6. Das Verfügungseigentum über Boden ist in der Regel in der Hand der Gemeinden. Um die Erfüllung überkommunaler Aufgaben zu sichern, sind die Gemeinden verpflichtet, die notwendigen Nutzungsrechte an die entsprechenden übergeordneten Gebietskörperschaften kostenlos abzutreten.

7. Die Nutzungsbestimmung des Verfügungseigentümers erfolgt im Rahmen sozialer, ökonomischer und ökologischer Bedingungen und Zielsetzungen des Bundes, der Kantone, der Gemeinden oder anderer Gebietskörperschaften nach den Grundsätzen demokratischer Willensbildung.

8. Die Verleihung des Nutzungsrechtes an Boden erfolgt durch den Verfügungseigentümer. Nutzungseigentümer können grundsätzlich alle Personen des öffentlichen und privaten Rechts sein.

9. Konzessionsgebühren für Nutzungsrechte werden periodisch erhoben und sind neuen Verhältnissen anzupassen. Die Konzessionsgebühren sind in der Regel so zu bemessen, dass die private Aneignung einer Grundrente verunmöglicht wird.

10. Bisherige Eigentümer bleiben, sofern und solange ihre Nutzung im Einklang mit dem Nutzungsplan steht und sie die Rahmenbedingungen erfüllen, Nutzungseigentümer.

11. Bei der Verleihung von Nutzungsrechten gelten die folgenden Kriterien:
— für die landwirtschaftliche Nutzung zugunsten der Selbstbewirtschafter oder Produktionsgemeinschaften
— für die industrielle, gewerbliche oder sonstige kommerzielle Nutzung zugunsten der Eigentümer der entsprechenden Produktionsmittel
— für die Nutzung zu Wohnzwecken in erster Linie zugunsten der kollektiven und individuellen Eigennutzer; in zweiter Linie zugunsten von Personen, welche die Anforderungen bezüglich Mietzins, Wohnqualität und Mietermitbestimmung erfüllen
— für die Nutzung von zu öffentlichen Zwecken ausgeschiedenen Flächen zugunsten entsprechender öffentlicher oder privater Organisationen, welche den Planzweck erfüllen.

12. Die Verleihung neuer Nutzungsrechte oder die Neuverleihung bisheriger Nutzungsrechte erfolgt aufgrund öffentlicher Ausschreibung nach dem Grundsatz rechtsgleicher Behandlung. Bei gleichen Voraussetzungen erhält der Meistbietende das Nutzungsrecht. Handänderungen unter Eigennutzern erfolgen frei.

13. Das Gemeinwesen ist zum Entzug verliehener Nutzungsrechte berechtigt, wenn der Nutzungseigentümer in Konflikt mit Sinn und Zweck des Nutzungsplanes gerät.

14. Das Gemeinwesen ist dafür besorgt, bisherigen Nutzungsberechtigten, die ihre Nutzung aufgrund der Nutzungsbestimmungen nicht mehr weiter führen können, an einem anderen Ort entsprechende Nutzungsrechte zu verleihen. Ist dies nicht möglich, so ist es verpflichtet, den bisherigen Nutzungseigentümer entsprechend seinen nachweisbaren Aufwendungen für Landerwerb, Gebäude, Gebäudeteile und Zugehör zu entschädigen. Der Entzug des Nutzungsrechtes selbst ist nicht zu entschädigen. Die Entschädigungen dürfen weder den Ertrags- noch den Steuerwert übersteigen.

15. Die Mittel für die Entschädigungszahlungen beschaffen sich die Gemeinwesen namentlich aus den Konzessionseinnahmen aus den Verleihungen von Nutzungsrechten. Die Fristen für Entschädigungszahlungen, die ratenweise erfolgen können, haben sich der Finanzkraft der Gemeinwesen anzupassen. Die geschuldeten Entschädigungszahlungen sind zu einem vom Bundesrat festgelegten Satz zu verzinsen. Die Gemeinwesen schaffen für die Entschädigungszahlungen einen Finanzausgleich.

16. Werden Nutzungsrechte von den Nutzungseigentümern nicht mehr beansprucht, so fallen sie an das Gemeinwesen zurück, das sie neu verleiht. Vererbungen von Nutzungsrechten und Handänderungen unter Eigennutzern sind zulässig. Wenn der Erbberechtigte das Nutzungseigentum nicht ausüben will, fällt es gegen Entschädigung an das Gemeinwesen. Die Entschädigung richtet sich nach den nachweisbaren Aufwendungen. Im übrigen gelten die Bestimmungen nach 14. und 15.

17. Für Hypotheken haften Gebäude, Gebäudebestandteile und Zugehör des Nutzungseigentümers. Hypotheken sind entsprechend den Gebäudewertverlusten zu amortisieren.

18. Diese Verfassungsrevision ist vom Gesetzgeber innerhalb von sechs Jahren nach Annahme durch den Souverän im ganzen Bundesrecht zu verwirklichen.

Zusatzantrag Bäumlin
(Vorgelegt am Parteitag vom 24./25. Mai 1974 in Luzern)

Die Kommission, die sich mit der Redaktion des Textes für eine neue Bodenrechtsinitiative befasst, wird ermächtigt, auch eine Variante zu prüfen, in der — ohne die bisherigen Ziele irgendwie zurückzustecken — nicht zwischen Verfügungs- und Nutzungseigentum unterschieden, vielmehr der Entscheid über die Nutzungsart einer Konzessionspflicht unterstellt wird, wobei die Ausübung der Eigentümerrechte klar dem bestehenden und neu zu schaffenden eidgenössischen und kantonalen Recht über Wohnungsbau und Mietwesen, gesamtschweizerische Entwicklungspolitik und Regionalpolitik (samt deren wirtschaftspolitischen Zielen) unterzogen wäre, und zwar grundsätzlich entschädigungslos.

Bodenrechtsinitiative der Sozialdemokratischen Partei der Schweiz
(Beschlossen am Parteitag der SPS vom 22./23. März 1975 in Zürich)

Art. 22ter BV
1 Eigentum ist im Rahmen der Pflichten gegenüber Mitmenschen, Gesellschaft und Umwelt gewährleistet.

2 Der Bund sorgt für eine breite Streuung des Grundeigentums zum Eigengebrauch. Juristische Personen des privaten Rechts dürfen Grundeigentümer nur sein, soweit sie den Boden zur Wahrung öffentlicher Interessen, gemeinnütziger Zwecke oder als Grundlage für ihren Produktions- oder Dienstleistungsbetrieb benötigen.

3 Grundeigentum verpflichtet zu einer die Gemeinschaftsinteressen wahrenden Nutzung. Bund und Kantone sorgen auf dem Wege der Gesetzgebung für eine gerechte, die verschiedenen Interessen wahrenden Verteilung der Nutzung. Sie sind befugt, dem Ertrag der Nutzung entsprechende Abgaben zu erheben.

4 Bund und Kantone können auf dem Wege der Gesetzgebung im öffentlichen Interesse die Enteignung und Eigentumsbeschränkung vorsehen. Bei Enteignung und Eigentumsbeschränkungen, die einer Enteignung gleichkommen, ist angemessene Entschädigung zu leisten, die weder den Ertrags- noch den Steuerwert übersteigen darf.

Übergangsbestimmungen
Soweit die Eigentumsverhältnisse der juristischen Personen des privaten Rechts nach Ablauf von 5 Jahren nach Inkrafttreten von Art. 22ter dessen Bestimmungen in Absatz 2 widersprechen, fällt das Eigentum entschädigungslos an die Gemeinde der gelegenen Sache, soweit die Gesetzgebung nichts anderes verfügt.

Minderheitsantrag der Sektionen Zürich 1 und 7
(Parteitag vom 22./23. März 1975 in Zürich)

Art. 22ter BV

1 Eigentum ist im Rahmen der Pflichten gegenüber Mitmenschen, Gesellschaft und Umwelt gewährleistet.

2 Bund und Kantone können auf dem Wege der Gesetzgebung im öffentlichen Interesse die Enteignung und Eigentumsbeschränkung vorsehen. Bei Enteignung und Eigentumsbeschränkungen, die einer Enteignung gleichkommen, ist angemessene Entschädigung zu leisten, die weder den Ertrags- noch den Steuerwert übersteigen darf.

3 Die Gemeinden bestimmen im Rahmen der Gesetzgebung des Bundes und der Kantone nach den Grundsätzen demokratischer Willensbildung über die Art und den Grad der Bodennutzung. Sie können nach dem Grundsatz rechtsgleicher Behandlung aufgrund öffentlicher Ausschreibung gegen Konzessionsgebühren Nutzungsrechte an Personen des öffentlichen oder privaten Rechts verleihen, wobei den öffentlichen Gemeinwesen sowie den kollektiven und individuellen Eigennutzern Priorität zukommt.

a) Um die Erfüllung überkommunaler Aufgaben zu sichern, sind die Gemeinden verpflichtet, die notwendigen Nutzungsrechte an die entsprechenden Gebietskörperschaften abzutreten.

b) Für die folgenden Nutzungen sind bei der Verleihung von Nutzungsrechten zusätzliche Prioritäten zu berücksichtigen:
   — für die Nutzung zu Wohnzwecken sind an erster Stelle einzelne oder genossenschaftlich organisierte Eigennutzer, an zweiter Stelle Personen, welche die Anforderungen bezüglich Mietzins, Wohnqualität und Mietermitbestimmung erfüllen, zu berücksichtigen,
   — für industrielle, gewerbliche oder sonstige kommerzielle Nutzung sind an erster Stelle Betriebe zu berücksichtigen, die zu einem ausgeglichenen Arbeitsplatzangebot beitragen.

c) Im Rahmen dieser Prioritätenordnungen erhält bei gleichen Voraussetzungen derjenige Bewerber das Nutzungsrecht, der die höhere Konzessionsgebühr bezahlt.

d) Die Konzessionsgebühren sind so zu bemessen, dass dem Nutzungsberechtigten die Aneignung einer Grundrente verunmöglicht wird. Sie werden periodisch erhoben und veränderten Verhältnissen angepasst.

e) Die Nutzungsberechtigten können als Eigennutzer ihre Nutzungsrechte an andere Eigennutzer oder an ihre Erben direkt abtreten.

f) Die Gemeinden sind zum Entzug von Nutzungsrechten ermächtigt und verpflichtet, wenn die Nutzungs- und Konzessionsbestimmungen nicht erfüllt werden.

g) Der Entzug des Nutzungsrechtes selbst ist nicht entschädigungspflichtig. Die Gemeinden sind aber verpflichtet, dem bisherigen Nutzungseigentümer seine nachweisbaren Aufwendungen für Gebäude, Gebäudeteile und Zugehör sowie für Erschliessungs- und Bodenverbesserungsmassnahmen zu entschädigen.

h) Die Gemeinden sind dafür besorgt, bisherigen Nutzungsberechtigten, die ihre Nutzungsrechte aufgrund neuer Nutzungsbestimmungen nicht mehr ausüben dürfen, an einem anderen Ort Nutzungsrechte anzubieten, sofern es sich um Wohnnutzung oder eine andere Nutzung handelt, für die ein öffentliches Interesse ausgewiesen ist.

i) Die Mittel für die Entschädigungszahlungen beschaffen sich die Gemeinden über die Konzessionseinnahmen. Die Kantone schaffen einen entsprechenden Finanzausgleich.

k) Für Hypotheken haften Gebäude, Gebäudeteile und Zugehör. Sie sind entsprechend dem Gebäudewertverlust zu amortisieren.

Übergangsbestimmungen

1. Bisherige Grundeigentümer werden nach Inkrafttreten dieser Verfassungsbestimmungen Bodennutzungsberechtigte. Sie können den Boden wie bisher nutzen, solange diese Nutzung mit den Nutzungsbestimmungen der Gemeinde übereinstimmt.

2. Aufwendungen für Landerwerb, die vor Inkrafttreten dieser Verfassungsbestimmungen geleistet wurden, sind bei der Festsetzung der Konzessionsgebühren für bisherige Grundeigentümer sowie bei der Ermittlung des angemessenen Entschädigungsanspruches zu berücksichtigen.

3. Bestehende Hypotheken, die nicht durch den Wert von Gebäuden, Gebäudeteilen und Zugehör gedeckt sind, müssen innert 15 Jahren nach Inkrafttreten dieser Verfassungsbestimmungen amortisiert werden. Für landwirtschaftlich genutzten Boden kann diese Verpflichtung erstreckt oder teilweise erlassen werden.

4. Für das Gebiet der städtischen Gemeinden und der Agglomerationsgemeinden sowie für das Baugebiet der übrigen Gemeinden, die einen Bevölkerungszuwachs oder eine überdurchschnittliche Bautätigkeit aufweisen, treten diese Verfassungsbestimmungen spätestens nach der Anpassung des Bundesrechtes durch den Gesetzgeber, die innerhalb von vier Jahren nach Annahme durch den Souverän erfolgen muss, in Kraft. Für die übrigen Gemeinden und Gebiete kann das Inkrafttreten auf dem Wege der Gesetzgebung durch besondere Übergangsbestimmungen geregelt werden.

Anmerkungen zur SPS-Initiative

Die nachfolgende Würdigung basiert (in Ergänzung zur Darstellung in den Dokumenten zur Bodenfrage, Nr. 4 vom März / April 1975) auf der von der SPS herausgegebenen Broschüre **«Wieviel Erde braucht der Mensch?»**. Sie stützt sich ferner auf zusätzliche Abklärungen bei Mitgliedern der vorberatenden Gremien der SPS.

Die Ziele der Initiative

Wenig ergiebig für eine Auseinandersetzung sind die drei offiziellen Zielsetzungen der Initiative:
— für die breite Streuung des Grundeigentums zum Eigengebrauch
— für verstärkten Einfluss der Gemeinden auf den Bodenmarkt
— für die Bekämpfung der Bodenspekulation.

Aufgrund der bisherigen Politik der Sozialdemokraten hat man Mühe, die erstgenannte Zielsetzung zum Nennwert zu nehmen. Sie erscheint vielmehr nach Aussagen von Initianten als taktischer «Schachzug», der ihrer Initiative zu grosser Unterstützung auch in andern politischen Lagen verhelfen soll.[1] Vor allem hat ein Eigentum, das so sehr administriert werden soll, wie das die Initiative will, nicht mehr die gleiche Bedeutung wie das Eigentum herkömmlicher Art. Das sozialdemokratische Eigentum bietet nur sehr prekäre Sicherheit: Es unterscheidet sich kaum mehr von den Rechten, die nach sozialdemokratischer Auffassung dem Mieter zustehen sollen.

Der zweiten Zielsetzung sollen offenbar jene Vorkehren dienen, welche aus der Verankerung der Sozialpflichtigkeit des Eigentums abgeleitet werden und welche die Nutzung des Bodens noch stärker als bisher reglementieren. Dem Markt und der individuellen Selbstgestaltung würde danach ein noch kleinerer Spielraum zugestanden als heute.

Die dritte Zielsetzung deckt sich mit jener der ersten Bodenrechtsinitiative der SPS. Offenbar war es unvermeidlich, das emotionelle Assoziationen weckende Reizwort «Spekulation» auch jetzt wieder ins Spiel zu bringen, obwohl nachweislich der Einfluss dieses Faktors unbedeutend ist.

[1] Vgl. National-Zeitung vom 24.3.75

Die Bausteine der Initiative

Ausdrückliche Verankerung der Sozialpflichtigkeit des Eigentums:

In den offiziellen Erwägungen zum Initiativtext hiess es seinerzeit wörtlich: «Der Eigentumsbegriff ist zu sozialisieren.» Aus diesem Hinweis erhellt die Tragweite des ersten Absatzes der Initiative. Zwar soll das Eigentum noch immer gewährleistet werden, aber nurmehr innerhalb eines sehr unbestimmt gehaltenen Rahmens, der auf Gesetzgebungsstufe beliebig eng gezogen werden kann. Die bisherige verfassungsrechtliche Garantie des Eigentums wird damit politisch bis fast zur Bedeutungslosigkeit relativiert. Eigentum vermittelt danach nicht mehr eine umfassende Sachherrschaft, die lediglich durch zwingende öffentliche Interessen eingeschränkt wird; nicht die Rechte, sondern die Pflichten des Eigentümers stehen im Vordergrund. Diese «Sozialisierung» gilt nicht nur für Grundeigentümer, sondern für Eigentum schlechthin.

In den 1976 herausgegebenen Erläuterungen wird der in Absatz 1 der Initiative proklamierte Grundsatz nicht vertieft. Er wird lediglich dahin interpretiert, dass die Möglichkeiten der Einflussnahme durch die Gemeinden ausgebaut werden sollen.

Unterscheidung zwischen Eigengebrauch, Fremdgebrauch und Luxusgebrauch:

Die Initiative will den Eigengebrauch privilegieren. Unter Eigengebrauch wird eine «auf die normalen Bedürfnisse des Eigentümers abgestimmte Nutzung» verstanden. Demgegenüber erscheint als Fremdgebrauch die Vermietung von Wohnungen oder die Verpachtung von Land; interessant ist die Definition, wonach Fremdgebrauch dann vorliege, «wenn der Eigentümer keine eigenen Arbeitsleistungen erbringt, wenn er nur eine auf Ertragsrealisierung ausgerichtete Nutzung betreibt oder wenn der Boden während längerer Zeit ungenutzt bleibt». Wie Fremdgebrauch soll nun aber auch Luxusgebrauch behandelt werden, das heisst Eigengebrauch, der einen übermässig grossen Umfang annimmt; Luxusansprüche stellt, wie die Initianten darlegen, beispielsweise jener, der mit seiner Familie in einem riesigen Park leben will. Auch Zweitwohnungen dürften — ohne dass dies ausdrücklich angemerkt wird — nach Meinung der Initianten in die Kategorie des Luxusgebrauchs eingereiht werden.

Vorkaufsrecht des Mieters:

Dem Mieter beziehungsweise den Mietergemeinschaften soll ein Vorkaufsrecht zustehen. Veräussert ein Eigentümer seine Liegenschaft, so sollen die Bewohner berechtigt sein, einzeln oder in Gemeinschaften zusammengeschlossen, gesetzliche Vorkaufsrechte geltend zu machen. Abgesehen davon, dass der Eigentümer auch ein Interesse daran haben kann, wem er sein Eigentum weitergibt, stellt sich die Frage, zu welchen Bedingungen der Mieter das Objekt soll übernehmen können. Nach mündlich geäusserter Meinung der Initianten soll er nicht einfach die Bedingungen des Käufers einhalten müssen, sondern soll Anspruch auf Sonderkonditionen haben. Damit wird nicht nur in die Verfügungsfreiheit, sondern selbst in die Vermögensrechte des Eigentümers empfindlich eingegriffen.

Finanzielle Beihilfen:

Dem Mieter, der ein Vorkaufsrecht geltend macht, soll der Bund zins- und amortisationsgünstige Darlehen gewähren. Ganz allgemein sollen für den Fall, dass die Wohnkosten mehr als 20 Prozent des Einkommens des Bewohners betragen, **finanzielle Zuschüsse à fonds perdu** gewährt werden. Besonders die zweite Forderung erscheint wenig durchdacht. Sie würde bedeuten, dass entweder die Bezüger bescheidener Einkommen sich mit limitiertem Wohnaufwand beliebig herrschaftliche Wohnungen leisten könnten oder aber dass ihnen Grenzen für Grösse und Ausstattung ihrer Wohnungen amtlich vorgeschrieben würden.

Einschränkung der Eigentumsfähigkeit juristischer Personen:

Bestimmte juristische Personen sollen vom Bodenmarkt ausgeschlossen werden; Gesellschaften, die den Besitz von Land als reines Geschäft betrachten, sollen vom Bodenbesitz ausgeschlossen werden.

Diese der SP-Broschüre entnommenen Formulierungen sind unpräzis; betroffen werden nicht nur bestimmte Kategorien von juristischen Personen, sondern grundsätzlich alle. Sodann geht es **nicht nur** um den **Bodenbesitz**; nach dem Initiativtext bezieht sich die Beschränkung auf das Grundeigentum überhaupt, das heisst also **auch auf die Gebäude.** Juristische Personen dürfen dem Grundsatze nach nicht mehr Grundeigentümer sein. Eine Ausnahme wird nur zugelassen, wenn der Boden zur Wahrung öffentlicher Interessen, gemeinnütziger Zwecke oder als Grundlage für den eigenen Produktions- oder Dienstleistungsbetrieb benötigt wird. Jeder Grundstückbesitz juristischer Personen muss daher von der öffentlichen Hand auf seine Zulässigkeit überprüft werden; es muss nachgewiesen werden, dass Wohnungen von Pensionskassen die Anforderungen der «Gemeinnützigkeit» oder des «öffentlichen Interesses» erfüllen oder dass Erweiterungsreserven «notwendige Grundlagen» darstellen. Die öffentliche Hand müsste darnach ein **besonderes Bewilligungsverfahren** für den Grundstückerwerb juristischer Personen einführen. Dieses Verfahren hätte sich indessen nicht nur auf künftige Zukäufe, sondern bereits auf vorhandene Grundeigentumswerte zu erstrecken.

Juristische Personen sollen künftig keine Kapitalien in Boden und Gebäuden anlegen dürfen. Anvisiert sind insbesondere die **Versicherungsgesellschaften** und die **Immobilieninvestmentfonds.** Von letzteren heisst es in den Erläuterungen ausdrücklich: «Indessen fallen auch vertraglich gebildete Anlage- oder Immobilienfonds darunter, da sie als Umgebungstatbestände zu qualifizieren sind; hinter derartigen Fonds stehen regelmässig juristische Personen des privaten Rechts.» Die **Pensionskassen** werden in den Erläuterungen mit keinem Wort erwähnt. Nach den mündlich abgegebenen Erklärungen wird erwartet, dass die Pensionskassen sich umstrukturieren und dann ihren Grundbesitz behalten können. Voraussetzung für die Anerkennung ihrer Gemeinnützigkeit ist einerseits eine entsprechende Verwendung der Erträge, anderseits aber nach inoffiziellen Erläuterungen auch eine entsprechende Nutzung der Liegenschaften. Die Pensionskassen unterlägen demnach für die Vermietung ihrer Wohnungen speziellen Anforderungen hinsichtlich Mietzinsgestaltung, Kündigungsmöglichkeiten und Mietermitbestimmung.

Diese aussergewöhnliche — in keinem westlichen Land bestehende — Einschränkung der Eigentumsfähigkeit juristischer Personen hat **Auswirkungen,** die von den Initianten kaum hinreichend bedacht worden sind. Zum einen ist darauf aufmerksam zu machen, dass Eigengebrauch und Fremdgebrauch in der gleichen Liegenschaft gegeben sein können. Was geschieht nun bei Liegenschaften, von denen ein Teil durch eine juristische Person zum Eigengebrauch benötigt, ein anderer Teil dagegen vermietet wird, das heisst in einem Fall, der besonders in Städten recht häufig auftritt? Abgesehen von diesen Abgrenzungsschwierigkeiten sind die indirekten Auswirkungen auf den **Wohnungsbau** zu beachten.

Zu bedenken sind schliesslich die Auswirkungen auf den **Liegenschaftenmarkt.** Hunderttausende von Wohnungen müssten innert kürzester Zeit auf den Markt gebracht werden, wobei als Käufer praktisch nur Eigennutzer und gemeinnützige Organisationen in Frage kommen. Die Vermögenssituation aller Grundeigentümer, sowohl der natürlichen als auch der juristischen Personen, vorab auch der Versicherungen und Pensionskassen, würde damit schwer beeinträchtigt.

Entschädigungsloser Übergang des Anlageeigentums:

Mit der in einer Übergangsbestimmung enthaltenen Vorschrift, dass das künftig nicht mehr zulässige Grundeigentum juristischer Personen nach fünf Jahren entschädigungslos den Gemeinden zufalle, wollen die Initianten eine rasche Vorlage der Ausführungsgesetze erwirken. Die Verfassungsvorschrift bleibt trotzdem eine **rechtsstaatliche Ungeheuerlichkeit.** Ein fristgerechtes Inkrafttreten der Ausführungsgesetze kann auch von anderer Seite als von den Direktbetroffenen blockiert werden, beispielsweise durch Referenden von Organisationen, denen ein Ausführungsgesetz zu wenig scharfe Eingriffe bringt. Die Möglichkeit der freihändigen Veräusserung vor Ablauf der Frist stellt ein Notventil dar, das sich angesichts des gleichzeitig zum Verkaufe gelangenden Volumens als praktisch wenig hilfreich erweisen dürfte.

225

Verpflichtung des Grundeigentümers zu einer die Gemeinschaftsinteressen wahrenden Nutzung:

Bei der Beschlussfassung über die Initiative wurde diese Verpflichtung dargestellt als Präzisierung der Sozialpflichtigkeit des Grundeigentümers. In der Tat wird für den Bereich der Nutzung wiederholt, was für das Eigentum schlechthin im ersten Absatz festgehalten ist.

Die anlässlich der Lancierung veröffentlichten Erläuterungen enthalten einen Versuch zur **Umschreibung der Gemeinschaftsinteressen**:

«Nutzungen, welche die Gemeinschaftsinteressen wahren, sind namentlich folgende:
— Nutzungen zum Eigengebrauch sowie im Allgemeinwohl oder zu gemeinnützigen Zwecken;
— Nutzungen, welche die Anliegen der Raumplanung und des Umweltschutzes wahren;
— Nutzungen, welche die Anliegen der Gesamtverteidigung wahren, das heisst sowohl militärische als auch ernährungspolitische Zielsetzungen verwirklichen.»

Die Tragweite der Vorschrift kann eine sehr erhebliche sein. Gestützt darauf könnte der Eigentümer verpflichtet werden, in jedem Einzelfall die Verträglichkeit seiner Nutzung mit dem Allgemeinwohl nachzuweisen. Abgesehen von dieser **Umkehr der Beweislast** brächte diese Bestimmung wohl erhebliche Auswirkungen auf die von Gesetzgeber, Verwaltung und Richter vorzunehmenden **Interessenabwägungen**.

Verpflichtung von Bund und Kantonen zur Einflussnahme auf die Verteilung der Nutzung:

Die verschwommene, hinsichtlich Motivierung und Tragweite nicht ohne weiteres einsichtige Bestimmung wurde seinerzeit wie folgt kommentiert:
«Bund und Kantone haben auf dem Wege der Gesetzgebung für eine gerechte, die verschiedenen Interessen wahrende Verteilung der Nutzung zu sorgen. Mit diesen Bestimmungen wird namentlich ermöglicht, übermässige Nutzungen auszuschliessen oder Bedingungen und Auflagen daran zu knüpfen. Dies gilt beispielsweise für Kiesausbeutungen, Ferienwohnungen, Hochhäuser, aber auch für gesteigerte Nutzungen wie Geschäftshäuser, Büros usw.»[1]

Abschöpfung der Grundrente:

Im Initiativtext werden Bund und Kantone ermächtigt, dem Ertrag der Nutzung entsprechende Abgaben zu erheben. Hinter der bescheiden formulierten Bestimmung verbergen sich **fiskalische Absichten von aussergewöhnlichen Dimensionen**. Sie reichen von der «Infrastrukturabgabe» über die Erhebung von «Konzessionsgebühren» und die laufende «Abschöpfung der Grundrente» bis zur Einführung einer «Bodenwertzuwachssteuer». Dabei sind die Befugnisse des Bundes nicht begrenzt. Er könnte demnach auf Gesetzesstufe beliebig in eine traditionelle Domäne der Kantone (Einkommens- und Vermögenssteuern, Grundstückgewinnsteuern, Liegenschaftssteuern, Erschliessungsbeiträge) einbrechen.

Bei der Beschlussfassung über die Initiative wurde die Ermächtigung wie folgt erläutert:
«Bund und Kantone werden ausdrücklich befugt erklärt, Abgaben zu erheben. Diese sollen im Verhältnis stehen zum Ertrag der jeweiligen Nutzung. Diese Abgaben können in Form von Steuern, Gebühren, besonderen Kausalabgaben und anderen erhoben werden. Es können auch eigentliche Konzessionsgebühren eingeführt werden.
Die von der Arbeitsgruppe gewählte Formulierung gestattet es, eigentliche Infrastrukturabgaben einzuführen. Damit erhielten die Agglomerationen die schon längst nötigen Möglichkeiten, die Lawine der Infrastrukturkosten bewältigen zu können. Sie bietet aber gleicherweise Grundlage für eine gerechte und zweckmässige Besteuerung von Zweitwohnungen am Ort der gelegenen Sache. Damit könnte ein Begehren erfüllt werden, das je länger je lauter erklingt.»[2]

---

[1] Vgl. Antragsbuch, S. 155
[2] Vgl. Antragsbuch, S. 155f

Bei der Lancierung der Initiative steht nun offenbar die **Abschöpfung des Ertrages aus Bodenbesitz** im Vordergrund. Die Initianten lassen sich wie folgt vernehmen:

«Bei Eigengebrauch soll die Belastung nicht höher sein als das Grundeigentum im schweizerischen Mittel bereits heute durch Steuern, Abgaben und dergleichen belastet ist.

Bei Fremdgebrauch und bei Luxusgebrauch ist die Grundrente in angemessener Weise abzuschöpfen. Die Abschöpfung darf indessen 100 Prozent nicht übersteigen.

Die Abschöpfung beziehungsweise Erfassung der Grundrente erfolgt nach dem System der Selbsteinschätzung. Amtliche Kontrollen sind vorgesehen beim Eintritt der Realisierung des Grundrentenertrages und/oder analog den geltenden Steuerveranlagungsverfahren.

Die Grundrente ist jährlich geschuldet. Nachforderungen, die sich auf Grund zu niedriger Selbsteinschätzung ergeben, werden mit der Realisierung der kapitalisierten Mehreinnahmen anlässlich des Eintretens von Realisierungstatbeständen fällig. Die Abgaben werden zwischen Bund, Kantonen und Gemeinden aufgeteilt. Der Bund erlässt die Grundsatzgesetzgebung, die Kantone die Ausführungsgesetze.»

Als **Grundrente** wird der Ertrag bezeichnet, den der Boden unabhängig von Arbeitsleistung und Kapitalaufwand abwirft. Als Mass der Abschöpfung wird an einen Satz von 80 Prozent gedacht. Sie soll sich nur auf den Boden und nicht auf die Gebäude beziehen. Wie allerdings bei einem Mietertrag die auf Boden und Gebäude entfallenden Anteile auszuscheiden sind, geht aus den Erläuterungen nicht hervor. Auch sonst dürften sich die Initianten über die Ergiebigkeit dieser Fiskalquelle illusionäre Vorstellungen machen. Der Ertrag aus dem Grundeigentum richtet sich primär nach der allgemeinen Ertragslage für Anlagekapital; durch die Mieterschutzbestimmungen ist er in bezug auf die Wohnungen sogar limitiert. Sollte die Formulierung auf Baurechtszinsen gemünzt sein, die dem ursprünglichen Eigentümer des unüberbauten Landes zufliessen, so würde im Gefolge einer Veräusserung des Grundstücks der Steuerertrag gegen Null reduziert, da sich ja der Käufer auf den geleisteten Kapitalaufwand berufen könnte.

Im Lager der Initianten kursiert denn auch noch eine andere Abschöpfungsvariante: die **Bodenwertzuwachssteuer**. Danach würde periodisch die Wertsteigerung des Bodens abgeschöpft. Es sollen also auch nicht realisierte, rein theoretische Vermögenswertsteigerungen abgeschöpft werden. Das würde bedeuten, dass der Inhaber von Mietwohnungen laufend neue Hypotheken aufnehmen und verzinsen müsste, um diese Steuer bezahlen zu können. Ob er diese zusätzlichen Zinslasten wohl auf den Mieter überwälzen dürfte?

Begrenzung der Enteignungsentschädigung:

Der Wechsel vom Grundsatz der vollen Entschädigung zu jenem der **angemessenen Entschädigung** ist je nach Interpretation des Begriffs der Angemessenheit mehr oder weniger bedeutungsvoll. Anerkennt man — wie in der deutschen Rechtssprechung —, dass angemessen nur eine volle Entschädigung sein kann, so ist die Änderung von geringer Tragweite. Nach der Meinung der Initianten soll allerdings «angemessen» etwas anderes bedeuten, nämlich eine reduzierte Entschädigung. Diese Streitfrage, die schon bei der Ausarbeitung des jetzigen Verfassungsartikels 22ter ausführlich diskutiert wurde, kann indessen offen bleiben, weil die Initianten eine noch weitergehende Limitierung der Entschädigung fordern. Diese soll weder den Ertrags- noch den Steuerwert übersteigen dürfen. Zur Begründung wird folgendes ausgeführt:

«Damit wird einmal bewirkt, dass inflationär bedingte Preissteigerungen weitgehend ausgeschaltet werden, zum andern, dass eine solche Massnahme allgemein auf den Grundstückmarkt ausstrahlt und der Entwicklung zu Höchstpreisen begegnet.» [1]

Die Initianten dürften sich über die Brisanz dieser Bestimmung kaum Rechenschaft gegeben haben. Die Vorschrift besagt nichts anderes, als dass die Entschädigung in jedem Fall auf eine Höhe begrenzt wird, die der Enteignete als **unbillig** empfinden wird. Es ist daher unzutreffend, wenn in der «AZ -

---

[1] Vgl. Antragsbuch, S. 156

Freier Aargauer» vom 25.3.75 behauptet wird, der Einfamilienhausbesitzer habe «überhaupt nichts zu befürchten, weder als Eigentümer noch als möglicher Verkäufer». Nach dem Wortlaut des Volksbegehrens soll maximal der Ertragswert vergütet werden. Dieser wird, vor allem bei Bauland, Geschäftsliegenschaften und Mietwohnungen, in der Regel unter dem Steuerwert liegen. Der Enteignete soll demnach für sein Eigentum weniger erhalten, als er möglicherweise jahrelang versteuert hat. Besonders markant mag die Differenz bei erschlossenem Bauland ausfallen, das in manchen Kantonen zum Verkehrswert besteuert wird. Und besonders stossend mag die Regelung jenem Grundeigentümer erscheinen, der die Mietzinsen niedrig angesetzt hat und nun dafür mit einer niedrigen Entschädigung «bestraft» wird. Nicht minder betroffen werden aber der Einfamilienhausbesitzer und der Landwirt sein, deren Steuerschatzung möglicherweise noch unter dem Ertragswert liegt; sie werden die ihnen billigerweise zugestandene fiskalische Schonung im Enteignungsfall hart büssen müssen. Die über 700 000 stimmberechtigten Grundeigentümer und ihre wohl nicht viel weniger zahlreichen Angehörigen werden mit Recht kaum je bereit sein, einer derart **unangemessenen Entschädigungsregelung** zuzustimmen.

Die Initianten versuchen, die Tragweite dieser Entschädigungsregelung mit dem Argument herunterzuspielen, dass nach Annahme der Initiative der Unterschied zwischen Verkehrswert und Ertragswert ohnehin zusammenschrumpfe und dass der Steuerwert wegen des vorgeschriebenen Selbsteinschätzungsverfahrens wesentlich höher sein werde als heute.

Beides mag sehr wohl zutreffen. Es bedeutet aber gleichzeitig eine bewusste **Zerstörung von Vermögenswerten** und eine **steuerliche Mehrbelastung** auch des kleinen Eigentümers. Das von der SPD übernommene Modell der Bodenwertzuwachssteuer und der Verknüpfung von Steuerwert und Entschädigungsbetrag führt denn auch zu einer eigentlichen Erpressung des Eigentümers. Um im Falle einer Enteignung oder Ausübung des Vorkaufsrechtes seitens des Mieters eine hinlängliche Entschädigung zu erhalten, wäre er an sich versucht, den Steuerwert verhältnismässig hoch anzusetzen, womit er aber automatisch mehr Bodenwertzuwachssteuern und Vermögenssteuern zahlen müsste.

Im Rahmen ihrer Entschädigungsregelung stellen die Initianten eine weitere Forderung auf:

«Beträgt die Entschädigungssumme bei materieller Enteignung mehr als die Hälfte des Steuerwertes, ist das Gemeinwesen berechtigt, die formelle Enteignung zu verlangen.»

Diese Regelung (die über die bestehenden Ansätze in den Kantonen Aargau und Zürich hinausgeht) bedeutet nichts anderes, als dass die öffentliche Hand künftig auch Grundstücke ohne eigenen Bedarf an sich ziehen darf, obwohl der private Eigentümer sie noch ohne weiteres selbst bewirtschaften könnte. Auf diesem Wege kommen wir zu einer unerwünschten **Akkumulierung des staatlichen Bodenbesitzes**.

Zusammenfassende Würdigung

Die Bodenreform-Initiative der SPS
— höhlt die Rechte des Eigentümers bis auf einen unattraktiven Restbestand aus durch Beschneidung der Verfügungsrechte, durch allseitige Nutzungsvorschriften und durch fiskalische Mehrbelastung
— beeinträchtigt die Bereitstellung von Wohnungen und Arbeitsplätzen durch willkürlichen Ausschluss des Anlagekapitals juristischer Personen und durch fiskalische Abschreckung natürlicher Personen
— zerstört Milliardenwerte von Grundeigentümern aller Kategorien einschliesslich der Einfamilienhausbesitzer, Pensionskassen und Versicherungen
— führt zu einer Aufblähung des Verwaltungsapparates, da im Einzelfall stets zu prüfen ist, ob das Eigentum an einem bestimmten Grundstück überhaupt zulässig ist und ob die Voraussetzungen für eine Privilegierung gegeben sind.

E. «Volksbegehren für ein spekulationsfreies Grundeigentum»
(Vorgestellt am 11. Januar 1976 in Bern)

Artikel 22quinquies (neu)
1. Unter landwirtschaftlichem Boden sind alle landwirtschaftlich nutzbaren Flächen zu verstehen, auf welchen keine Baubewilligung besteht und die nicht ausschliesslich der Erholung oder dem Naturschutz dienen.
2. Der landwirtschaftliche Boden muss von der Landwirtschaft genutzt werden.
3. Landwirtschaftlicher Boden darf nicht höher als zum Ertragswert verkauft werden.
4. Landwirtschaftliche Bauten und jene Wohngebäude, welche für die Wirtschaft einer Region oder Ortschaft wichtig sind, dürfen nicht über ihrem Ertragswert verkauft werden.
5. Jeder Verkauf von Boden und Gebäuden ist zwei Monate vor dem Kauftag öffentlich auszuschreiben.
6. Bei Verkauf oder Pacht von landwirtschaftlichem Boden haben Selbstbewirtschafter den Vorrang. Vorrangig erhalten allzu kleinflächige Betriebe die Möglichkeit, sich zu vergrössern.
7. Bei Verkauf von landwirtschaftlichen Bauten oder Wohngebäuden, welche für die Wirtschaft einer Region oder Ortschaft wichtig sind, besitzen zunächst flächenbedürftige Landwirte, dann Ganzjahreseinwohner das Vorkaufsrecht.
8. Der Baulandpreis setzt sich aus dem landwirtschaftlichen Ertragswert, den Planungs- und Erschliessungskosten sowie möglichen Steuern und Abgaben zusammen.
9. Die Kantone sorgen für die Errichtung örtlicher Organe zum Vollzug der Gesetzgebung.

Übergangsbestimmungen
1. Innerhalb von fünf Jahren haben die Kantone einen Katasterplan über den Ertragswert ihres Bodens zu erstellen.
2. Unter Aufsicht der Kantone muss der Boden in zehn Jahren von der Hypothekarschuld befreit sein.
3. Die Kantone legen ein Verfahren zur Rückzahlung jenes Teils der Hypothekarschuld fest, welcher im Zeitpunkt des Inkrafttretens dieser Bestimmungen den landwirtschaftlichen Ertragswert bis um das Dreifache übersteigt. Für den Restbetrag ist das Bundesgesetz über Investitionskredite und Betriebshilfe in der Landwirtschaft anwendbar.
4. In Analogie gilt Abschnitt 3 auch für innerhalb von zehn Jahren erteilte Kredite zur Finanzierung von Verbesserungen oder unaufschiebbaren Neubauten von landwirtschaftlichen Gebäuden.
5. Zur Finanzierung dieser Aufgaben können die Kantone eine Bodenpreis-Ausgleichskasse gründen. Sie wird durch die Abgaben gespeist, welche im Verhältnis zum landwirtschaftlichen Wert der Fläche und im Zeitpunkt erhoben werden, da der Boden der Landwirtschaft entzogen wird.

Vorbemerkung

Am 11. Januar 1976, also zwei Monate vor dem Beginn der Unterschriftensammlung für die sozialdemokratische Bodenrechtsinitiative, wurde an einer Pressekonferenz in Bern unter dem Titel «Volksbegehren für ein spekulationsfreies Grundeigentum» eine weitere Bodenrechtsinitiative vorgestellt. Dem vom Waadtländer Bauern Olivier Delafontaine präsidierten Initiativkomitee gehörten unter anderem Raymond Chapatte von der dissidenten Union des producteurs suisses und der ETH-Professor Jean Vallat an. Auch die spätere Unterstützung durch die SPS, den Umweltschützer Franz Weber und weitere interessierte Kreise vermochte nicht zu verhindern, dass kurz vor Ablauf der Sammelfrist (am 31. Dezember 1979) den Initianten noch 20 000 Unterschriften fehlten. Die Initiative musste deshalb als gescheitert erklärt werden.

Ausgangspunkt und Hauptforderungen der Initiative

Ausgangspunkt des Volksbegehrens ist das Auseinanderklaffen des landwirtschaftlichen Ertragswertes des Bodens und der im Grundstückhandel erzielten Bodenpreise. Daraus resultiere eine übermässige Verschuldung der Landwirtschaft ebenso wie eine massive Belastung der Mieter. Die Kernforderung der Initianten besteht daher in einer Limitierung der Preise für unüberbauten Boden, für landwirtschaftliche Bauten und für bestimmte Wohngebäude. Als entscheidende Begleitmassnahmen werden eine Privilegierung der Selbstbewirtschafter und der einheimischen Bevölkerung sowie eine Entschuldungsaktion auf landwirtschaftlichen Grundstücken anbegehrt.

Limitierung der Preise

Die staatliche Limitierung von Preisen für Güter oder Dienstleistungen stellt einen massiven Eingriff ins marktwirtschaftliche System dar, der in aller Regel unerwünschte Komplementärwirkungen zeitigen muss. So ist denn auch auf dem Gebiet des Mietwesens die Mietzinskontrolle durch ein flexibleres, grundsätzlich auf der freien vertraglichen Vereinbarung aufbauendes System der Missbrauchsbekämpfung abgelöst worden. Dem Marktpreis kommt eine entscheidende Funktion zu: Er hat den Ausgleich von Angebot und Nachfrage zu bewerkstelligen, und er sorgt für einen rationellen Einsatz der knappen Güter. Zu tiefe Preise beeinträchtigen das Angebot und verleiten zur Verschwendung. Ausserdem provozieren künstlich tiefgehaltene Preise zu Schwarzzahlungen. Die Initiative missachtet diese grundlegenden Sachverhalte. Sie verletzt indessen nicht nur die Fundamentalprinzipien einer marktwirtschaftlichen Ordnung, sondern verblüfft weiter durch die Radikalität des geforderten Einbruchs in das Preissystem, und zwar in doppelter Hinsicht: einerseits bezüglich des Anwendungsbereichs der Preislimitierung und anderseits bezüglich des Niveaus der anbegehrten Preislimite. Die Preislimitierung soll sich nämlich nicht nur auf den langfristig der bäuerlichen Bewirtschaftung gewidmeten, das heisst in einer Landwirtschaftszone gelegenen Boden erstrecken, sondern erfasst jegliches unüberbaute Grundstück, soweit nicht bereits eine Baubewilligung vorgewiesen werden kann oder sofern die Parzelle nicht ausschliesslich der Erholung oder dem Naturschutz dient. Die Preislimitierung bezieht sich mithin selbst auf erschlossene Baugrundstücke mitten im Baugebiet. Damit hat es indessen noch nicht sein Bewenden; ihr unterstehen nebst den landwirtschaftlichen Bauten auch Wohngebäude, «welche für die Wirtschaft einer Region oder Ortschaft wichtig sind». Abgesehen von der Unklarheit der Abgrenzung — wie weit werden auch Wohngebäude in industrialisierten Gegenden erfasst? — liegt hier eine markante Ausweitung über rein bäuerliche Angelegenheiten hinaus vor.

Nicht minder drastisch ist bei der Fixierung der Preislimite vorgegangen worden. Als massgebliche Obergrenze wird kurzerhand der Ertragswert erklärt. Während beispielsweise im Bundesgesetz über die Entschuldung landwirtschaftlicher Heimwesen immerhin noch von einem Zuschlag zum Ertragswert von bis zu 25 Prozent die Rede ist und die Sonderregelung im bäuerlichen Erbrecht durch ein Gewinnbeteiligungssystem ergänzt werden musste, sollen nach dieser Initiative landwirtschaftliche und nichtlandwirtschaftliche Parzellen und Bauten nicht mehr über dem Ertragswert veräussert werden dürfen. (Dass bei Baugrundstücken Erschliessungskosten und Steuern zum Ertragswert hinzugeschlagen werden dürfen, ändert am Grundtatbestand nichts.) Es liegt auf der Hand, dass damit dem Grundeigentümer nicht nur erhoffte Gewinne entgehen, sondern dass ihm je nach Anschaffungskosten auch erhebliche tatsächliche Verluste zugemutet werden. Ein derartiger Verstoss gegen die Eigentumsgarantie ist denn auch in den bisherigen Bestrebungen zur Revision des bäuerlichen Bodenrechts nie ernstlich in Betracht gezogen worden.

Privilegierung des Selbstbewirtschafters und der einheimischen Bevölkerung

Mit der Forderung nach einer Privilegierung des Selbstbewirtschafters und der einheimischen Bevölkerung greift die Initiative ein aktuelles Postulat auf. Die Zunahme der Pachtverhältnisse und die Konkurrenzierung der Einheimischen durch kapitalkräftige Nachfrage aus den Ballungszentren werden auch in anderen Kreisen nicht ohne Sorge registriert. Die hier vorgeschlagene Privilegierung schiesst indessen weit über das Ziel hinaus. Sie umschreibt den Kreis der Berechtigten in einer Weise, dass eine staatliche Zuteilung aller betroffenen Parzellen und Bauten unerlässlich wird. Völlig sachwidrig ist denn auch die Unterstellung von (erschlossenen und unerschlossenen) Baugrundstücken unter die vorgesehene Sonderordnung. Problematisch ist insbesondere auch die Erstreckung auf nichtlandwirtschaftliche Wohngebäude; nach dem französischen Originaltext kann ein Vater sein Wohnhaus nicht einmal mehr einem seiner Kinder übertragen, wenn dieses Kind bisher in einer anderen Region gewohnt hat.

Entschuldungsaktion

In den Übergangsbestimmungen wird nach dem deutschen Text verlangt, dass «der Boden» in zehn Jahren von der Hypothekarschuld befreit sein soll. Abgesehen von der Unklarheit, was bei überbauten Grundstücken geschehen soll, erscheint die Forderung nach einem vollständigen Abbau der Hypothekarschulden sachlich überspitzt. Der französische Originaltext wirkt in diesem Punkt weniger apodiktisch. Der in der dritten Übergangsbestimmung als anwendbar erklärte zweite Teil des Bundesgesetzes über Investitionskredite und Betriebshilfe in der Landwirtschaft sieht denn auch Tilgungsfristen von 25 Jahren vor. Ebenso unklar bleiben die Vorstellungen der Initianten bezüglich der Finanzierung der Entschuldungsaktion. Offenbar sollen die für die nichtlandwirtschaftliche Überbauung benötigten Parzellen mit einer Sonderabgabe belastet werden; dass diese Steuer ausgerechnet proportional zum landwirtschaftlichen Ertragswert erhoben werden soll, mutet eigenartig an und manifestiert die in der Initiative zum Ausdruck kommende einseitige agrarpolitische Optik: Nicht die bauliche Eignung oder die Lage eines Grundstückes soll für die vom Nachfrager zu erbringende Steuer massgeblich sein, sondern ausschliesslich die agrarische Qualität. Über die Höhe der Abgabe sagt die Initiative nichts aus. Unter der Annahme, dass künftig pro Jahr etwa 1500 Hektaren oder 15 Millionen Quadratmeter für Neubauten beansprucht werden und dass der landwirtschaftliche Ertragswert in der Grössenordnung von einem Franken per Quadratmeter liegt, ergäbe eine hundertprozentige Steuer lediglich ungefähr 15 Millionen Franken. Müsste aber die auf 8 Milliarden Franken geschätzte landwirtschaftliche Verschuldung wirklich in 10 Jahren abgetragen werden, stellte sich demgegenüber der Finanzbedarf auf jährlich 800 Millionen Franken. Der landwirtschaftliche Ertragswert kann deshalb auch im Hinblick auf die Finanzierung nicht als taugliches Kriterium angesprochen werden.

Würdigung

Die Initiative greift einen einzelnen Teilaspekt der Bodenfrage auf, der in der Tat einer gründlichen Überprüfung bedarf. Die vorgeschlagene Rezeptur ist indessen derart weit von der sachlichen und politischen Realität entfernt, dass es Mühe bereitet, die Initiative als ernsthaften Beitrag zur Bodenrechtsdiskussion zu werten. Sie würde nicht nur alle künftigen Nachfrager nach Baugrundstücken vom Wohlwollen einer staatlichen Zuteilungsbehörde abhängig machen, sie würde nicht nur heutige Eigentümer von überbauten oder unüberbauten nichtlandwirtschaftlichen Grundstücken mit einem Federstrich um wesentliche Vermögensteile bringen und sie möglicherweise ausserstande setzen, ihren Verpflichtungen gegenüber ihren Hypothekargläubigern nachzukommen, sondern sie würde auch im landwirtschaftlichen Bereich selbst das Prinzip der Handelbarkeit von Grundstücken ausschalten. Der leitende Ausschuss des Schweizerischen Bauernverbandes hat deshalb in einer Anfang Februar 1976 veröffentlichten Mitteilung entschieden gegen die Initiative Stellung bezogen.[1] Im besonderen wurde darin unterstrichen, dass für die Einführung eines Vorkaufsrechts für Selbstbewirtschafter die erforderlichen Verfassungsgrundlagen bereits bestehen. Auch wurde auf die zweite

1 Vgl. NZZ vom 4. Februar 1976

Forderung der Initianten hingewiesen, die als Bewirtschaftungspflicht zulasten der Landwirtschaft interpretiert werden könnte. Schliesslich wurde auf die krassen Ungerechtigkeiten gegenüber jenen Bauern verwiesen, die sich schon bisher aus eigenen Kräften um die Tilgung ihrer Schulden bemüht haben. Ist indessen diese Initiative schon für die Bauernschaft selbst unannehmbar, so haben die stark betroffenen nichtlandwirtschaftlichen Kreise erst recht keinen Anlass, von diesem unsorgfältig ausgearbeiteten, unklaren und widersprüchlichen Volksbegehren etwas Positives zu erwarten.

F. Expertenkommission für die Vorbereitung einer Totalrevision der Bundesverfassung

Auszüge aus dem Verfassungsentwurf 1977:

Art. 17 Eigentumsgarantie

1 Das Eigentum ist im Rahmen der Gesetzgebung gewährleistet.

2 Die Gesetzgebung muss vor allem die Vorschriften enthalten, die zur Erreichung der eigentumspolitischen Ziele notwendig sind.

3 Für Enteignungen und Entschädigungsbeschränkungen, die einer Enteignung gleichkommen, ist Entschädigung zu leisten.

Art. 30 Eigentumspolitik

Mit seiner Eigentumspolitik soll der Staat vor allem:

a. die Umwelt vor übermässiger oder das Gemeinwohl schädigender Beanspruchung schützen;
b. eine sparsame Nutzung des Bodens, eine geordnete Besiedlung des Landes und harmonische Landschafts- und Siedlungsbilder fördern;
c. die natürliche und die kulturelle Eigenart des Landes wahren;
d. eine übermässige Konzentration von Vermögen und Grundeigentum verhüten;
e. volkswirtschaftlich oder sozial schädliches Gewinnstreben bekämpfen;
f. für eine gerechte Umverteilung des Bodenwertzuwachses sorgen;
g. das Eigentum, das gemeinnützigen Zielen dient, und das Eigentum, das vom Eigentümer selbst genutzt wird, schützen und fördern;
h. eine angemessene Vermögensbildung der natürlichen Personen fördern.

Art. 50 Hauptverantwortung des Bundes

1 Der Bund trägt die Hauptverantwortung für:

a. ......
b. ......
c. ......
d. ......
e. Eigentumsordnung und Eigentumspolitik;
f. ......

Das private Eigentum, auch an Grund und Boden, wird von der Expertenkommission für die Vorbereitung einer Totalrevision der Bundesverfassung als ein Grundpfeiler der heutigen schweizerischen Rechtsordnung bezeichnet. Es wird anerkannt, dass das Privateigentum geeignet ist, Freiheitsräume zur schöpferischen Selbstentfaltung zu schaffen und seinen Trägern eine gewisse Lebenssicherheit zu vermitteln. Deshalb soll nach Überzeugung der Kommission die Eigentumsordnung noch verstärkt werden. Steht also alles zum besten, und ist es eine polemische Verdrehung, wenn behauptet wird, der Expertenentwurf höhle das Eigentum aus? Gewiss, der Entwurf der Expertenkommission sieht keine Verstaatlichung des Grundeigentums vor, jedenfalls nicht in jener unmissverständlichen Weise, wie sie etwa von der Schweizerischen Gesellschaft für ein neues Bodenrecht angestrebt wird. Der

Entwurf deckt aber beispielsweise alle Elemente der gescheiterten Bodenrechtsinitiative II der SPS. Er bringt deshalb einen für schweizerische Massstäbe markanten Einbruch in die heutige Eigentumsordnung, und zwar in dreierlei Richtung: erstens durch die Zugrundelegung einer neuartigen Eigentumstheorie, zweitens durch eine unmittelbare Verschlechterung der Rechtssituation des Eigentümers und drittens durch die Instradierung einer Eigentumspolitik, die sich über kurz oder lang zuungunsten des Eigentums auswirken dürfte.

Die nachfolgenden Ausführungen gliedern sich in zwei Teile. Zunächst soll die dem Entwurf zugrundegelegte Eigentumstheorie kritisch durchleuchtet werden; sodann ist die rechtliche und politische Tragweite der vorgeschlagenen Verfassungsbestimmungen zu analysieren.

Problematische Eigentumstheorie

Die Kommission bekennt, dass sie sich in verschiedenen Punkten von einer von ihr bei Professor Hans Christoph Binswanger in Auftrag gegebenen eigentumspolitischen Studie massgeblich hat beeinflussen lassen. Ausgangspunkt dieser Studie ist nun die Feststellung, dass die Selbstbestimmung des Eigentümers zur Fremdbestimmung der Nichteigentümer werden kann. Besonders beim Grundeigentum wird dessen Ambivalenz unterstrichen, wonach neben den freiheitsschaffenden positiven Wirkungen (zugunsten des Eigentümers) auch die freiheitsbeschränkenden negativen Wirkungen (zulasten der Nichteigentümer) zu beachten seien. Damit erhält die Eigentumsgarantie eine radikal neue Dimension. Die herkömmliche Fragestellung «Freiheit oder Sozialbindung» wird über Bord geworfen. Es ist nicht mehr die Rede von den primären Eigentumsrechten, die aus Gemeinwohlinteressen beschränkt werden müssen. Vielmehr erscheinen nun plötzlich die altbekannten Instrumente der staatlichen Nutzungs- und Verfügungsbeschränkung im neuen Lichte freiheitsspendender Massnahmen. Und da diese Massnahmen einer Mehrheit Freiheit bringen, liegt der Schluss nahe, dass ihnen grössere Sympathie zukomme als dem Ausschlussrecht des Einzeleigentümers. In der Studie von Professor Binswanger wird denn auch unmissverständlich dargetan, dass die heute in Art. 22ter der Bundesverfassung enthaltene Prämisse zugunsten des Eigentümers aufgehoben werden soll.

Mit dieser neuartigen Freiheitstheorie geht nun auch eine neuartige Theorie vom Inhalt des Eigentums einher. Die Kommission beruft sich ausdrücklich auf die am Schweizerischen Juristentag 1976 von Martin Lendi entwickelte, vom geltenden Recht klar abweichende These, dass das Eigentum zum vornherein nur jenen Inhalt habe, den ihm die Rechtsordnung, beim Grundeigentum also im speziellen der Zonenplan, zuweise. Ein solcher Wandel in der Betrachtungsweise hätte ebenfalls ganz ausserordentliche praktische Konsequenzen, sowohl in bezug auf Nutzung und Verfügung über den Boden, als auch insbesondere in bezug auf Entschädigung und auf steuerliche Abschöpfung von Planungsmehrwerten.

Die Kommission bemüht sich nun, diese Neuorientierung als blosse Fortführung der bisherigen bundesgerichtlichen Rechtssprechung darzustellen. Sie zitiert hiezu zwei Bundesgerichtsentscheide aus den Jahren 1973 und 1976, die Kantone Genf (sozialer Wohnungsbau) und Basel-Landschaft (Einkaufszentren) betreffend. Abgesehen davon, dass diese Entscheide in der Rechtswissenschaft nicht unbestritten geblieben sind, ist aber festzuhalten, dass das Bundesgericht seine Entscheide durchaus nach den traditionellen Eigentumsvorstellungen und nicht aufgrund der beiden neuen Theorien gefällt hat.

Wie sehr die neuen Eigentumstheorien einer weitgehenden Entleerung des Eigentums nahe kommen, zeigen jene eigentumspolitischen Vorstellungen, die im dritten Kapitel der Studie Binswanger unter dem Titel einer umweltkonformen Eigentumsordnung präsentiert werden. Es ist nämlich die Rede davon, in Anlehnung an die Regalrechte, an das Forstrecht und an die Korporationsordnungen das private Eigentum aufzuspalten, in ein Dominium, das nur noch begrenzte Möglichkeiten vermittelt, und ein Patrimonium, über das die Einwohnerschaft der Region verfügt. Mit einer solchen Konstruktion, die im Ergebnis auf die von der linken Minderheit der Sozialdemokratie angestrebte Spaltung des Eigentums in ein privates Nutzungs- und ein kollektives Verfügungseigentum hinausläuft, kann das Eigentum beliebig stark eingeengt werden. Die Berufung auf das Forstrecht und die mittelalterlichen Allmenden, vor allem aber auf die Regalrechte macht deutlich, wie gering noch die geistige Distanz zum System der staatlichen Bodenkonzession ist. Die Expertenkommission hat zwar dieses Modell in ihrem Bericht nicht ausdrücklich erwähnt, aber es ist nicht zu erkennen, ob sie einer derartigen Aushöhlung des Eigentums von der Verfassung her Schranken setzen möchte.

Rechtliche und politische Tragweite der vorgeschlagenen Eigentumsordnung

In Übereinstimmung mit den neuen Eigentumstheorien bringt auch die vorgeschlagene Eigentumsordnung entscheidende Veränderungen gegenüber der heutigen Rechtssituation, und zwar in dreifacher Richtung: durch eine Abwertung der Eigentumsgarantie, durch die Verpflichtung zu einer Eigentumspolitik, die den Eigentumsinhalt schmälert, und durch die Abschaffung der verfassungsmässigen Gewährleistung der vollen Entschädigung.

1. Das Eigentum soll nur noch im Rahmen der Gesetzgebung gewährleistet sein. Die Expertenkommission macht keinen Hehl daraus, dass für sie Eigentumsgarantie und Wirtschaftsfreiheit Grundrechte minderen Ranges sind. Die sogenannten wirtschaftlichen Freiheitsrechte sind nach ihr «stärker in die Dynamik des sozialen Wandels hineingestellt und bedürfen somit eines weniger harten Kerngehalts».[1] Nur mit Mehrheitsentscheid und erst in der zweiten Lesung konnte sich die Kommission überhaupt dazu durchringen, Eigentumsgarantie und Wirtschaftsfreiheit in das Grundrechtskapitel aufzunehmen. Die diskriminierende Abhebung dieser beiden Grundrechte von den «persönlichkeitsnahen» Freiheitsrechten steht in einem frappierenden Gegensatz zum Freiheitsbegriff in den Geburtsstunden des liberalen Staates. Damals wurden das Eigentumsrecht und die wirtschaftliche Betätigungsfreiheit als integrierende Bestandteile einer umfassenden Garantie der persönlichen Entfaltung empfunden. Besonders schön kommt diese enge Verbindung im ersten (!) Artikel der Virginia Bill of Rights vom 1. Juni 1776 zum Ausdruck, wo zu den natürlichen Rechten des Menschen namentlich auch Erwerb und Besitz von Eigentum gerechnet wurde, und dies in unmittelbarem Konnex zum Anspruch, Glück und Sicherheit anzustreben und zu erlangen. Gewiss hat sich seither manches gewandelt, und ebenso gewiss liegt es auf der Hand, dass sich Eigentumsgarantie und Wirtschaftsfreiheit quantitativ mehr Einschränkungen gefallen lassen müssen als die Meinungsäusserungsfreiheit. An der qualitativen Bedeutung der beiden erstgenannten Grundrechte hat sich indessen nichts geändert. In der Praxis kann das Recht, ein bestimmtes Eigentumsrecht zu erwerben oder sich in bestimmter Weise wirtschaftlich zu betätigen, für die Persönlichkeit des Einzelnen nicht minder gewichtig sein als die Demonstrationsfreiheit. Eine prinzipielle Diskriminierung der fragwürdigerweise als «wirtschaftlich» bezeichneten Freiheitsrechte erscheint deshalb verfehlt.

Die Kommission behauptet, das Eigentum sei bereits heute lediglich «im Rahmen der Gesetzgebung» gewährleistet. Sie übergeht damit den ausdrücklichen Vorbehalt in Art. 22ter, wonach Bund und Kantone nur «im Rahmen ihrer verfassungsmässigen Befugnisse» Enteignungen und Eigentumsbeschränkungen vorsehen können. Es steht ausser jedem Zweifel, dass heute weder Bundesgesetzgeber noch kantonale Gesetzgeber befugt wären, eigentumspolitische Vorkehren im Sinne beispielsweise der sozialdemokratischen Bodenrechtsinitiative II zu treffen. Nach dem Kommissionsentwurf kann das nicht mehr mit derselben Eindeutigkeit gesagt werden. Eine Schranke bildet nur mehr das Erfordernis der Verhältnismässigkeit des Eingriffs und die Unantastbarkeit des Kerngehalts. Es liegt aber auf der Hand, dass es für die richterliche Abwägung der Verhältnismässigkeit einer staatlichen Massnahme sehr wohl eine Rolle spielt, ob diese Massnahme als Beschränkung eines Grundrechts oder aber als Ausfluss eines ausdrücklichen Verfassungsauftrages zu interpretieren ist.

Entgegen den Beschwichtigungen der Kommission, es würden nur bereits gegebene Eigentumsschranken sichtbar gemacht, wird mithin die Rechtssituation mit der Formulierung in Art. 17 des Entwurfs verändert.

---

[1] Bericht der Expertenkommission, S. 30

2. Die Rechtssituation wird aber auch mit Art. 30 des Entwurfs geändert, indem der Gesetzgeber zu bestimmten eigentumspolitischen Massnahmen verpflichtet wird. So muss er übermässige Vermögenskonzentration verhüten, schädliches Gewinnstreben bekämpfen und für eine gerechte Umverteilung des Bodenwertzuwachses sorgen. Auffallend ist neben der sehr allgemeinen Umschreibung der Ziele das völlige Fehlen von Hinweisen über zulässige und unzulässige Methoden zur Erreichung dieser Ziele.

3. Die Rechtssituation wird schliesslich geändert in bezug auf die Enteignungsentschädigung. In den Entwürfen, die aufgrund des Schlussberichts der Kommission Wahlen formuliert worden sind, wurde die heutige Verfassungsregelung, die eine volle Entschädigung vorschreibt, noch unverändert übernommen. In einer ersten Lesung hat dann die Kommission unterschieden zwischen formeller Enteignung, bei welcher eine volle Entschädigung, und materieller Enteignung, bei welcher eine angemessene Entschädigung geleistet werden sollte. In der zweiten Lesung hat sie dann kurzerhand auf jede Umschreibung der Entschädigungshöhe verzichtet. Der Hinweis darauf, dass sich eine erhöhte Flexibilität des Richters auch zugunsten des Eigentümers auswirken könne, ist wenig überzeugend; die heutige Verfassung verbietet niemandem, in jenen Fällen, in denen ein staatlicher Eingriff nicht die Intensität einer Enteignung erreicht, eine angemessene Entschädigung auszurichten.

Die geschilderten Veränderungen der Rechtssituation haben nun eine eminente Bedeutung in der politischen Praxis. Zunächst sind die Kantone unter den bereits skizzierten Vorbehalten weitgehend frei in der Ausgestaltung der Entschädigungsordnung, aber auch in der Vornahme von eigentumspolitisch motivierten Enteignungs- und Besteuerungsmassnahmen. Man kann sich lebhaft vorstellen, welche Attacken auf das Privateigentum in gewissen Kantonen ausgelöst werden. Die PdA-Vertreterin in der Expertenkommission, die waadtländische Grossrätin Anne-Catherine Ménétrey, hat jedenfalls in einer vom Schweizerischen Aufklärungsdienst herausgegebenen Publikation mit Genugtuung registriert, dass Art. 30 lit. d der Arbeiterklasse eine bedeutsame Kampfplattform zur Verfügung stelle. Die Kampfplattform steht nicht nur in den Kantonen, sondern auch auf Bundesebene zur Verfügung. Dabei gilt es zu bedenken, dass es nach dem Entwurf bei entsprechenden Initiativen keine obligatorische Abstimmung mehr gibt, dass der Ständerat bei Differenzen mit dem Nationalrat via Vereinigte Bundesversammlung ausgeschaltet wird und dass es kein Ständemehr braucht, weil die Neuerungen auf Gesetzesebene eingeführt werden können. Wie bedeutsam diese institutionellen Veränderungen sind, ist jedem offenkundig, der sich darüber Rechenschaft ablegt, wie heftig umstritten Mieterschutzvorlagen eh und je gewesen sind. Wer auf diese Tragweite hinweist, wird von prominenten Kommissionsmitgliedern der Ängstlichkeit bezichtigt. Man appelliert an das Vertrauen in die Zukunft. Die politische Realität legt uns eine andere Sprache nahe. Es geht nicht darum, ob man Angst davor hat, das Parlament oder das Volk könne dereinst ungefreute Entscheidungen treffen. Es geht schlicht und einfach darum, ob man zu einer freiheitlichen Eigentumsordnung mit klaren verfassungsrechtlichen Schranken stehen will oder ob man bewusst die Schleusen öffnen will für einen permanenten Ansturm auf allen Ebenen. Die in der Expertenkommission dominierenden Eigentumstheorien und Eigentumskonzepte sind jedenfalls alles andere als ein Anreiz dazu, auf die Schrankenwirkung der Verfassung zu verzichten.

BIBLIOGRAPHIE

Monographien

Bernath H. J. und Schlegel W.: Nutzungsreserven in Industrie- und Gewerbegebieten. Nationales Forschungsprogramm 22, Bericht 15. Liebefeld — Bern 1988

Bianchi, Manuel: L'économie du sol par la gestion de la zone à bâtir; in: Wirtschaft und Recht, 40. Jahrgang, Heft 2. Zürich 1988

Binswanger, Hans Christoph: Eigentum und Eigentumspolitik. Ein Beitrag zur Totalrevision der Schweizerischen Bundesverfassung. Zürich 1978

Bodmer, Walter: Die biopsychischen Grundlagen des Eigentums an Boden und Wohnung. Wirtschaftspolitische Mitteilungen, 37. Jahrgang, Heft 9. Hrsg. von der Wirtschaftsförderung, Gesellschaft zur Förderung der Schweizerischen Wirtschaft. Zürich 1981

Bürcher, Beat: Die Entwicklung des Siedlungsflächenbedarfs in der Schweiz; DISP, Nr. 75. Hrsg. vom Institut für Orts-, Regional- und Landesplanung ETH Zürich. Zürich 1974

Degiorgi, Dino: Verfügungsbeschränkungen im bäuerlichen Bodenrecht. Neue Literatur zum Recht. Basel und Frankfurt am Main 1988

Dietze, Gottfried: Zur Verteidigung des Eigentums. Wirtschaftswissenschaftliche und wirtschaftsrechtliche Untersuchungen 12, Walter Eucken Institut Freiburg i. Br., Tübingen 1978

Dobszay, Janos: Areal-, Gebäude- und Geschossflächen in der Stadt Zürich 1970 — Grundlage für die Stadtforschung 2. Teil; in: Zürcher Statistische Nachrichten 1975, Heft 3. Hrsg. vom Statistischen Amt der Stadt Zürich

Dobszay, Janos: Die Eigentumsverhältnisse in der Stadt Zürich 1986; in: Zürcher Statistische Nachrichten 1988, Heft 3. Hrsg. vom Statistischen Amt der Stadt Zürich

Dürr, David: Aktuelle Probleme der Bodenpolitik aus der Sicht des Privatrechts; in: Wirtschaft und Recht, 40. Jahrgang, Heft 2. Zürich 1988

Engelken, Klaas: Zum Planungsausgleich; in: DÖV, Zeitschrift für Verwaltungsrecht und Verwaltungspolitik, 27. Jahrgang, Heft 11. Stuttgart 1974

Engelken, Klaas: Ist der Planungswertausgleich verfassungswidrig? in: DÖV, Zeitschrift für Verwaltungsrecht und Verwaltungspolitik, 29. Jahrgang, Heft 1/2. Stuttgart 1976

Engelken, Klaas: Zur Rollenverteilung zwischen Planung und Markt in der Bodenordnung; in: Ordo, Jahrbuch für die Ordnung von Wirtschaft und Gesellschaft, Band 27. Stuttgart 1976

Ernst, Urs: Stand und Entwicklung der personellen Einkommens- und Vermögensverteilung in der Schweiz. Hrsg. vom Bundesamt für Konjunkturfragen, Studie 8. Bern 1983

Furer, Hans: Rechtliche Probleme der Mehrwertabschöpfung unter besonderer Berücksichtigung der Kantone Basel-Stadt und Zürich. Diss. Basel 1983

Furrer, Ivo: Die Vermögensanlagevorschriften gemäss BVG und BVV 2, insbesondere unter dem Gesichtspunkt der Wohneigentumsförderung. Diss. Zürich 1986

Geissbühler, Hermann: Raumplanungsrecht, Eigentumsordnung und Verfassungsrevision. Abhandlungen zum schweizerischen Recht, Heft 471. Bern 1981

Geiger, Max; Ott, Heinrich und Vischer, Lukas (Hrsg.): Dokumentation einer Studienkommission des Evangelischen Kirchenbundes. Neues Recht für unseren Boden. Polis 39, Evangelische Zeitbuchreihe. Zürich 196 (9)

Gerheuser Frohmut und Sartoris Elena: Neue Aspekte zum Wohnen in der Schweiz. Ergebnisse aus dem Mikrozensus 1986. Schriftenreihe Wohnungswesen, Heft 40. Hrsg. vom Bundesamt für Wohnungswesen. Bern 1988

Hafner, Pius: Katholische Soziallehre und Ideologie. Separatdruck aus «Civitas» Nr. 11 (Juli 1980), Jahrgang 35, 1979/80

Hoffmann, Hans: Der Boden als Produktionsfaktor, seine soziale und politische Bedeutung; in: Zeitschrift für Sozialökonomie der Sozialwissenschaftlichen Gesellschaft, Sonderheft März 1974

Holzhey Helmut und Kohler Georg (Hrsg.): Eigentum und seine Gründe. Ein philosophischer Beitrag aus Anlass der schweizerischen Verfassungsdiskussion. Studia Philosophica Supplementum 12/1983. Bern und Stuttgart 1983

Hotz, Reinhold: Bäuerliches Grundeigentum. Schweizerischer Juristenverein, Referate und Mitteilungen, 113. Jahrgang 1979, Heft 2. Basel 1979

Hübschle Jörg, Hager August und Schulz Hans-Rudolf: Die Rolle der Promotoren und Vermittler auf dem Bodenmarkt. Rahmenbedingungen und Motive der Bau- und Immobilienbranche, ihr Einfluss auf dem Bodenmarkt und die Auswirkungen ihrer Tätigkeit. Nationales Forschungsprogramm 22, Bericht 13. Liebefeld – Bern 1988

Institut für Orts-, Regional- und Landesplanung ETH Zürich (Hrsg.): Geschichte der Landesplanung. DISP Nr. 56, Sondernummer. Zürich 1980

Institut für Sozialethik und Schweizerische Nationalkommission Justitia et Pax (Hrsg.): Welches Bodenrecht ist für Mensch und Boden recht? Bern und Lausanne 1987

Kallenberger, Werner: Bodenreform-Konzeptionen. Eine rechtspolitische Untersuchung. Zürich 1979

Kuttler, Alfred: Materielle Enteignung aus der Sicht des Bundesgerichts; in: Schweizerisches Zentralblatt für Staats- und Gemeindeverwaltung, Mai 1987

Leisner, Walter: Kleineres Eigentum – Grundlage unserer Staatsordnung. Göttingen 1976

Lendi, Martin: Planungsrecht und Eigentum. Schweizerischer Juristenverein, Referate und Mitteilungen, 110. Jahrgang 1976, Heft 1. Basel 1976

Lendi, Martin: Der Funktionswandel des Bodeneigentums – rechtliche Aspekte; DISP, Nr. 40. Zürich 1976

Lendi Martin und Elsasser Hans: Raumplanung in der Schweiz. Eine Einführung. 2. A. Zürich 1986

Lendi Martin und Nef Robert: Staatsverfassung und Eigentumsordnung. Versuch einer Neuorientierung im Rahmen der Vorbereitung einer Totalrevision der schweizerischen Bundesverfassung. Kommunale Forschung in Österreich. Linz 1981

Liver, Peter: Zur Entstehung des freien bäuerlichen Grundeigentums; in: Zeitschrift für Schweizerisches Recht, 65. Basel 1946

Liver, Peter: Eigentumsbegriff und Eigentumsordnung; in: Privatrechtliche Abhandlungen. Bern 1972

Liver, Peter: Genossenschaften mit Teilrechten nach schweizerischem Recht; in: Privatrechtliche Abhandlungen. Bern 1972

Liver, Peter: Überlegungen zur Erneuerung des alemannischen Grundeigentumsrechts. Liebefeld – Bern 1974. Nicht publiziert.

Meier-Hayoz, Arthur: Zum Bodenproblem; in: Schweizerische Zeitschrift für Beurkundungs- und Grundbuchrecht, 1964, Nr. 1. Wädenswil 1964

Meyer, Pius: Die Planungsmehrwertabschöpfung gemäss Art. 45 des Entwurfes zum Raumplanungsgesetz; in: Zentralblatt für Staats- und Gemeindeverwaltung, 1974

Michel-Alder Elisabeth und Schilling Rudolf: Wohnen im Jahr 2000. Erfahrungen mit neuen Bau- und Wohnformen. Basel 1984

Müller, Georg: Privateigentum heute; in: Zeitschrift für Schweizerisches Recht. Basel 1981

Nekola, Anna: Besteuerung des Grundeigentums im Privatvermögen in der Schweiz. Die kantonalen Gesetzgebungen in rechtsvergleichender Darstellung betreffend Einkommens-, Vermögens-, Handänderungs- und Grundstückgewinnsteuer. Diss. Diessenhofen 1983

Peter, Hans: Wandlungen der Eigentumsordnung und der Eigentumslehre seit dem 19. Jahrhundert. Zürcher Beiträge zur Rechtswissenschaft, N.F. 160. Diss. Aarau 1949

Peter, Hans-Balz (Hrsg.): Mitwirkung der Bevölkerung bei der Raumplanung: 24 praktische Beispiele. Studien und Berichte aus dem Institut für Sozialethik des Schweizerischen Evangelischen Kirchenbundes, 35. Bern 1985

Rey, Heinz: Dynamisiertes Eigentum; in: Zeitschrift für Schweizerisches Recht, neue Folge Band 96. Basel 1977

Roelli, Alfred: Bestimmungsfaktoren der schweizerischen Wohneigentumsquote. Schriftenreihe Wohnungswesen, Heft 21. Hrsg. vom Bundesamt für Wohnungswesen. Bern 1981

Rohr, Rudolf: Der Boden. Ein Problem und seine Lösung. Hrsg. vom Redressement National, 2. A. Zürich 1966

Rohr Rudolf und Giger Hans Georg: Schweizerboden. Nutzung, Eigentum, Preise, Steuern. Hrsg. vom Redressement National. Zürich 1974

Rumley, Pierre-Alain: Aménagement du territoire et utilisation du sol; Berichte zur Orts-, Regional- und Landesplanung Nr. 50. Hrsg. vom Institut für Orts-, Regional- und Landesplanung ETH Zürich. Zürich 1984

Schürmann, Leo: Bau- und Planungsrecht. 2. A. Bern 1984

Schürmann, Leo: Bodenrechtsdiskussion und -gesetzgebung. Der Stand 1974; in: Schweizer Monatshefte, 54. Jahr, Heft 8. Zürich 1974

Schweizer, Willy: Die wirtschaftliche Lage der Rentner in der Schweiz. Nationales Forschungsprogramm 3. Bern 1980

Schweizer, Willy: Auswirkungen der AHV-/IV-Gesetzgebung auf die wirtschaftliche Lage der Rentenempfänger. Nationales Forschungsprogramm 9. 1987. Nicht publiziert.

Schweizerische Bankgesellschaft (Hrsg.): Wem gehört der Boden? SBG-Schriften zu Wirtschafts-, Bank- und Währungsfragen Nr. 60. Zürich 1978

Schweizerische Bankgesellschaft (Hrsg.): Die Schweiz — ein reiches Volk von Mietern. SBG-Schriften zu Wirtschafts-, Bank- und Währungsfragen Nr. 67. Zürich 1979

Schweizerische gemeinnützige Stiftung liberaler Wirtschaftsorganisationen für die Wohnwirtschaft (Hrsg.): Ihr Weg zum Haus- und Wohnungseigentum. Möglichkeiten und Grenzen der Bundeshilfe. Zürich 1980

Schweizerische Gesellschaft für ein neues Bodenrecht (Hrsg.): Modellvorstellungen zur Bodenrechtsreform. 1. A. Bern 1978, 2. A. Bern 1983

Schweizerische Nationalkommission Justitia et Pax (Hrsg.): Die Verantwortung der Kirche im Wohnungswesen. Freiburg (Schweiz) 1985

Schweizerische Vereinigung für Landesplanung (Hrsg.): Leitfaden zum Raumplanungsgesetz. Erste Überlegungen und Hinweise zu besonders bedeutsamen Vorschriften des Bundesgesetzes über die Raumplanung vom 22.6.1979. Schriftenfolge Nr. 25. Bern 1980

Schweizerische Vereinigung für Landesplanung und Schweizerischer Bauernverband (Hrsg.): Die Landwirtschaft, ihr Boden und die Raumplanung. Referate. Bern 1983

Schweizerische Zentralstelle für Eigenheim- und Wohnbauförderung (Hrsg.): Aktuelle Vorstösse zur Eigentumsförderung. Zürich 1982

Sieber, Hugo: Bodenpolitik und Bodenrecht. Bern 1970

Sieber, Hugo: Das Bodenpreisproblem. Wirtschaftspolitische Mitteilungen 18/6. Zürich 1962

Simonius, Pascal: Eigentum und Raumplanung. Zürich 1975

Sozialdemokratische Partei der Schweiz (Hrsg.): Wieviel Erde braucht der Mensch? Die SP-Bodenreform-Initiative. Bern 1976

Die Stadt-Land-Initiative: Texte/Argumente. Hrsg. vom Sekretariat der Stadt-Land-Initiative gegen die Bodenspekulation. 1. A. Bern 1978, 2. A. Bern 1985

Stoecklin, Wilfried Pierre: Die Planungswertabschöpfung unter besonderer Berücksichtigung der schweizerischen Verhältnisse. Basler Sozialökonomische Studien, Band 22. Diss. Diessenhofen 1983

Studer, Tobias: Eine Basler Grundbesitzstudie nach wirtschaftlichen Gesichtspunkten; in: Wirtschaft und Verwaltung, 1973, Heft 2. Hrsg. vom statistischen Amt des Kantons Basel-Stadt. Basel 1973

Studer Tobias, Frey René L. und Rüst Paul: Der partnerschaftliche Baurechtszins. Hrsg. von der Basler Kantonalbank. Basel 1987

Thut Werner und Pfister Christian: Haushälterischer Umgang mit Boden. Erfahrungen aus der Geschichte. Pilotprojekt zum Nationalen Forschungsprogramm 22. Bern 1986

Tschäni, Hans: Wem gehört die Schweiz? Unser Eigentums- und Bodenrecht auf dem Weg zum Feudalsystem. Zürich und Schwäbisch Hall 1986

Usteri, Martin: Eigentumsfreiheit. Menschengerechte Ordnung von Eigentum, Raumgestaltung und Bauwesen in der modernen Eidgenossenschaft. (In Vorbereitung)

Werder, Michael: Eigentum und Verfassungswandel. Diss. Diessenhofen 1978

Wirth, Markus: Grundlagen und Ausgestaltung der Mehrwertabschöpfung. Schriftenreihe zur Orts-, Regional- und Landesplanung, Nr. 26. Zürich 1976

Amtliche Publikationen und Materialien

Arbeitsgruppe des Bundes für Raumplanung:
— Wie soll die Schweiz von morgen aussehen? Bern 1972

Bundesamt für Raumplanung (Hrsg.):
— Erläuterungen zum Bundesgesetz über die Raumplanung. Grundlagen für die Raumplanung. Bern 1981
— Der Wettstreit um den Boden. 2. A. Bern 1983
— Die Weiterentwicklung des Bodenrechts. Zusammenfassender Bericht über die Ergebnisse der Arbeiten einer interdepartementalen Arbeitsgruppe. Bern 1985
— 29 Bundesgerichtsentscheide zu Artikel 24 des Raumplanungsgesetzes. Materialien zur Raumplanung. Bern 1986
— Empfehlungen zur Gestaltung des Vorteilsausgleichs nach Artikel 5 Absatz 1 des Bundesgesetzes über die Raumplanung. Bern 1986
— 23 Bundesgerichtsentscheide zu Artikel 5 des Raumplanungsgesetzes. Materialien zur Raumplanung. Bern 1987
— Lebensraum Schweiz wohin? Eine Zusammenfassung des bundesrätlichen Raumplanungsberichtes vom 14.12.1987 über den Stand und die Entwicklung der Bodennutzung und Besiedlung in der Schweiz. Bern 1987

Bundesamt für Statistik (Hrsg.):
— Arealstatistik der Schweiz 1972. Statistische Quellenwerke der Schweiz, Heft 488. Bern 1972
— Sozialindikatoren für die Schweiz; in: Beiträge zur schweizerischen Statistik, Heft 87, Band 7 (Wohnen). Bern 1982
— Eidgenössische Volkszählung 1980. Schweiz. Gebäude, Wohnungen. Statistische Quellenwerke der Schweiz, Heft 713. Bern 1984
— Eidgenössische Volkszählung 1980. Wohnungen II. Teil: Raumzahl, Wohnfläche, Wohndichte, Besitzverhältnis, Mietpreis. Gemeinden. Statistische Quellenwerke der Schweiz, Heft 707. Bern 1984
— Zum Problem des statistischen Nachweises über Kulturlandverluste. Bern 30.11.1984

Bundesamt für Wohnungswesen (Hrsg.):
— Wohnen in der Schweiz. Auswertung der Eidgenössischen Wohnungszählung 1980. Schriftenreihe Wohnungswesen, Band 34. Bern 1985

Bundesrat:
— Bericht über den Stand und die Entwicklung der Bodennutzung und Besiedlung in der Schweiz vom 14.12.1987. Bern 1987

Eidgenössisches Departement des Innern (Hrsg.):
– Bericht zum Entwurf für eine Verordnung über die Umweltverträglichkeitsprüfung. Bern 1986

Eidgenössische Steuerverwaltung (Hrsg.):
– Gesamtschweizerische Vermögensstatistik der natürlichen Personen 1981. Bern 1983

Expertenkommission Wohneigentumsförderung:
– Bericht der Expertenkommission Wohneigentumsförderung an den Vorsteher des Eidg. Volkswirtschaftsdepartementes. Dezember 1979

Informationsstelle für Steuerfragen, Bern (Hrsg.):
– Die Besteuerung der Eigenmietwerte. Dokumentation und Protokoll der Arbeitstagung für die Schweizer Presse vom 31.10.1983 in Bern. Organisiert vom Pressekomitee für Fiskalfragen in Zusammenarbeit mit der Interkantonalen Kommission für Steueraufklärung. Bern 1983

Institut für Orts-, Regional- und Landesplanung ETH Zürich (Hrsg.):
– Landesplanerische Leitbilder der Schweiz. Erster und zweiter Zwischenbericht. Schriftenreihe zur Orts-, Regional- und Landesplanung. Zürich 1969 und 1970

Kommission für Mehrwertabschöpfung und Minderwertausgleich:
– Bericht der Kommission für Mehrwertabschöpfung und Minderwertausgleich vom April 1977 an den Regierungsrat des Kantons Zürich
– Bericht der Kommission für Mehrwertabschöpfung und Minderwertausgleich vom März 1985 an den Regierungsrat des Kantons Zürich

Kommission für die Reform des zürcherischen Bodenrechts:
– Schlussbericht der Kommission für die Reform des zürcherischen Bodenrechts. 28. März 1972

Organisation de coopération et de développement économique (Ed.):
– Impôts sur la propriété immobilière. Rapport du Comité des Affaires Fiscales et du Groupe ad hoc sur les problèmes urbains. Paris 1983

Raumplanungsamt des Kantons Bern (Hrsg.):
– Das Angebot an Bauzonen. Grösse und Verfügbarkeit im Kanton Bern. Bern 1984

Statistisches Amt des Kantons Zürich (Hrsg.):
– Der Grundeigentumswechsel im Kanton Zürich 1973–1980. Entwicklung der Bodenpreise. Statistische Mitteilungen des Kantons Zürich, Heft 107, dritte Folge. Zürich 1982

Periodika

Amt für Statistik der Stadt Bern (Hrsg.):
Statistisches Jahrbuch der Stadt Bern

Bundesamt für Privatversicherungswesen (Hrsg.):
Die privaten Versicherungseinrichtungen in der Schweiz

Bundesamt für Raumplanung (Hrsg.):
Raumplanung. Informationshefte

Bundesamt für Statistik (Hrsg.):
Statistisches Jahrbuch der Schweiz

Bundesamt für Wohnungswesen (Hrsg.):
Schriftenreihe Wohnungswesen

Institut für Orts-, Regional- und Landesplanung ETH Zürich (Hrsg.):
Dokumente und Informationen zur Schweizerischen Orts-, Regional- und Landesplanung (DISP)

Institut für Orts-, Regional- und Landesplanung ETH Zürich (Hrsg.):
Berichte zur Orts-, Regional- und Landesplanung

Schweizerisches Bauernsekretariat, Brugg (Hrsg.):
Statistische Erhebungen und Schätzungen über Landwirtschaft und Ernährung

Schweizerische Gesellschaft für ein neues Bodenrecht (Hrsg.):
Blätter für ein neues Bodenrecht

Schweizerischer Hauseigentümerverband, Zürich (Hrsg.):
Wohnwirtschaft

Schweizerische Zentralstelle für Eigenheim- und Wohnbauförderung, Zürich (Hrsg.):
Wohneigentum

Statistisches Amt des Kantons Basel-Stadt (Hrsg.):
Wirtschaft und Verwaltung

Statistisches Amt des Kantons Zürich (Hrsg.):
Statistische Berichte des Kantons Zürich. Bevölkerung, Wirtschaft, Politik und Verwaltung

Statistisches Amt des Kantons Zürich (Hrsg.):
Statistische Mitteilungen des Kantons Zürich

Statistisches Amt der Stadt Zürich (Hrsg.):
Statistisches Jahrbuch der Stadt Zürich

Statistisches Amt der Stadt Zürich (Hrsg.):
Zürcher Statistische Nachrichten

Dokumentationshefte Aktion Freiheitliche Bodenordnung

Dokumente zur Bodenfrage: (1974–76)
Nr. 1   Die Zahl der Grundeigentümer in der Schweiz
Nr. 2   Die Besteuerung der Grundstückgewinne
Nr. 3   Die Zahl der Grundeigentümer in der Schweiz (II)
Nr. 4   Die Bodenrechtsinitiative der SPS
Nr. 5   Die Besteuerung des Grundeigentums
Nr. 6   Die Entwicklung der Bodenpreise in der Schweiz
Nr. 7   Eigentümerwohnungen 1970 nach Kantonen und Heimat des Besitzers
Nr. 8   Die Eigentumsfrage in der katholischen Soziallehre
Nr. 9   Der Grundbesitz der institutionellen Anleger
Nr. 10   Die Nutzung des Schweizerbodens
Nr. 11   Der Grundbesitz der öffentlichen Hand
Nr. 12   Das geltende «Bodenrecht»

Dossier du sol Suisse: (1974–76)
No 1   Le nombre de propriétaires fonciers en Suisse
No 2   L'impôt sur les gains immobiliers
No 3   Le nombre de propriétaires fonciers en Suisse (II)
No 4   L'initiative sur le Droit foncier du PSS
No 5   L'imposition de la propriété foncière
No 6   L'évolution du prix du sol en Suisse
No 7   Appartements en propriété en 1970 selon le canton et l'origine du propriétaire
No 8   La conception de la propriété privée dans la doctrine sociale de l'Eglise catholique